萧山历史名人家世考

——从家谱出发

莫艳梅　李莫微　著

杭州市萧山区档案局（馆）
杭州市萧山区档案学会　编

浙江古籍出版社

图书在版编目(CIP)数据

萧山历史名人家世考：从家谱出发 / 莫艳梅, 李莫微著. -- 杭州：浙江古籍出版社, 2018.1
ISBN 978-7-5540-1187-4

Ⅰ. ①萧… Ⅱ. ①莫… ②李… Ⅲ. ①家谱－研究－杭州 Ⅳ. ①K820.9

中国版本图书馆CIP数据核字(2018)第003591号

萧山历史名人家世考

——从家谱出发

莫艳梅　李莫微　著

出版发行	浙江古籍出版社 (杭州体育场路347号　电话:0571-85176986)
网　　址	www.zjguji.com
责任编辑	刘成军
责任校对	余　宏
责任印务	楼浩凯
排　　版	杭州书道闻香图书有限公司
印　　刷	绍兴市越生彩印有限公司
开　　本	710mm×1000mm　1/16
印　　张	14.75
字　　数	205千字
版　　次	2018年1月第1版
印　　次	2018年1月第1次印刷
书　　号	ISBN 978-7-5540-1187-4
定　　价	48.00元

《萧山历史名人家世考》编委会

前 言

萧山地灵人杰，古有宰相4名，状元1名，进士300多名，《二十五史》传记人物35名，广为世人关注。

萧山编修家谱历史悠久，现有400多部家谱保存于境内外，这是研究历史名人尤其是名人家世的重要文献。

许伯会是唐代孝子，《新唐书》传记人物，虽然年代久远，其家世有谱可查，详于正史。他是东晋名士许询的十二世孙，萧山乡贤祠祭祀人物。萧山已知最早的乡里名，许贤乡、许贤里因许伯会而名，崇化乡、许君里因许询而名，从中管见许氏家族对萧山历史文化的积淀所作的贡献。

《四库全书》录入著作较多的萧山人，一是元末明初医学家楼英，其著《医学纲目》40卷；二是明末清初经学家、文学家毛奇龄，其著《西河合集》493卷，位居全国之首。世人叹惜毛奇龄著作等身，却无子承嗣，楼英后裔传人不绝，这点比毛氏强多了。楼英的家族还是修谱历史悠久的家族，其高祖、父亲、堂兄、儿子、亲侄等都写过家谱，故始祖至高祖，祖父生有5子18孙32曾孙，父亲生有3子5孙11曾孙，楼英生有3子7孙19曾孙，皆有谱可查，其《仙岩楼氏宗谱》是萧山史上续修次数最多(14次续修)、册数最多(民国版共90册)的家谱。

来氏是萧山旺族，历有“无来不出榜”和“三石六斗芝麻官”的说法。从南宋至民国初，萧山来氏共有进士21名、武进士3名，举人39名、武举人18名，贡生97名，受皇上封诰101道，出仕387名，分别在

22个省任职，可谓浙东望族。《萧山来氏家谱》先后4次编纂，现存60卷的民国版本，是萧山档案馆的镇馆之宝，2003年被列入首批浙江档案文献遗产，它的特点之一就是名人编修的名谱。本书记载的来斯行、来集之分别是其谱纂述者。

明末首辅来宗道是萧山史上第一个宰相人物，他的高祖来天球是长河来氏第一个进士，也是长河来氏第一个三品高官；曾叔祖来应山是长河来氏第二个举人，文学奇才；堂伯来汝贤、亲伯来经济是长河来氏第二个、第三个进士官，来宗道则是第四个进士官。一门五代四进士一举人，可谓名门。同族的来方炜、来垣父子，来集之、来燕雯父子，相继为进士，可谓世进士。明代最为兴盛时，萧山来氏共有宰相1名、二品高官2名、三品高官3名、四品高官2名，等等。清代以后，萧山来氏进士有增无减，但任高官的少了，从来宗道家族的兴盛可以管见整个萧山来氏的兴盛。

有人认为，历史名人对于今人来说，已经定型，没有再研发的必要，沿袭前人论调就行了。其实不然。有的原始文献本身欠缺或抵牾，需要后人不断地研究、争论才能弄清楚；有的文献资料记述存在偏见或局限，需要今人重新审视、评价历史人物；有的文献已言之凿凿，但在茫茫史海中没有被探寻到。重要的史料新发现，家谱就是一座有待开发的资源宝藏。

萧山籍国共两党职位最高的人物，当数沈定一与他的儿媳杨之华。沈定一，从清朝地方官到辛亥革命斗士，从中共早期党员到现代农民运动的最先发轫者，再到国民党中央候补执行委员，孙中山称之为“浙江最有天赋的人”。杨之华，中国妇女活动家，中华人民共和国成立后，历任全国妇联国际联络部部长、全国妇联副主席、全国总工会女工部部长、中央监察委员会委员、候补常委等职。在那个时候，沈家拥有良田数万亩，富甲一方，沈定一不经商，当官也不为发财，把兴教育、帮助贫苦农民当作己任，至今家乡一带农民对他有口皆碑，孙中山写给沈定一的“天下为公”的横幅，至今收藏在广东省博物馆。他还是儿媳杨之华的第一位引路人，不仅带她到上海工作、求学，还引导她走上了革命道路。

据家谱得知，沈定一祖上有英豪，明代的沈云英是出色的女将军，又是办塾讲学的巾帼。清代的祖父沈秉铨在保家卫国中与其子沈受震同时殉难，朝廷给予恤世职云骑尉。祖叔沈秉贤乐做善事，曾募捐兴办乡团，资助邻里乡亲。父亲沈受谦为官20多年，有政绩，善经商，同时也积蓄了大量的钱财，为沈定一革命提供了强有力的财力支持，致仕回乡后，又支持浙江保路运动，支持儿子毁家革命。只可惜，沈定一在他人生最后几年因故逆转，反对国共合作。后试行农村地方自治，推行二五减租，取消苛捐杂税，为全国首创。1928年8月他在萧山衙前遇刺身亡，他的死是一宗历史悬案，至今未破。

历史名人多，历史名人资源纠纷在所难免。萧山就陷入了西施故里、郁达夫祖籍的“争议门”。前者是文献资料残缺不全或矛盾、抵牾造成的千年争议，后者是重要史料的新发现引出的新观点、新争议。

作家诗人郁达夫是富阳人，他所在的富阳郁氏因未建宗祠，未创家谱，其先祖世系曾在很长一段时间无法厘清。20世纪80年代末，始现学者披露民国《萧邑（萧山）郁氏宗谱》载有富阳郁氏第一世至第十九世郁达夫兄弟的内容，由此引出了郁达夫祖籍的争议。笔者根据此谱考证萧山郁氏、富阳郁氏的源流以及郁达夫的祖籍家世，认为家谱蕴藏丰富的微观资料，可以弥补正史缺载和地方志粗疏的缺陷，有助于解决诸多谜团与争议。

金润泉是我国早期银行家、浙商先驱，在20世纪上半叶红极一时。概言之，从清末到中华人民共和国成立的40余年间，尽管历经改朝换代，但他始终稳坐中国银行浙江分行“一把手”之位，人称“不倒翁”。他与民国“国舅”宋子文的关系也非同一般，浙江档案馆藏有宋子文写给金润泉的三封信，言辞谦逊又客气，可见两人私交匪浅。金润泉是商贾世家、名门之后吗？民国《绍兴渔临关金氏宗谱》（金润泉资助）告诉我们，他祖上显赫人物少，父辈开始勤劳致富，金润泉一代兴旺起来。他是红顶商人，也是著名的草根银行家，而他自称为“跑街的”，非常能吃苦耐劳，善经营，由此创造出的非凡成就，令人瞩目。

国有史，地方有志，家有谱。国史、方志、家谱是中国三大历史文献。

研究萧山历史名人家世，我们从家谱出发，走对了。

莫艳梅

2017年8月28日

目　录

唐代孝子许伯会家世考

许伯会，字元集，浙江萧山义桥镇人。唐举孝廉，上元（760—761）中，为衡阳博士。母丧，他背土筑坟，守丧期间连御寒的棉衣也不穿，亦不尝佳肴滋味。一天，突发野火，即将烧到母坟树前，他悲号于天，天为之动容，降下倾盆大雨灭了火。时逢大旱，有泉水从母亲坟前涌出，滋长了灵芝，成为奇事。

入传《新唐书·孝友传》，入祀萧山乡贤祠。现存明嘉靖《萧山县志》、明万历《萧山县志》、清康熙三十二年（1693）《萧山县志》、清乾隆十六年（1751）《萧山县志》、民国24年（1935）《萧山县志》、民国37年（1948）《萧山县志》均有《许伯会传》，内容与正史的大致相同。

萧山许氏家谱

许伯会是唐代人，虽然年代久远，但许伯会的家世有谱可查。

许氏修谱较早，晋代许询撰《许氏谱》，唐代许敬宗撰《姓氏录》，惜已久佚，北宋王安石撰《许氏世谱叙》幸存于后世谱牒中。

萧山许氏有许贤许氏、渔浦许氏、史村许氏、桃源许氏、梓湖许氏五大支，分别撰有《萧山许氏宗谱》《渔浦许氏宗谱》《萧山史村许氏宗谱》《萧山桃源许氏宗谱》《萧山梓湖许氏宗谱》等。

现存于宗谱的序跋有：宋景帝四年（1263）史嵩之《高阳许氏家谱序》、陈宜中《高阳许氏后谱跋》，元至治三年（1323）许子初《高阳许氏一览记》《许氏世系序》，元天历元年（1328）许汝霖《诸暨板桥许氏源流序》，明永乐八年（1410）王文图《伯四府君后裔谱记序》，明嘉靖二十年（1541）骆闻善《暨阳裘山许氏家谱序》、虞价《高阳许氏家谱后跋》，明嘉靖三十年（1551）许濂《暨阳许氏修家谱意》，明万历三十一年（1603）许朝宗《渔浦许氏重修家谱意》，清顺治十七年（1660）许钦诲《重辑宗谱序》，清康熙八年（1669）单隆周《渔浦许氏族谱序》，清康熙三十五年（1696）来如熊《旌阳仙乩渔浦许氏谱序》《纯阳仙乩渔浦许氏谱序》，乾隆九年（1744）黄云《史村许氏家谱序》，许三祝、许熏沐《重修史村许氏家谱序》，清乾隆四十七年（1782）许体仁《萧山史村许氏世系序》，清乾隆四十九年（1784）吴颖才《桃源许氏家谱序》，清嘉庆三年（1798）赵汝濡《序》，清嘉庆二十二年（1817）俞都氏《重修许氏宗谱序》，道光二十三年（1843）汤金钊《重辑许氏宗谱序》，清道光二十七年（1847）吕拱辰《重修桃源许氏宗谱序》，清咸丰九年（1859）许祥一《初刻史村许氏方六房小谱序》，清同治十二年（1873）许兆兰《许氏重修宗谱序》，清光绪二年（1876）朱云《重修追远堂家谱序》，清光绪十九年（1893）许寅生等《重修许氏宗谱序》，清光绪二十一年（1895）许骏华《重修史村许氏家谱后跋》，光绪二十二年（1896）朱守《重修许氏宗谱序》，民国26年（1937）夏锡玑《重修许氏家谱序》等。

从谱序看萧山许氏修谱较频，谱内记述世系图纪、历朝官爵事实较详。

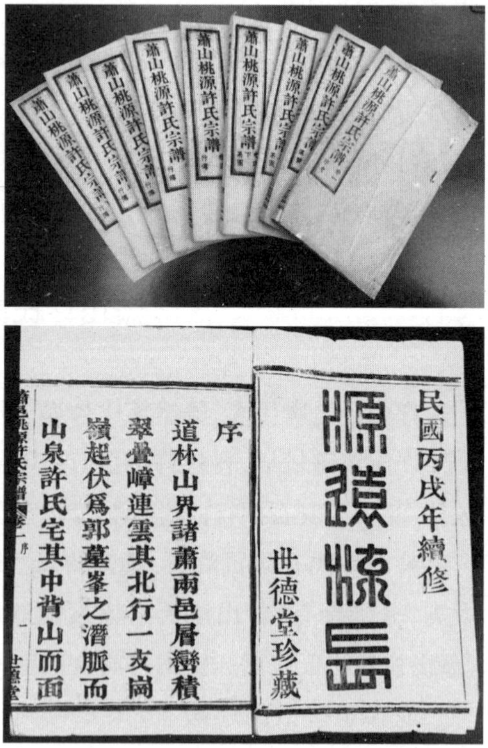

民国35年（1946）《萧山桃源许氏宗谱》（萧山档案馆）

古称，那里有玄度岩、仙人石、仙人洞、重兴寺等，皆因许询而得名。唐诗人王勃路过此地，诗曰："崔嵬怪石立溪滨，曾隐征君下钓纶。东有祠堂西有寺，清风岩下百花春。"后人刻诗于上，水涸石露，乃见其迹，[①]今诗迹销蚀殆尽。

许询配安乐谢氏，生四子，俱散居旁邑：长子许元之，居诸暨；次子许仲之，居东阳；三子许季之，居台州；四子许珪之，居萧山。

萧山许氏第三世许珪之，字国器，为晋相旌表长须公，南朝宋给事、著作郎、桂阳太守，与许询齐名，配罗氏，生四子，卒葬秦望山，为萧山许贤许氏的始祖，萧山境内的许氏大部分是从这里分流繁衍的。

许氏宗谱录有《珪之实录》："公字国器，元度公第四子也。幼有大志，读书永兴时，以硕辅期之。既仕，恪恭臣，职举异才，修废政，课农桑，恤窮困，礼百神，立学校，旌节仪，不敢一日忘乎国。尝曰：'珪世受国恩，若不委身事主，是欺君也。欺君者不忠，不忠则不孝，我父之谆谆训我者，奚敢忘。'于是悲钟虚之失，慨神州陆沉，夙夜惶然，军国内外，事无不身为经理，关东关中，新安渑池之地，悉归版图，公之力也。人以王谢方之后致政归养，终于永兴。公尽忠孝，出于天性者欤。"此录的落款是"至正乙酉岁季春之吉，会稽张士奇述"。

萧山许氏第八世许善存，字立德，配蒋氏，生一子：许恒。许善存之弟许善心，字务本，为隋散骑常侍，配薛氏，生一子：许敬宗，字延族，为唐朝著名宰相，配杨氏。正史记载，许善心为许亨之子，没有记载许亨的长子许善存，许敬宗之子许昂、孙许彦伯，俱历官太子舍人，颇有文才。《新唐书·许敬宗传》记载："敬宗晚年不复下笔，凡大典册悉彦伯为之。尝戏昂曰：'吾儿不及若儿。'答曰：'渠父不如昂父。'"意思是，许敬宗对许昂

① 明嘉靖《萧山县志·山川》："唐王勃《仙人石》诗：'崔巍怪石立溪滨，曾隐征君下钓纶。东有祠堂西有寺，清风岩下百花春。'"民国《萧山县志·山川》："唐王勃过之，刻诗于上。水涸石露，乃见其迹。诗曰：'崔嵬怪石立溪滨，曾隐征君下钓纶。东有祠堂西有寺，清风岩下百花春。'"

说，我的儿子不如你的儿子，许昂答说，他的父亲不如许昂的父亲。

萧山许氏第九世许恒，是许伯会的高祖，字化成，配王氏，葬抱郎山，生一子：许潜。

萧山许氏第十世许潜，是许伯会的曾祖，字处默，为唐著作郎。著作郎，官阶从五品上，主要掌修史与碑志、祭祝之职，要求文才出众、品行高尚的人担任，可见许潜是德才兼备之人，配王氏，生一子：许舒。

许氏宗谱录有《潜公实录》："自古称著作之善者，若司马迁之年表，班固之汉纪，醮周之古史，千寳之晋纪，孙盛之晋春秋，吴钧之齐春秋，令狐德棻之周书，未始无可称者。然或浅陋疏略，至于隐恶虞美，文华质俚，退处士，进奸雄，崇势力，羞贫贱，贵取容，贱守节者，往往有之。公则危言劲气，得春秋之义法，褒贬之公，不诡激，不仰抗，赡而不秽，详而有体，有过必书，有善必录，韓侍郎谓其直笔其所撰述，诸儒有不及焉。"此录的落款是"裔孙登瀛录"。

又有《唐著作郎潜公赞》："劳登天府，位居清要，职掌图书，金马待诏。谔谔訚訚在朝，无模棱之语。绵绵缉缉秉笔，绍春秋之教。虽非伊周之等伦，实与迁固而相肖。"此赞的落款是"赐进士、刑部员外郎冯珏赞"。

萧山许氏第十一世许舒，是许伯会的祖父，字泰元，有荫德，记睦族文行于世，配赵氏，生二子：许闳、许闻。

萧山许氏第十二世许闳，是许伯会的伯父，字守贞，又

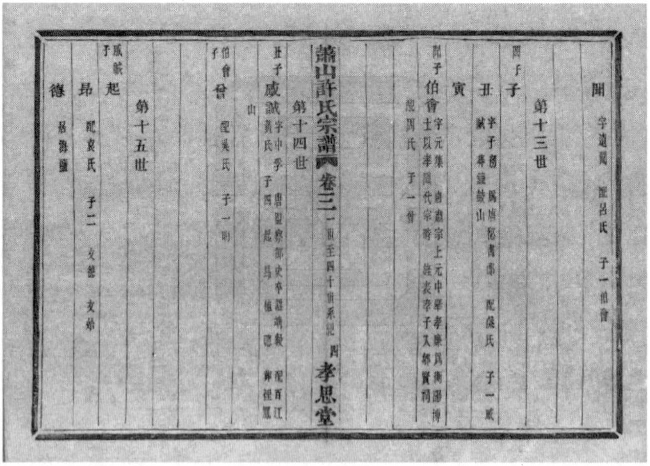
蕭山許氏宗譜 卷三
孝思堂
第十三世
第十四世
第十五世

清光绪二十二年《萧山许氏宗谱》中的第十三世许伯会（国家图书馆）

徒居剡溪，著有《剡溪文集》，配钱氏，生三子：许子、许丑、许寅，葬卧龙山。

萧山许氏第十二世许闻，是许伯会的父亲，字远闻，配吕氏，生一子：许伯会。[①]

许伯会的兄弟与子孙

许伯会是萧山许氏第十三世、许询的十二世孙、许闻的独生子。性至孝，唐举孝廉登第，为衡阳博士，入祀萧山乡贤祠，配周氏，生一子：许曾。第十四世许曾，配吴氏，生一子：许明。第十五世许明，字元亮，配郑氏，《萧山许氏宗谱》载郑氏无传，许伯会一脉的后裔自此绝嗣。《萧山桃源许氏宗谱》《萧山史村许氏宗谱》载许明与郑氏生一子：许传，许传无后，许伯会下传至曾孙亦无后而终。宗谱称之为远闻公派。

许伯会的亲伯许闳一脉后裔繁盛，萧山许氏大多是许询十二世孙许丑的子孙后代。许闳生三子：许子、许丑、许寅。第十三世许丑，也就是许伯会的堂兄弟，字子初，为唐秘书郎，配孙氏，葬钟鼓山，生一子：许感诚。第十四世许感诚，也就是许伯会的亲侄，字中孚，初任萧山教谕，后擢为唐监察御史，人多惊异，卒谥靖毅，配黄氏，葬里凤山，生四子：许起、许昂、许德（居海盐）、许聪。萧山许氏第十五世许昂，字震千，配袁氏，生二子：许文德、许文始（居海宁），宗谱称之为感诚公季子聪派。

萧山许氏第二十九世许梦德（1154—1219），原名公爰，字维熊，行伯四。因遭兵患，以萧山渔浦是钱塘江流域的重要渡口，人多孝友，于南宋末迁居渔浦，原配何氏，生五子：许希贤（行千一，迁钱清，其耳孙许通回迁萧山梓湖）、许希圣（行千二，居萧山渔浦，其曷孙许原一入赘史村）、许希尧（行千三，居诸暨球山）、许希舜（行千四，居萧山崇化乡史村，其孙许法隆迁居桃源乡）、许希相（行千五，居钱塘之巫山，今杭州）。后迁居诸暨，续配瞿氏，生三子：许希尹（行千六，居大小约山）、许希苏（行千七，居

① 清光绪二十二年《萧山许氏宗谱》卷三《世系纪》。

余姚)、许希文(千二十一,葬蒲坞山)[①],葬井角山。

许询的后裔自晋以来分支众多。至南宋时,许询子孙已迁居萧山、嵊县、诸暨、上虞、余姚、金华、绍兴、天台、宁波、海宁、杭州、湖州乃至徽州等地。萧山许氏的原生祖地为许贤乡,自许贤分迁出渔浦许氏,自渔浦分迁出史村许氏、桃源许氏、梓湖许氏等。1994年姓氏调查,萧山有许姓1.6万余人,大部分是许询的后裔,许伯会的同宗共祖的族人。

许伯会世系图

萧山许氏宗谱记载的世系与正史记载的世系略有不同(图示附后)。家世显赫,名人辈出,是其共同点。正史中没有记载许伯会的太高祖、高祖、曾祖、祖父、父亲是谁,宗谱的序、世系中有明晰的记载,许伯会的兄弟、子孙,也见于宗谱而不见于正史。

结 语

许伯会是唐代大孝子,祖居萧山许贤乡(今义桥镇),是高阳许氏的后裔,家族显赫。晋时许皈随晋元帝南迁,为会稽内史,长期生活在会稽

① 《萧山许氏宗谱》记载:许希贤,行千一,迁钱清;许希圣,行千二,居渔浦;许希尧,行千三,迁约山;许希舜,行千四,居诸暨球山;许希相,行千五,居钱塘;许希苏,行千七,居余姚;许希尹,行千十五,居天台水南;许希文,行千二十一,葬蒲坞山。

《萧山史村许氏宗谱》记载:千一,讳希贤,迁钱清;千二,讳希圣;千三,讳希尧;千四,讳希舜;千五,讳希相。

《萧山桃源许氏宗谱》记载:许希贤,行千一,迁钱清;许希圣,行千二,居渔浦;许希尧,行千三,居诸暨球山;许希舜,行千四,居萧山崇化乡史村;许希相,行千五,居钱塘之巫山;许希尹,行千六,居大小约山;许希苏,行千七,居余姚,许希文,行千二十一。

郡永兴县（今萧山），逝后葬凤仪乡（今萧山衙前镇）[1]，被尊称为萧山许氏第一世。其子许询是东晋隐士、玄言诗人的代表，在萧山幽居时间较长，留下了诸多地名印迹。其孙许珪之是南朝宋给事、著作郎、桂阳太守，萧山许贤许氏的始祖。许伯会是许询十二世孙，萧山许氏第十三世。他的曾祖许潜，是唐著作郎，才学出众，祖父许舒有荫德，记睦族文行于世。

惜许伯会的高祖许恒、曾祖许潜、祖父许舒三代单传，许伯会是许闻的独子，许伯会及儿子许曾、孙子许明又是三代单传。至许伯会的孙子无传，许伯会一脉后裔绝嗣。

许伯会的亲伯许闳一脉后裔繁盛，萧山渔浦许氏、史村许氏、桃源许氏、梓湖许氏大多数是其子孙后裔，也就是许询的后裔、许伯会同宗共祖的族人。

许伯会因孝贤闻名乡里，后人为纪念他，尊他为许贤相公，萧山许贤乡因此而得名，这是萧山史上已知最早、最经久的乡名，建置时间当不迟于北宋兴国三年（978）。2001年许贤乡并入义桥镇，至此萧山已知最早的15个乡名，随着最后一个许贤乡的撤并而不复存在。

① 〔元〕国子学录布政司、裔孙许子初：《许氏世系序》，民国35年（1946）《萧山桃源许氏宗谱》。

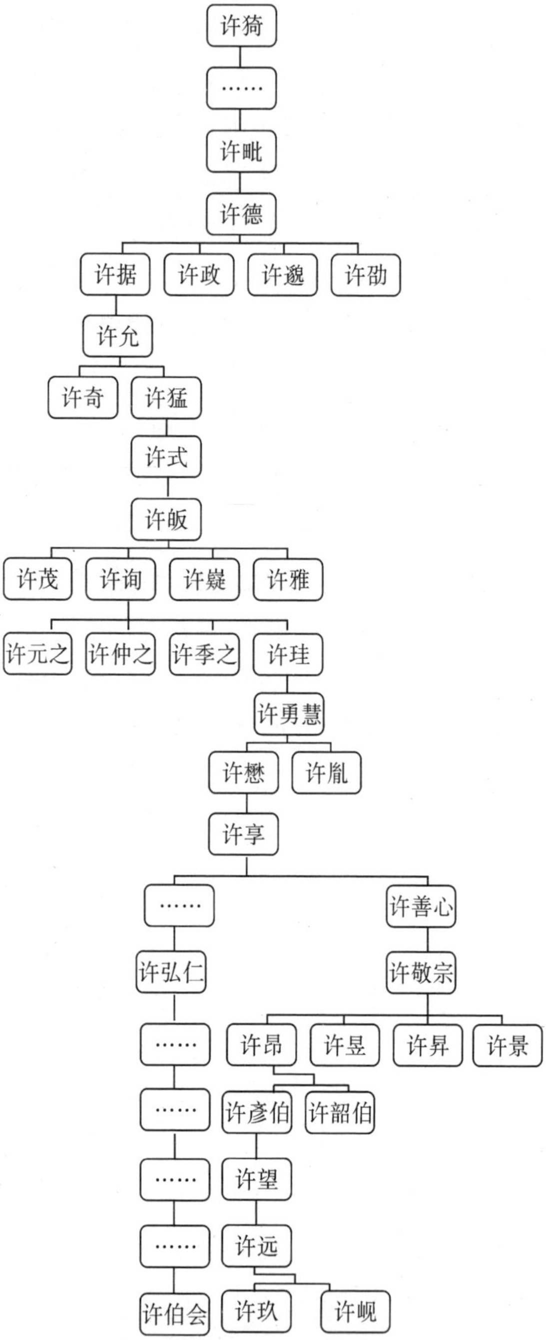

正史记载的许伯会祖先世系图

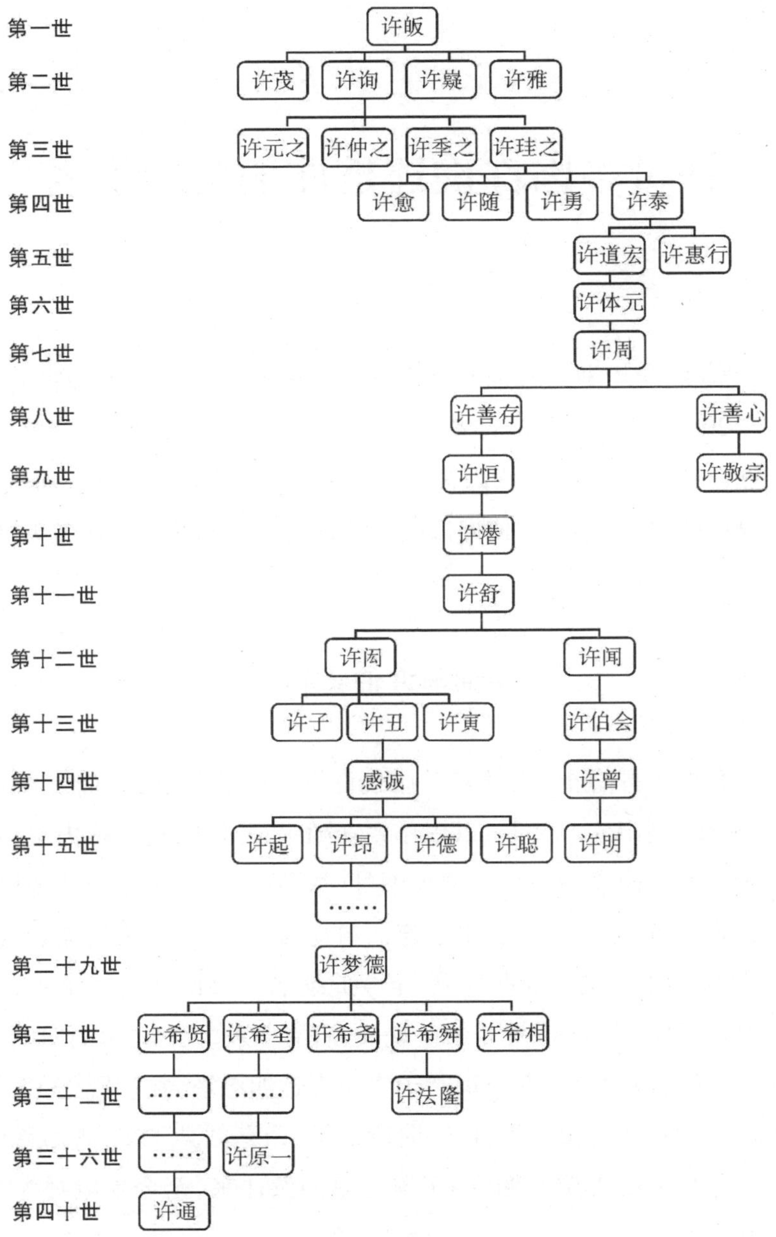

萧山许氏家谱记载的世系图

注：第三世许珪之为萧山许贤许氏始祖，第二十九世许梦德为萧山渔浦许氏始祖，第三十二世许法隆为萧山桃源许氏始祖，第三十六世许原一为萧山史村许氏始祖，第三十九世许承一为萧山党山许氏始祖，第四十世许通为萧山梓湖许氏始祖。

许贤乡因许询还是许伯会而得名

许贤乡，位于浙江省杭州市萧山区西南部，是萧山已知最古老的乡之一。2001年区划调整，许贤乡并入义桥镇，至此许贤乡成为历史地名。许贤乡名的由来，一说因晋时许询而名，一说因唐时许伯会而名，清乾隆以后的地方官书，均持许伯会说。许贤乡到底因谁而得名更可信？笔者作了一番探究。

许询与许伯会其人

许询是东晋隐士、文学家。唐代许嵩《建康实录·许询传》载："许询，字玄度，高阳人。父归，以琅琊太守随中宗过江，迁会稽内史，因家于山阴。询幼冲灵，好泉石，清风朗月，举酒永怀，中宗闻而征为议郎，辞不受职，遂托迹居永兴。肃宗连征司徒掾，不就。乃策杖披裘，隐于永兴西山，凭树构堂，萧然自致，至今此地名为萧山。遂舍永兴、山阴二宅为寺，家财珍异，悉皆是给。既成，启奏孝宗，诏曰：'山阴旧宅为祇洹寺，永兴新居为崇化寺。'询乃于崇化寺造四层塔，物产既罄，犹欠露盘相轮，一朝风雨，相轮等自备，时所访问，乃是剡县飞来，既而移皋屯之岩。常与沙门支遁及谢安、王羲之等同游往来，至今皋屯呼为许玄度岩也。"

在《许询传》中，许询父名归，唐无名氏《文选集注》作"助"，《新唐书·宰相世系表》作"贩"，《元和姓纂》《古今姓氏书·辩证》均作"皈"，即"归"字，与《建康实录》合，"助""贩"皆为形近致误。又《新唐书·宰相世系表》言许归官司徒掾，误植辟许询之官而加之其父，当以《建康实录》作"会稽内史"为是。至于"隐于永兴西山，凭树构堂，萧然自致，至今地名为萧山"，有误。萧山之名，在《汉书·地理志》已有记载，不始于东晋之许询。

许伯会是唐代大孝子、博士官。《新唐书·孝友传》记载："许伯会，越州萧山人。或曰玄度十二世孙。举孝廉。上元中，为衡阳博士。母丧，负土成坟，不御絮帛、尝滋味。野火将逮茔树，悲号于天，俄而雨，火灭。岁旱，泉涌庐前，灵芝生。"南宋嘉泰《会稽志》记载许伯会"遭父丧"而不是"母丧"。

因为许询的父亲许皈追随晋元帝（庙号中宗）南渡，为会稽内史，长期生活在会稽郡永兴县（今萧山），逝后葬凤仪乡（今萧山衙前镇），所以萧山许氏尊许皈为第一世。

许询在永兴隐居时间较长，为萧山许氏第二世，生四子：长子许元之居诸暨，次子许仲之居东阳，三子许季之居台州，四子许珪之（正史作许珪）居许询归隐地永兴之究山，位于许贤乡，为萧山许氏第三世，许贤许氏的始祖。

许伯会是许询十二世孙、萧山许氏第十三世，祖居许贤乡，有史以来入祀萧山乡贤祠的唯一许氏和唯一唐代人物，惜下传三代无后而终。

许贤乡的建置时间

萧山在唐代《十道志》中已有乡、里记载，但乡名、里数，因其书已佚，今无考。

现存最早的《会稽志》，即南宋嘉泰《会稽志》记载：北宋太平兴国三年（978），萧山县有15乡110里，有名称的只有94里，其中许贤乡，在县西南13.5公里，辖开善里、三基里、谢山里、马阁里、篷村里5里。崇化乡，在县西南50步，辖许君里等9里。长山乡，在县西南60公里，辖许贤里等5里。夏孝乡，在县西6公里，辖许村里等8里。孝悌乡，在县西南35公里，辖白墅里等5里。

许贤乡是萧山已知最早的乡之一,建置时间当不迟于北宋兴国三年(978)。元至元十六年(1279)改乡里为都图,许贤乡为六都、七都,分别辖图四、领图七。清宣统二年(1910)为义桥乡,民国23年(1934)析许贤乡。1958年为许贤人民公社,1969年并入义桥人民公社,1970年析许贤人民公社。1984年为许贤乡,2001年并入义桥镇。至此,萧山已知最早的15个乡名,随着最后一个许贤乡的撤并而不复存在。

许贤乡是萧山许氏的原生祖地,萧山境内的许氏大部分是从这里分流繁衍的。据宗谱记载,许贤许氏自南宋末分迁萧山渔浦,自渔浦又分迁史村、桃源、梓湖,繁衍为萧山许贤许氏、渔浦许氏、史村许氏、桃源许氏、梓湖许氏五大支。1994年姓氏调查,萧山许氏1.6万余人,在许贤乡的许氏仅156人。

许贤乡名由来二说

萧山已知最早的许贤乡以及长山乡许贤里、崇化乡许君里的得名,有二种说法:

1.清康熙三十二年(1693)《萧山县志·坊里》记载:"许贤乡,以晋许询名。""许贤(里),以晋许元度名。""许君(里),晋许询所居。"即许贤乡、许贤里、许君里,皆因许询而得名。

2.清初大学者毛奇龄(1623—1716),人称西河先生,在《西河合集·萧山县志刊误》记载:"乡名许孝,里名许贤,则皆指唐时许伯会,非许询也。"

清乾隆十六年(1751)《萧山县志·坊里》采用了毛奇龄的说法:"许贤乡,以许伯会名。旧志作许询,误。""许贤(里),以许伯会名。旧志作许询,误。""许君(里),唐许伯会所居。旧志作许询,误。"

清乾隆以后的地方官书,均沿用此说,认为不是因许询得名,而是因许伯会得名。2009年版《许贤乡志·概述》记载:"唐代宗年间(762—

779)，许伯会以贤孝闻名乡里，后人为纪念他，尊其为许贤相公，乡也因此得名。”[①]

民间有不同的看法。

清乾隆四十七年（1872）萧山县学增广生、史村第十一世许体仁《许征君旧宅考》：“旧谱序记多称公为晋相，仁不能考。若其居萧旧踪则至今存焉。在城有清风坊，许君里，六都为许贤乡，十都长山乡有许贤里，皆以元度得名，许寺在城，慈云寺在六都，重兴院在长山乡，其明征也。毛西河《县志刊误》以为许贤、许君等名皆指唐时许伯会，而以旧志古迹遍县皆属许询为误，新志遂遍县改属许伯会，岂知孝子伯会世居许贤乡之渔浦，并不周迁遍县，故许贤乡亦名许孝乡，刊误、新志抑何顾其名而不思其义欤？”[②]

许体仁《萧山史村许氏世系序》亦认为，许询幽居过的地方即后来的许贤乡、长山乡许贤里、崇化乡许君里、清风坊，皆因许询而得名。

许贤乡、许贤里、许君里得名考论

一种认为许贤乡、许贤里、许君里皆因许询而得名，一种认为皆因许伯会而得名。到底哪一种说法更可信呢？

笔者认为，萧山已知最早的乡名、里名，同时有许贤乡、许贤里、许君里三个带“许”字的乡里名，又分别为“许贤”、“许君”二个许氏，不是指同一个人。

（一）从正史与地方官志看，许伯会的名望比许询的名望大，许贤乡、许贤里当以许伯会名。许伯会列入正史《新唐书·孝友传》，是全国皆知的大孝子，许询是东晋隐士、玄言诗人代表，却未能列入《晋书·隐逸传》，

① 义桥镇《许贤乡志》编纂委员会会编：《许贤乡志·概述》，中华书局，2009年3月。

② 清光绪二十二年《萧山许氏宗谱》、清宣统三年《萧山史村许氏宗谱》。

亦未见《文苑传》，仅在唐至德元年(756)许嵩于私人所著的《建康实录》有较详实的《许询传》。许嵩是高阳人，可能掌握了高阳许氏宗谱的缘故，专门为许儒、许询、许亨这三名南迁的高阳许氏立了传。《建康实录》是记述吴、东晋、宋、齐、梁、陈六朝事的史籍，六朝皆建都建康(吴名建邺，晋愍帝改名建康，今南京)，故以为名。

南宋嘉泰《会稽志·人物传》及《隐遁传》中，也没有《许询传》，仅在《会稽志·古第宅》中载有《许征士宅》。但《晋书·列传》《会稽志·人物传》中，皆有许询的挚友王羲之、谢安、孙绰等传，许询的事迹亦散见于王羲之、谢安、孙绰等传中。正史与早期地方官志皆不为许询单独立传，可见许询还不具备单独立传的资格。或许许询一时名声响，但时过境迁，文集失传，只剩下了一个空名而无传。《新唐书·孝友传》《会稽志·孝行传》中，皆有《许伯会传》。因此，从正史、早期地方官志看，许伯会的名望比许询的名望大，许贤乡、许贤里当指许伯会。

(二)顾名思义，许贤乡、许贤里，当取之许伯会孝贤德名，故许贤乡又名许孝乡，后人尊许伯会为许贤相公。另有实例可证：清康熙《萧山县志·坊里》："夏孝乡，以吴夏方孝行名。""孝悌乡，以宋郭巨(世道)名。"夏方、郭世道都是萧山人，一个是晋代的大孝子，一个是南朝宋的大孝子，《晋书·孝友传》《会稽志·孝行传》皆有《夏方传》[①]，《南史·孝义传》《宋书·

① 《晋书·夏方传》："夏方，字文正，会稽永兴人也。家遭疫疠，父母伯叔群从死者十三人。方年十四，夜则号哭，昼则负土，十有七载，葬送得毕，因庐于墓侧，种植松柏，乌鸟猛兽驯扰其旁。吴时拜仁义都尉，累迁五官中郎将。朝会未尝乘车，行必让路。吴平，除高山令。百姓有罪应加捶挞者，方向之涕泣而不加罪，大小莫敢犯焉。在官三年，州举秀才，还家，卒，年八十七。"

孝义传》《会稽志·孝行传》中皆有郭世道、郭原平父子传[①]，并记载元嘉四

①《宋书·郭世道传》："郭世道，会稽永兴人也。生而失母，父更娶，世道事父及后母，孝道淳备。年十四，又丧父，居丧过礼，殆不胜丧。家贫，无产业，佣力以养继母。妇生一男，夫妻共议曰：'勤身供养，力犹不足，若养此兒，则所费者大。'乃垂泣瘗之。母亡，负土成坟，亲戚咸共赙助，微有所受。葬毕，佣赁倍还先直。服除后，哀戚思慕，终身如丧者，以为追远之思，无时去心，故未尝释衣帢。仁厚之风，行于乡党，邻村小大，莫有呼其名者。尝与人共于山阴市货物，误得一千钱，当时不觉，分背方悟。请其伴求以此钱追还本主，伴大笑不答。世道以己钱充数送还之，钱主惊叹，以半直与世道，世道委之而去。元嘉四年，遣大使巡行天下，散骑常侍袁愉表其淳行，太祖嘉之，敕郡榜表闾门，蠲其税调，改所居独枫里为孝行焉。太守孟𫖮察孝廉，不就。

子原平，字长泰，又禀至行，养亲必己力。性闲木功，佣赁以给供养。性谦虚，每为人作匠，取散夫价。主人设食，原平自以家贫，父母不办有肴味，唯飧盐饭而已。若家或无食，则虚中竟日，义不独饱；要须日暮作毕，受直归家，于里中买籴，然后举爨。父抱笃疾弥年，原平衣不解带，口不尝盐菜者，跨积寒暑；又未尝睡卧。父亡，哭踊恸绝，数日方苏。以为奉终之义，情礼所毕，营圹凶功，不欲假人。本虽智巧，而不解作墓，乃访邑中有营墓者，助人运力，经时展勤，久乃闲练。又自卖十夫，以供众费。窀穸之事，俭而当礼，性无术学，因心自然。葬毕，诣所买主，执役无懈，与诸奴分务。每让逸取劳，主人不忍使，每遣之，原平服勤，未曾暂替。所余私夫，佣赁养母，有余聚以自赎。本性智巧，既学构冢，尤善其事，每至吉岁，求者盈门。原平所赴，必自贫始，既取贱价，又以夫日助之。父丧既终，自起两间小屋，以为祠堂。每至节岁烝尝，于此数日中，哀思，绝饮粥。父服除后，不复食鱼肉。于母前，示有所啖，在私室，未曾妄尝。自此迄终，三十余载。高阳许瑶之居在永兴，罢建安郡丞还家，以绵一斤遗原平。原平不受，送而复反者前后数十。瑶之乃自往曰：'今岁过寒，而建安绵好，以此奉尊上下耳。'原平乃拜而受之。及母终，毁瘠弥甚，仅乃免丧。墓前有数十亩田，不属原平，每至农月，耕者恒裸袒，原平不欲使人慢其坟墓，乃贩质家资，贵买此田。三农之月，辄束带垂泣，躬自耕垦。每出市卖物，人问几钱，裁言其半，如此积时，邑人皆共识悉，辄加本价与之。彼此相让，欲买者稍稍减价，要使微贱，然后取直。居宅下湿，绕宅为沟，以通淤水。宅上种少竹，春月夜有盗其笋者，原平偶起见之，盗者奔走坠沟。原平自以不能广施，至使此人颠沛，乃于所植竹处沟上立小桥，令足通行，又采笋置篱外。邻曲惭愧，无复取者。

太祖崩，原平号哭致恸，日食麦料一枚，如此五日。人或问之曰：'谁非王民，何独如此？'原平泣而答曰：'吾家见异先朝，蒙褒赞之赏，不能报恩，私心感恸耳。'又以种瓜为业。世祖大明七年大旱，瓜渎不复通船，县官刘僧秀愍其穷老，下渎水与之。原平曰：'普天大旱，百姓俱困，岂可减溉田之水，以通运瓜之船。'乃步从他道往钱唐货卖。每行来，见人牵埭未过，辄迅楫助之；己自引船，不假旁力。若自船已渡，后人未及，常停住须待，以此为常。尝于县南郭凤埭助人引船，遇有相斗者，为吏所录，闻者逃散，唯原平独住。吏执以送县，县令新到，未相谙悉，将加严罚。原平解衣就罪，义无一言。左右小大咸稽颡请救，然后得免。由来不谒官长，自此以后，乃修民敬。

太守王僧郎察教廉，不就。太守蔡兴宗临郡，深加贵异，以私米馈原平及山阴硃百年妻，教曰：'秩年之贶，著自国书，饩贫之典，有闻甲令。况高柴穷老，莱妇屯暮者哉。永兴郭原平世禀孝德，洞业储灵，深仁绝操，追风旷古，栖贞处约，华耇方严。山阴硃百年道终物表，妻孔耋齿孀居，窭迫残日，钦风抚事，嗟慨满怀。可以帐下米，各饷百斛。'原平固让频烦，誓死不受。人或问曰：'府君嘉君淳行，敏君贫老，故加此赠，岂宜必辞。'原平曰：'府君若以吾义行邪，则无一介之善，不可滥荷此赐。若以其贫老邪，耋齿甚多，屡空比室，非吾一人而已。'终不肯纳。百年妻亦辞不受。

会稽贵重望计及望孝，盛族出身，不减秘、著。太宗泰始七年，兴宗欲举山阴孔仲智长子为望计，原平次息为望孝。仲智会土高门，原平一邦至行，欲以相敌。会太宗别敕用人，故二选并寝。泰豫元年，兴宗征还京师，表其殊行，宜举拔显选，以劝风俗。举为太学博士，会兴宗薨，事不行。明年，元徽元年，卒于家。原平少长交物，无忤辞于人，与其居处者数十年，未尝见喜愠之色。三子一弟，并有门行。长子伯林，举孝廉，次子灵馥，儒林祭酒，皆不就。"

年(427),皇帝的使臣巡行天下,散骑常侍袁愉上报了郭世道的美德,宋文帝表示嘉许,下诏在他的家乡张贴文告表彰他,免除他的租调,并把他住的地方独枫里改名为孝行里。

现存最早的《萧山县志》,即明嘉靖《萧山县志·祠祀》记载:"乡贤祠,在先师庙,戟门之右。祀唐孝子一人,许伯会。晋孝子一人,夏方。宋名臣二人、张称孙、张叔椿。处士一人,郭原平。皇明名臣七人,顾观、朱仲安、姚友直、殷旦、魏骥、张嵿、翁文。与名宦祠同日祭。"

清乾隆《萧山县志·学校》记载:"乡贤祠,三间,在戟门之右。祀晋夏方,南宋郭原平,唐许伯会,宋张叔椿、张称孙,明顾观、朱仲安、姚友直、魏骥、殷旦、单道、张嵿……""忠义祠,三间,在祐文祠门内,土地祠之东。雍正六年,令门钰建。祀三国魏朱朗,晋郭世道、郭原平,唐许伯会、戴恭、俞仅,宋孙宝著、于琳、徐端臣……"

许伯会、夏方、郭世道、郭原平父子,均是正史传记的大孝子,许伯会、夏方、郭原平3孝子入祀萧山乡贤祠,许伯会、郭世道、郭原平3孝子入祀萧山忠义祠。正史记载南朝宋文帝下诏把郭世道住的地方独枫里改名为孝行里,萧山已知最早的许贤乡、夏孝乡、孝悌乡,分别以乡贤孝子许伯会、夏方、郭世道而名,就是上行下效、表彰孝贤的有效举措。

(三)许伯会是朝廷授予的高级教授官,才学贤德惠及周边乡里实为正常,以许伯会名长山乡许贤里不足为奇。许伯会的曾祖许潜是唐著作郎,从五品官,主要掌修史、碑志、祭祝之职。许伯会是衡阳博士,正九品官,主要担教授之职。唐代博士首先是博学多才之士,同时也是一种官职,主要来源于三个方面:一是皇帝直接任命,二是通过荐举,三是科举考试。

唐初沿隋制,设有孝廉科。《唐会要·孝廉举》记载:宝应二年(763)"敕旨:每州每岁察孝廉,取在乡闾有孝悌、廉耻之行荐焉,委有司以礼待之,试其所通之学。五经之内,精通一经,兼能对策,达于治体者,并量行业授官"。唐德宗建中元年(780)"敕孝廉科宜停",孝廉科成为明经科之别称。明清以后,明经成为举人之别称。清代梁章钜《称谓录·举人》云:

"举人:孝廉、孝廉郎、贤书,公车。"即唐时的孝廉科,为明清时期的举人。

许伯会是如何登第的?

《新唐书·孝友传》记载:"许伯会……举孝廉,上元中,为衡阳博士。""任敬臣……举孝廉,授著作局正字。"可见许伯会、任敬臣是通过州县察举孝廉登第的。

南朝宋时,孝子郭世道、郭原平父子皆有"察孝廉,不就"的事迹,郭原平还有"举为太学博士,会兴宗薨,事不行"的事录。晋时,孝子夏方"在官三年,州举秀才,还家,卒"。

而唐时孝子许伯会以孝廉科登第,任博士官,即高级教授官。他的博才多学,仁孝贤德,极有可能惠及原生祖地许贤乡以外的乡里,包括许询云游、幽居过的地方,不存在许体仁《许征君旧宅考》所说的"伯会世居许贤乡之渔浦,并不周迁遍县"的情况。原生祖地许贤乡以及非原生祖地长山乡许贤里,皆因许伯会名不足为奇。

(四)许询在萧山隐居时间长,舍二宅为二寺,崇化乡、许君里、清风坊等因此而得名。隐士,首先是有过人才学,本身是一介村夫,就谈不上隐不隐的了。《晋书·孙绰传》记载:"绰,字兴公。博学善属文,少与高阳许询俱有高尚之志。""绰与询一时名流,或爱询高迈,则鄙于绰,或爱绰才藻,而无取于询。沙门支遁试问绰:'君何如许?'答曰:'高情远致,弟子早已伏膺;然一咏一吟,许将北面矣。'"即许询情志高远,但咏吟诗赋略逊于孙绰。南朝宋刘义庆《世说新语·文学》云:"简文称许掾云:'玄度五言诗,可谓妙绝时人。'"可见许询是晋简文帝钦定的诗人,一时文宗,惜传世作品少。

许询才情卓越,却隐而不仕。

南宋嘉泰《会稽志·许征士宅》记载:"许询父旼,从元帝过江,迁会稽内史,因居焉。询隐居不仕,召为朝议郎,不就。常登永兴县西山,筑室其上,萧然自致,乃号其岫为萧山。东晋咸和六年,舍山阴、永兴二宅为寺。穆帝时,名山阴旧宅曰祇园(今为能仁寺),永兴新宅曰崇化。县西南四十里有慈云寺,县西九十里有重兴院,皆询尝所居也。《旧经》云:《郡国志》云:会稽山南有许君宅,又许君里,在会稽县清风坊。案皇甫冉诗云'昔闻玄度宅,门对会稽峰'者,谓山阴宅也。王勃《山亭序》云:'永兴新郊,许玄度之风月者',谓永兴宅也。"文中《郡国志》所云"会稽县清风坊",实为唐宋时期的萧山县清风坊。隋文帝开皇九年(589)至唐仪凤二年(677)间永兴县并入会稽县,后又析出,唐天宝元年(742)改名萧山县。

《会稽志·衢巷》记载:"萧山县,三坊,皆如《旧经》。清风,以许询宅名。招贤,以江淹宅名,并见《寰宇记》。通阛。"

《会稽志·园池》记载:"许询园,在萧山县北干山下。《图经》云:'询家,此山之阳,故其诗曰'萧条北干园'也。"

《会稽志·寺院》记载:"重兴寺,在县西九十里。本晋许征君岩下寺。会昌废,咸通十四年重建,改今额。""慈云寺,县西南四十里。梁天监十二年,僧宝志于许玄度宅基上建,号开善资宝寺。会昌废,晋天福三年重建,祥符元年改赐今额。"

上述,《会稽志》与《建康实录》分别记载了许询隐居永兴(今萧山),舍宅为寺,留下诸多地名的印迹:晋中宗(晋元帝)征他为朝议郎,不就,遁迹永兴。晋肃宗(晋明帝)征他为司徒掾,不就,遁迹永兴西山。晋孝宗(晋穆帝)听说他舍二宅为二寺,下诏名之崇化寺、祇园(洹)寺。

古之城外设乡,城内设坊。于是,萧山崇化乡,县西南50步,以崇化寺而名,许君里,因许君宅而名,今萧山城厢街道崇化社区,亦由崇化寺派生而得名。清风坊,以许询清风朗月之幽居而名。

南朝宋刘义庆《世说新语·言语》云:"刘尹曰:'清风朗月,辄思元度。'"刘尹,即东晋刘惔,字真长,任过丹阳尹,《晋书·列传》有《刘惔传》,《唐会要》尊其为魏晋八君子[1]之一,与许询相交甚好。

---

① 魏晋时代八位在不同德行能力方面俱佳的名臣的合称。贾诩筹谋策算、贾逵忠诚勇敢、张既民政才能、程昱智勇双全、顾雍缜密持重、王浑风度气量、刘惔看人能力、庾翼的志向规略,受到后代人的仰慕和推崇,被尊称为"魏晋八君子",出自《唐会要》。

许询舍弃县城住宅后，又在皋屯（位于长山乡）、究山（位于许贤乡）隐居过，许询的幼子许珪之就居住在许贤乡，为萧山许贤许氏的始祖。

皋屯，后人传颂许询在此羽化成仙，故地名仙岩，是今萧山楼塔镇的古称。许询足迹所至，岩曰玄度岩，石曰仙人石，洞曰仙人洞，岩洞出云，草木皆香，可以疗疾，故长山南面的镜台山又名百药山。

重兴寺，就在百药山下，相传许询与支遁在这里“讲经接席，风流千古”，改宅为寺，名岩下寺，唐会昌间（841—847）毁，咸通十四年（873）重建，改额重兴寺。

慈云寺，在许贤乡开善里，梁武帝天监十二年（513）僧宝志在许元度宅基上建，名开善资宝寺，唐会昌间废，后晋天福三年（938）重建，宋祥符元年（1008）改额慈云寺，这不排除许询的后裔在梁武帝时将许询宅基捐舍出来改建佛寺。

清初学者毛奇龄《萧山县志刊误》记载：“元度虽有微名，仅于《孙绰传》中一带见之。全史不为立传，则其人轻重概可见矣。吾邑在晋已有二夏（隐士夏统、孝子夏方），二夏之名十倍元度。而又云县所受名始于是人，岂不大辱。况元度所寓不止萧山。按《晋书·孙绰传》，但云与询居于会稽，而《世说栖逸》篇云：询隐永兴南幽穴中。陶潜作《孟府君传》有云：询客居永兴县界此。即流寓吾邑之所据，然并昧所在。而志所记地则遍县俱是，一在西河即祇园寺也，一在北干山下即所云萧条北干园者，一在浦阳江南百药山中，相传有元度岩为询炼丹之所，皆不的确。”

毛奇龄认为萧山诸多地名以许询名为误。但笔者认为，许询虽然不如孙绰、王羲之、谢安名望大而持久，但也是一时文宗、东晋玄言诗人的代表。他好泉石，好游山玩水，足迹遍县可以为信。他高情致远，隐而不仕，受人们景仰以及纪念也可信。史载许询舍二宅为二寺，晋孝宗（晋穆帝）名之崇化寺、祇园（洹）寺，这是文献所见敕赐寺院名额的较早记载，可信度较高。

萧山已知最早的乡里建制，崇化乡、许君里因此而得名，而且以人物、居所（寺院）命名的乡里也不是孤例。

结　语

清乾隆《萧山县志》在记载乡里时，共注释了14个地名渊源。其中因人物（居所）而名的8个："夏孝乡，以吴夏方孝行名。""孝悌乡，以宋郭世道名。《旧志》作郭巨，误。""许贤乡，以许伯会名。旧志作许询，误。""许贤（里），以许伯会名。旧志作许询，误。""许君（里），唐许伯会所居。《旧志》作许询，误。""秦君（里），唐秦系所居。""长港（里），旧名江君。""白墅（里），梁白敏将军所居，舍宅为白墅寺，敏葬寺侧。"以山为名的1个："苎罗乡，以山名。"以方位为名的1个："县南（里），贴县治之南，故名。"数字地名2个："百步（里），去县百步。""五里（里），俗呼为五里牌。"史迹地名2个："去虎（里），宋景德中虎负子渡河处。""高屯（里），唐黄巢屯兵处。"这些地名，蕴含了诸多故事与传说，是萧山历史文化的沉淀。

许贤乡、许贤里、许君里的得名，清乾隆以后的地方官书，均采用清初学者毛奇龄的说法，认为皆因唐时许伯会而名，以晋时许询名为误。但笔者认为，萧山已知最早的乡里名，同时有许贤乡、许贤里、许君里三个带"许"字的乡里，又分别为"许贤"、"许君"二个许氏，不是指同一个人。许贤乡、许贤里当指唐代孝子许伯会，许君里当指晋代隐士许询，崇化乡、清风坊等均因许询而得名。

元末明初医学家楼英家世考

楼英（1332—1401），一名公爽，字全善，号全斋，浙江杭州萧山楼塔镇人。生至顺壬申三月十五日，卒明建文辛巳十一月十九日，享年70岁。

楼英（1332—1401）

幼承家学，博览群书，尤善医理、易理。与同时代名医戴思恭交往甚密，两人相互切蹉，医术益精，医理更明。诊治疾病往往结合临床经验，本“阴阳五行生化万物”之说，提出诊病首先分辨血气、表里、上下、脏腑分野，从而知晓受病之所在；治病要因人、因病、因时而异，施以药疗、理疗、针疗等手法，故每多奏效。明洪武年间（1368—1398），曾为明太祖朱元璋治愈大病，拟宣太医官，楼英辞不受，乃赐还乡。楼英对天文、地理、历法也有研究，造诣颇深。

撰有《医学纲目》《内经运气类注》《仙岩文集》《周易参同契药物火候图说》《仙岩日录杂效》《江潮论》等多种著作。《医学纲目》刊行于明嘉靖四十四年（1565），是中国医学史上有影响的一部医学著作，是楼英积30余年时间，搜集研读历代名医著作，并结合自己临床实践编写而成的，共40卷，包括总论、脏腑疾病、伤寒、妇人、小儿、运气等，记载病症、治法、方药，对于金元医家的学说收载较多。全书提纲挈领，简明扼要，对后世影响较大，明代著名医药学家李时珍（1518—1593）编《本草纲目》，曾把它列为参阅书，近贤曹炳章（1878—1956）盛赞此书“实为医学类书中最有法度者”。

现存明万历《萧山县志》、清康熙三十二年（1693）《萧山县志》、清乾隆十六年（1751）《萧山县志》、民国24年（1935）《萧山县志》、民国37年（1948）《萧山县志》均有《方技·楼英传略》。

生于医学世家，深受家世的影响。笔者根据民国37年（1948）《仙岩楼氏宗谱》（务本堂）等史料对楼英家世进行考录，希望能为楼英医学研究者和传习者提供多面的视角。此前，楼岳中《楼塔往事》（浙江人民出版社2008年版）有所记述，楼塔的历史源流脉络较为清晰。

仙岩楼氏宗谱

萧山楼塔古称仙岩，因东晋名士许询在此隐居，传说羽化成仙而得名。许询垂钓的岩上溪中龙尾巴石，称仙岩。300多年后，唐初大诗人王勃从四川跋涉到仙岩凭吊许询，在许询垂钓的石矶下题诗：“崔巍怪石立溪滨，曾隐征君下钓纶；东有祠堂西有寺，清风岩下百花春。”[①]王勃遨游，并有人将他的诗刻石，说明当时有相当的人口活动。

楼英始祖迁来定居后，称楼家塔。“塔”，不是县志所释“小土丘”的意思，而是对居住群落的一种称呼，与村、屯、浦、埭等同义。楼氏祖先在溪滩上建宅，为了挡水，筑起土堤，称“埭”，外人称“楼家埭”，因方言演变为“楼家塔”。

几经变更，至2005年，楼塔镇下面的楼一村、楼四村、林场村合并为楼英村，楼二村、楼三村合并为楼家塔村，一方面承袭了传统的地名，另一方面创立了因楼英而名的新地名。

仙岩楼氏自宋代就有个人写谱。楼英的高祖楼玑、父楼友贤、堂兄楼公规、子来宗望、侄来维观等都有写谱。

---

① 〔唐〕王勃：《题镜台峰仙人石》，明万历《绍兴府志》。

民国17年(1928)《仙岩楼氏宗谱》(萧山图书馆)

清康熙辛丑(1721)始有组织修谱,此后几乎“20年一修,20年一续”。楼塔人的人文素质较高,历次修谱皆由文字功底深厚、思想境界较高的文化人担任主笔,记载的事实相对客观、严谨,如登录功名学历必须校验证件等。

仙岩楼氏13次续修的民国37年(1948)《仙岩楼氏宗谱》(务本堂),卷数最多,共90卷,包含了民国17年(1928)重修的全部内容,增加卷一(下)为新增文集,对系图和行传部分进行了补充重印,版心分别有“民国戊辰年重修”、“民国戊子续修”的字样。内容有序文、诺命、宾延录、闺节题举、传记、行述、议据、继书、分单、谱迹、传赞、墓志铭、行状、寿文、祭文、孝传赞、遗稿、论说、春秋祭序、祀产、春秋祭产、碑记、祠堂记、殉难烈传、节孝传、祭产、议单、远祖系图、字母总图、字母图、本宗系图、本宗系图、行传、补遗、跋等。

时隔63年后之续修,仍沿用传统名称,为2011年辛卯《仙岩楼氏宗谱》,其中录有《护谱功臣楼浩灿》的传文,民国版90卷家谱得以完好的保存下来,归功于这位87岁叫楼浩灿的老人,他逝前一年,即2005年11月,感到心力不支,为该谱的安全担忧,将该谱赠给了萧山区图书馆,使该谱有了最好的归宿。

现已查明,卷轶浩繁的戊子版(1948)《仙岩楼氏宗谱》,为世上孤本,其容量、质量都为浙江谱牒之上乘,是记载萧山楼氏的重要文献。

楼英的祖辈

(一)始祖楼晋(853—923)

萧山楼塔第一世。字彦孚,号指城,原籍浙江金华义乌人。生唐大中七年癸酉三月十五日卯时,卒后唐同光元年癸未八月十九日卯时,享年71岁。其父楼廷春生长在萧山白乐堰,夫人钱氏是吴越国王钱镠的堂姐,生二子,长子楼豫,次子楼晋,楼豫之孙楼轩回迁义乌,子孙繁衍,现在四分之一的义乌楼姓人是楼轩的后代。

楼晋(853—923)

唐乾符至中和年间,楼晋跟随钱镠打败黄巢、王绪、刘汉宏,被钱镠封为黄岭、岩下、贞女三镇镇遏副使,与父兄举家从白乐堰迁至镇守地黄岭,在那里生活了15个年头。

因看好仙岩山川秀丽,“昔钱镠欲置州于此,以斧验之,其石软脆,斧痕留焉”[1],“喜兹地山深水远,虽蓁莽之中,而有郁葱之气,抚镇数载,由黄岭迁至本宅”[2],即唐昭宗乾宁四年(897),楼晋与父兄举家从黄岭迁至仙岩。次年,唐昭宗朝廷封楼晋及父为东越招讨使,封楼晋母及妻为恭人。

楼晋妻钱氏是钱镠的堂兄钱铭的女儿,是舅表妹,生一子一女,子娶楼晋的同事好友镇遏使徐鸿兄弟徐鸾之女,女嫁徐鸿之子徐君绶。葬萧

---

① 民国24年(1935)《萧山县志·山川》。

② 《仙岩楼氏宗谱·行传·第一世始祖彦孚公》,民国37年(1948)。

山东纪坞大岭山。

楼晋独子楼鄯，为萧山楼塔楼氏第二世，唐昭宗天复四年(904)武科第一，授武库校尉，袭镇遏副使职，生一子。

至第九世，分别是：一世楼晋（彦孚公）、二世楼鄯（士器公）、三世楼光祖（克辉公）、四世楼国用（绍先公）、五世楼世廷（邦器公）、楼世述（无儿女）、六世楼绍回（如源公，共四兄弟，两兄弟迁诸暨堰头，一弟无儿女）、七世楼赟（全材公）、楼质（无儿女）、楼贸（无儿女）、八世楼溢（浩泉公）、楼沼（渊泉公）。九世：楼溢之子：楼安上、楼安宅、楼安世、楼安惠、楼安道；楼沼之子：楼国光（耀先公）。楼英就是楼国光的后裔。

第九世起说分家，根据浩泉公、渊泉公之墓的位置，弟东兄西，称浩泉公下子孙为西派，称渊泉公下的子孙为东派。

后来又分上、中、下祠，原来的祠堂气聚堂归西派，称上祠堂，尊浩泉公为祖；东派另建务本堂，尊渊泉公为祖，东派又分为务本堂中祠、务本堂下祠，中祠尊十四世楼齐贤为祖，下祠尊楼友贤即楼英的父亲为祖，楼齐贤、楼友贤是楼寿高五个儿子中的长子和幼子，是亲兄弟，尊他兄弟俩为祖，是因为两人都是楼塔历史上的杰出人物。

这就是楼氏“派分东西，祠立三鼎”的由来。

（二）高祖楼玑（1175—1244）

萧山楼塔楼氏务本堂第十一世。字孟玉。萧山县儒学教谕。生宋淳熙二年乙未六月初六日亥时，卒宋淳祐四年甲辰九月二十七日卯时，享年70岁。葬萧山小村借史坞，双股金钗。婿将仕郎国子助教同邑魏淮为其写墓志铭。

南宋绍熙辛亥(1191)进士(乡贡进士)[①],授萧山县儒学教谕,时17岁。父楼允武次年乡贡,授嘉善县儒学教谕,时45岁,儿子比父亲早一年登第,可见楼玑的才学。

原配谢氏,是南宋孝宗皇后的内侄女,生二子:楼文焕、楼文炳(无嗣);续安氏生一子:楼文隽;妾田氏生一子:楼凤,早世,一女,嫁明州助教魏淮。

《仙岩楼氏宗谱·统系源流列传》记载:"孟玉公,讳玑,行九二。公赋性聪颖,才识超迈,博览群书,下笔成章。登绍熙二年进士,仕本县儒学教谕。事亲孝,教子严,性刚直,有果断,非名士不交,非善人不友,俾宗族进乎诗礼,乡党化乎美俗,脍炙众口也。娶本乡高都谢氏,氏姨为宋孝宗皇后,后亲临探问祖妣,次早怪予村无更鼓声,祖妣具言其故。后即命工创立鼓一所,至今存鼓楼,衕之名。"

楼玑非常有才华,广交名士,非善人不友。他娶了南宋孝宗谢皇后的内侄女,这样又攀上了皇亲国戚,自然威武。

谢皇后是高都人谢仲斌的女儿,从民间选进宫后被册封的。因为谢皇后从杭州回娘家省亲,顺便到楼塔看望内侄女,观览仙岩山水,第二早醒来就埋怨楼塔没有报时的更鼓声,于是楼玑应命建鼓楼一座,楼塔村内有一条路叫鼓楼弄。

---

① 宋代的进士,与元、明、清的进士有很大的不同。宋代的进士不一定是"进士"。凡自学没有经过学校考试,经州县考试合格的读书人称贡士,送京师参加省试的贡士称为"乡贡",州县一级的考试或学校的考试称为"取解"试,通过"取解"试取得省试的资格,州县将合格士子的名单报送礼部称"发解",对于参加过省试但是没有考中的乡贡可以称为"乡贡进士"。由国子监"发解"的举子,也称"进士"。特奏名又称之为恩科、恩榜,由于获得这一恩赐都是数次参加科举不中的士子且都是老人,也俗称"老榜",这个制度是两宋科举中特有的制度,宋朝之前没有,后来也没有,南宋时特奏名进士一般分五等,一等第一名赐同进士出身,第二、三名赐同学究出身,其余一等里面的人为登仕郎,二等为京府助教(后改将仕郎),三等为上州文学,四等为下州文学,五等为诸州助教。以上三种是宋代不是真正的进士的"进士"称呼。

楼玑是楼塔文化兴起的发轫者。他家富裕，设了家塾，请了名师来教学，他本人是一位又帅又酷的先生。

《孟玉公志铭》记载："自曾祖沼、祖国光、父允武俱读书行义，力本昌业。君严重方正，神采英发，事亲养志，禀命无宿创家塾，延名师，文质彬彬，诗礼秩秩，对人未尝作戏笑语，家庭中外尊卑之分肃如也。其御臧获悉有程度，邻里道路闻君嗽音，哗者息语，惰者敛容，惟文学士然后得假辞色，谈论逾时。君袭四代之嬴储，绍百年之余庆，高楹联陌，丰币雄资，规画整然，井有条理，其操行严恪如此。"

楼玑世袭镇遏副使职，家产丰厚，却严谨得很，甚至可以说盛气凌人。平素不作笑语，他的一声咳嗽能慑服市井顽劣之徒，对有学问的人访晤，就谈笑风生，滔滔不绝，因人而异。

楼玑十分孝顺。父楼允武三人兄弟：楼允文、楼允武、楼允昇。允昇无嗣，允武生有三子：楼璿、楼玑、楼珏，允武将幼子楼珏过继给允昇为嗣。

楼玑兄楼璿无嗣，楼玑将次子楼文炳继给楼璿为嗣，谁知楼文炳又无嗣，楼玑又将长子楼文焕独子楼天倪过继给楼文炳为嗣，保长兄楼璿后继有人，楼天倪后来补授承信郎、两浙都巡检使。如此，楼玑的长子楼文焕又无后，楼文隽（楼英祖父）将长子楼寿高（楼英的父亲）过继给楼文焕兼承祀。楼玑尊从父亲的话，将父亲的财产平分给已经过继出去的楼珏，"均析其业，并室庐之所有，悉与之，其孝友天性，笃挚如此"[①]。

楼玑收集残章断简，首次编写了楼氏谱牒，是仙岩楼氏修谱第一人。

（三）曾祖楼文隽（1221—1296）

萧山楼塔楼氏务本堂第十二世。字元英，号澄斋、普一。仕检阅。生宋嘉定十四年辛巳七月十一日亥时，卒元贞元年乙未十二月二十三日子时，享年75岁。葬仙岩上金台山，银坑东冈鲜鰕形。具官本邑友生冯梦栩为其写墓志铭。民国24年（1935）《萧山县志》、民国37年（1948）《萧山县志》，均有《楼文隽传》。

---

① 〔元〕魏淮：《仙岩楼氏宗谱·孟玉公志铭》，民国17年（1928）。

妻孟氏，是朝廷宫巡之女，生二子：楼寿高、楼寿宝（早世）。生三女：长女嫁国子监教谕俞宗四，次女嫁府博俞季四，幼女嫁大使检阅孟文十。

楼文隽明敏嗜学。他“平居巍冠博带，不以时饰。有间古雅，明轩净几，左右图史，凡经传、子史、天文、历律、阴阳、地理、潜濡、涵泳、医药，靡不精别以究其归”[①]。开庆中（1259），经秘书少监洪公推荐，授登仕郎，行走在院检阅文字。不久归里，人们尊他为“检阅公”。

至性纯笃。父病，医生束手无策。楼文隽叹曰“天乎果夺吾父耶？”于是仿效古人，潜刲臂肉，糜粥喂父，希望能治愈父亲。后来母病，也是如此，“孝感所致”。

一身正气。乡里有人犯错，想请他去求情他是坚决拒绝的。家里有一个老仆人姓徐，把收割的湿麦摊在天井里，而不晒太阳，楼文隽奇怪，就问老徐为什么。老徐答：“麦贷与人摊阶可出升斗也。”意思是说这样出售可多些分量。楼文隽怒而训斥：“是何行绩，可见汝祖不德，生汝为干，今又将此行绩教我子孙耶！”意思是你这是做昧良心的事，还会教坏我的子孙！老徐赶紧把麦收起来晒出去。有一天，一个穷户到他家仓库偷了一袋粮食，被楼文隽撞上了，吓得不知所措。文隽说：“尔为贫所役，岂果盗耶？”[②]就让那人背着粮食离去了。宋末发生凶荒，楼文隽殚竭家财，援拯乡里，赖以存活者甚众。

时楼文隽大龄，已生三个女儿，还没有儿子。一天，施饭给一个路人，哪知那是一个异人，预言他“今无子，后日当得一子五孙”[③]，果应验，在萧山楼塔传为异事。

（四）祖父楼寿高（1256—1319）

萧山楼塔楼氏务本堂第十三世。字齐行，号云齐、南山。中式举人，以书经登第仕萧山儒学直学。生宋宝家庭成祐丙辰正月二十二日子时，

① 〔元〕冯梦翀：《检阅公墓铭》，《仙岩楼氏宗谱》，民国17年（1928）。
② 〔元〕冯梦翀：《检阅公墓铭》，《仙岩楼氏宗谱》，民国17年（1928）。
③ 〔元〕冯梦翀：《检阅公墓铭》，《仙岩楼氏宗谱》，民国17年（1928）。

卒元延祐戊午八月初三日酉时,享年64岁。葬萧山小村借史坞,双股金钗。文学家、书法家杨维桢为其写墓志铭。

娶舅表妹孟氏,生五子:楼齐贤(乡贡、教谕)、楼得贤、楼象贤、楼与贤(副尉),楼友贤(岁贡,教谕)。

民国24年(1935)《萧山县志·选举》辨析:"楼寿高,按乾隆志云,万历志作戊寅,误。今据长山报告,作元至元己卯科董元吉榜。中式举人,以书经登第,仕本县直学。戊寅为顺帝之至元四年己卯,相差一年,或至元四年,非误。而乾隆志误作至正四年欤。"

民国37年(1948)《萧山县志·教育》又载:"楼寿高,至正四年甲申乡试,万历志作戊寅,误。"

结合《仙岩楼氏宗谱》考证,楼寿高应是至元四年己卯(1279)中式举人,为儒学履信斋(学官名,如教谕、训导、教忠斋、履信斋),至元三十年癸巳(1293)升直学,清乾隆、民国37年《萧山县志》记载至正四年甲申(1344)乡试为误,此时楼寿高已经去逝25年。

《仙岩楼氏宗谱》记载:"云齐公,讳寿高,行寿四,父元英公,春秋三十五,有女三,而艰于允嗣。涂遇风鉴者,谓岁有子且贵。是年,果笃生公。天资挺出,目之所阅不忘诸心,笔之所撰不加其点。元世祖至元己卯科年,二十四以尚书艺捷浙闱,如公学业魁元天下,勒名元廷,犹如拾芥。"[1]

楼寿高是24岁取得功名的。他"好读书善教子,至元己卯赴绍兴府儒学,累试超等,春季黄茂孙榜,秋季董元吉榜,以书经登第,两中科目,升本县儒学履信斋。肄业。至元癸巳六月十日,又升本县直学"[2],"即舍之,曰:嗟乎,人之生于世也,孰不欲学所学,以明道也,及其明道也,孰不欲达而行其所学,以荣亲也,今既不及行所学矣,而又反从事于冷官何

① 《仙岩楼氏宗谱·云齐公列传》,民国17年(1928)。

② 《仙岩楼氏宗谱·统系源流列传·云齐公》,民国17年(1928)。

哉？遂笃志先业"[1]。

楼寿高不想做官，一方面是不想做个直学的冷官，另一方面是因为世代受宋朝恩典，不好意思做元朝的官，加上长子聪慧有出息，于是隐居在楼塔，"专以读书谭道，奉亲课儿为乐，潜隐不仕"[2]。四方人士称他"直学公"。

因祖上的积累，加上楼寿高继承了生父楼文隽、伯父楼文焕的家产，经营有方，以至"家赀累万计"[3]，"接栋者数百余楹，增益先世田产者六百余亩"[4]，成为富甲一方的豪门大户。

晚年，过着神仙般的生活，将百余间宅第皆揭其额，"堂之中曰椿桂，堂之东曰祠堂，堂之西曰库堂，堂东小楼曰排翠。日则会揖于堂，朔望则会拜于祠，夜则与诸子登楼，或讲书，或抚琴，或论时事，更余休寝以是为常"。

楼寿高建了一栋专为子孙读书的排翠楼，请的都是名师好友来为五子授课，如浙东名儒胡思梅、张平溪、陆茂陵，都是楼寿高的座上客，也成了儿子楼齐贤、楼友贤的好朋友，文化氛围非常的浓郁。

楼寿高逝后16年，名震朝野的杨维桢(1296—1370)慕名前来楼塔。应楼友贤的要求，为寿高写了墓志铭，这是非常难得的。因为杨维桢是一位怪才，元末诗坛领袖，明太祖召征他纂修《礼乐》及《元史》，他以年迈为辞，作《老客妇谣》一首，表其不仕两朝之志，明太祖强之再三，赐安车进京，仅留京百余日，待修纂叙例方定，即请归。杨维桢能来楼塔造访并挥笔赠言，实为不易，足见楼寿高之才气。

楼寿高营造了楼塔文化盛典，也造就楼齐贤、楼友贤两位俊才，一个成为楼塔中祠之祖，一个成为楼塔下祠之祖，前者是楼英的亲伯，后者是楼英的父亲。

---

① 〔元〕杨维桢:《南山府君墓铭》,《仙岩楼氏宗谱》,民国17年(1928)。
② 《仙岩楼氏宗谱·云齐公列传》,民国17年(1928)。
③ 《仙岩楼氏宗谱·云齐公列传》,民国17年(1928)。
④ 《仙岩楼氏宗谱·统系源流列传·云齐公》,民国17年(1928)。

楼英的高祖、曾祖、祖父皆博学多才，留下了殷实家财与创业神话，推高楼塔文化与声誉，为儿孙们创造了一个干番事业的良好环境。

楼英的父辈

(一)大伯楼齐贤(1281—1305)

萧山楼塔楼氏务本堂第十四世，中祠之祖。字思可，号思斋。乡贡，教谕。生元至元十八年辛巳三月十二日亥时，卒大德九年乙巳六月初九日子时，终年25岁。葬萧山小村白石坞亭子墓。眷晚生胡一中志其墓。

妻孟氏，为诸暨孟母兄之庶女，生二子：楼公美、楼公道(早世)，一女嫁倪道生。

楼齐贤是楼塔历史上最有才气的人，与赵继清、戴叔嘉号称“三杰”。

他7岁入小学，10岁能诗文，“十二辄为诸生领袖。凡主司莅頖，有所问难，出言为典，有所试校，操管成章，秦汉古劲，唐宋富丽，靡不兼之。元大德初(1297)，年甫二十乡贡。”[①]

大德九年(1305)，特授湖州德清县儒学教谕。他在赴任途中，到绍兴路办理有关手续，夜宿绍兴旅舍，被人在食物中下毒而逝，年仅25岁。

这一事件在楼塔影响了几百年，后人不断有诗文痛悼。时，长子楼公美才6岁，为了悼念父亲，此后从不沾荤腥，活到83岁，长斋而终，因勤于治家，丰衣足食，留下一定家资。

楼齐贤在十四世大字辈兄弟中排行最大，称“大一公”，为中祠之祖。宗谱存有《思斋教谕遗稿》及《题思斋遗稿》。

楼英未见过这位才气横溢的大伯父，楼齐贤逝后27年，楼英才出世。

(二)二伯楼得贤(1285—1354)

萧山楼塔楼氏务本堂第十四世。字立可。生元至元乙酉十一月十九日丑时，卒至正甲午九月二十二日，享年70岁。葬萧山小村借史坞。

① 《仙岩楼氏宗谱·思齐公列传》，民国17年(1928)。

妻张氏，生四子：楼公明、楼公说、楼公规、楼公迪。

楼得贤在十四世大字辈兄弟中排行第二，称大二公，可考信息不多，但他的长子楼公明精通医术，三子楼公规富有文才，是楼英兄弟辈中有共同喜好的两个堂兄。

（三）三伯楼象贤

萧山楼塔楼氏务本堂第十四世。字则可。生卒无考。妻王氏，生三子：楼公权、楼公锡、楼公慎。

楼象贤在十四世大字辈兄弟中排行第三，称大三公，“邃经术而隐德弗耀”[①]。

他的孙子楼维观为楼塔文化名人，参加了《萧山县志》《绍兴府志》的编写，还与楼英之子楼师儒一起编纂楼英遗下的谱稿，并一起携谱稿到京城请萧山籍吏部尚书魏骥为《仙岩楼氏家乘》写了序文。

（四）四伯楼与贤（1292—1359）

萧山楼塔楼氏务本堂第十四世。字时可，在十四世大字辈兄弟中排行第四，称大四公。生元至元壬辰十月初四日辰时，卒至正己亥六月初二日巳时，享年68岁。葬萧山小村直坞祖茔之左。

娶富阳洪赤张氏，生五子：霸都、公亮、公彦、公辅、公俊。

楼与贤是一个特殊人才，文武双全。《仙岩楼氏宗谱·统系源流列传》记载：“公明慧有雄才，十岁谙诵尚书诸经如流，尤于风水善督农桑，以致充实暮年。”[②]某日，被绍兴路都督迈里古思一见而视为奇人，在帐前当即保举为副尉，令团结乡民，成为一方之领袖。

楼与贤之子楼公辅是一个机灵鬼，“遇事随机应变，动如运丸”[③]，有父之遗风。

---

① 楼伯房：《明故尚孚公（楼维观）墓铭志》，《仙岩楼氏宗谱》，民国17年（1928）。

② 《仙岩楼氏宗谱·统系源流列传·时可公》，民国17年（1928）。

③ 《仙岩楼氏宗谱·统系源流列传·兼善公》，民国17年（1928）。

(五)生父楼友贤(1298—1359)

萧山楼塔楼氏务本堂第十四世,下祠之祖。后更名楼咏,字信可,号信斋、仙岩耕耘叟。岁贡,教谕。生元大德戊戌三月十六日亥时,卒元至正己亥八月十五日未时,享年62岁。葬萧山小村借史坞。文林郎国子博士致仕钱宰为其写传文,眷生澧州慈利县儒学教谕赵用彬为其写行状。

妻赵氏,生三子:楼公奭、楼公奕、楼公爽。

赵用彬《元故耕云叟楼君行状》:"君姓楼氏,初讳友贤,后更名泳,字信可,号仙岩耕云叟。越余暨世家,予之尊姑夫也。生而隽爽,美须长身,望之如玉人。""壮年尝与吾乡杨维桢、胡一中、郭性存四友同游,思梅胡先生之门,莫不以敏学好问推之。"[①]

楼友贤年轻时与杨维桢、胡一中、郭性存同学于胡思梅门下,有"四俊"之称,"咸以道德文学称于时"[②]。胡思梅是楼友贤父亲楼寿高聘来排翠楼授课的大儒,四方少年慕名而来排翠楼求学,排翠楼成了当时当地的著名学府,有如今的"状元楼"之誉。

杨维桢、胡一中、郭性存先后考中了进士,杨维桢、胡一中还分别为楼寿高、楼齐贤写了墓志铭。

"四俊"之中,唯独楼友贤累试不得志,遂隐居教授。浙江省闻其贤,授他富阳县儒学教谕,文件已下达,他辞而不就,说:"士君子达则思济斯民,不达则穷谷一叟尔,焉用教官为?"[③]

后来,杨维桢在天台县令任上被黜降为民,胡一中任福建邵武录事时被革职,而郭性存落水溺死,三位同窗的命运使楼友贤对功名看得越发淡薄了。

楼友贤深入钻研《春秋》《周易》,擅长古文辞和诗词。经常与金华的黄晋卿、柳道传切磋学问,与名医朱丹溪(字彦修,1281—1358)考论《内

① 〔明〕赵用彬:《元故耕云叟楼君行状》,《仙岩楼氏宗谱》,民国17年(1928)。

② 〔明〕钱宰:《处士友贤公传》,《仙岩楼氏宗谱》,民国17年(1928)。

③ 〔明〕赵用彬:《元故耕云叟楼君行状》,《仙岩楼氏宗谱》,民国17年(1928)。

经》之旨，故暮年又精于医学。

朱丹溪是金元四大医家之一，诸暨人戴思恭（字原礼，1324—1405）是朱丹溪的真传弟子，是著名的宫廷医家。楼友贤又是戴思恭的堂姨夫，他比戴思恭大26岁，比朱丹溪小17岁，三人关系非常的好，密切交往了10多年，楼友贤的后半生从儒学转注于医学，且达到相当的水平。

戴思恭比楼英大8岁，楼英母亲生病期间，戴思恭曾奉父戴士尧之命三次专程为楼英的母亲诊治，母亲病愈，楼英非常感激、敬佩戴思恭，并向他请教医术，戴思恭称赞楼英"敏而好学，后必有成"。

楼英经常跟着父亲及父师友，聆听他们讲学论道，探究病理，所以朱丹溪、戴思恭对楼英的影响是非常大的。后来朱丹溪在胡大海与张士诚攻夺诸暨的战乱中病亡，楼英从楼塔冒险赶去义乌吊唁，想不到一年后楼友贤也遭不测。

楼友贤晚年精于医学，乐施予，即使给人看病也从不多收一毫钱。他经常对儿子说："人亏汝者，汝之福也，汝亏人者，祸之伏也，若贫而好善，惟授徒可以种德，惟针灸可以活人。"这些话，成为了楼英的处事名言。

元至正十一年（1351），有一个叫朱君玉的巨户，久慕楼友贤的名气，携带书信和钱银，不远数百里来楼塔邀聘楼友贤为家庭教师。楼友贤在朱家教授了九年，"教之有法，严而不倦，处之有道，和而不同，主宾尽美"[①]。谁知在至正己亥八月十五日那天暴病而卒。朱家弟子易服治丧，如事父兄，在吴淞的亲戚帮忙料理后事。时值朱元璋、张士诚等大战于江南，道途阻塞，奔丧的楼英兄弟只得将父亲的遗体火化，带回骨灰葬在借史坞。

楼齐贤逝时，楼英27岁，深受父亲的影响和教诲。友贤比齐贤小17岁，在第十四世大字辈兄弟中排行第八，称"大八公"，成为下祠之祖。

宗谱存有楼友贤《信斋教谕遗稿》及杨维桢《仙岩耕云叟信斋诗集序》等。

---

① 〔明〕赵用彬：《元故耕云叟楼君行状》，《仙岩楼氏宗谱》，民国17年（1928）。

萧山楼塔镇楼英村楼英纪念堂(务本堂)

(六)生母赵氏(1298—1369)

楼英的母亲赵氏是诸暨陶朱人。

她的祖父赵贇翁,字维青,在元代延祐初年殿试时高中进士,授泗州判官,后升湖广行省蕲州路总管、中大夫。赵贇翁的长子有一双女儿,才貌出众。他对两个孙女称赏有加,说:“汝二息质非常,慎勿与凡俗子,必读书知道者,乃归之。”[①]意思是你们两姐妹出身名门,又天生丽质,气度非常,千万不可嫁给凡夫俗子,要嫁读书有学问的人。楼友贤的父亲楼寿高与赵贇翁是契友,促成了这桩婚事。友贤的长兄齐贤冤死时,赵贇翁曾派人从千里之外的蕲州专程送信到楼塔吊唁,劝慰楼寿高。

赵氏也能读书识字,而且贤淑善良,“严于训饬,虽祁寒暑雨不废”[②]。

在母亲的安排下,楼英7岁就由讲话讲话塾师教读《周易》,参悟出天地万物大自然的哲理。12岁开始研读《内经》,从中悟彻医理的本源。

楼英最初有志业儒,读过不少经典史籍,后来在父亲的启迪下开始全力攻医,《周易》《内经》成为他一生钻研的至宝,是形成他学术思想的基本源泉。楼英有这样优秀的父母亲,是他事业成功的重要条件。

① 〔明〕赵用彬:《元故耕云叟楼君行状》,《仙岩楼氏宗谱》,民国17年(1928)。

② 〔明〕王景:《全善先生楼君墓铭》,《仙岩楼氏宗谱》民国17年(1928)。

父亲友贤逝后，母亲赵氏“旦夕诵经，不离佛所”①，72岁卒，时楼英37岁，楼英对经史、天文、地理无所不习，尤邃于医，但他唯一不好佛、老，这点与赵氏和而不同。

楼英的父辈们生活条件较好，很注重文化与名师交流。父亲的好友中，杨维桢是全国著名的文学家，朱丹溪、戴思恭是全国著名医学家，对楼英的影响非常大。楼英受杨维桢的影响，不愿在朝廷做官，受朱丹溪、戴思恭的影响，潜心钻研医理。父亲“人亏汝者，汝之福也，汝亏人者，祸之伏也，若贫而好善，惟授徒可以种德，惟针灸可以活人”的教诲，也成了楼英行医处事的准则。

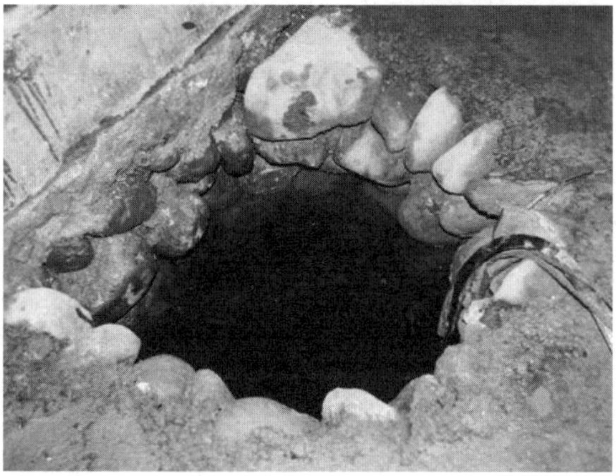
在楼英纪念堂挖到的千年古井

翰林院学士王景《全善先生楼府君墓铭》记载有楼英两件事：一是元末兵乱，楼英背着母亲逃难，夜遇一女子独行，问她从何来，到哪里去，女子皆不答，楼英看她姿色姣好，恐为强人所掠，就将她带回住处，令女婢陪伴她到天亮，村人称赞楼英是正人君子。二是路遇两个老人病倒在酒家，酒家怕拖累，要把奄奄一息的老人撵出去，楼英说：“姑缓之，万一不讳，吾为直之。”即开药给老人治疗一个多月，痊愈，楼英分文不取，还帮老人付了食宿费。襄阳知府方晖称楼英“于义有所不闻，闻之必行；有所不学，学之必成。为东浙奇才”②。

宗谱存有浙东奇才楼英《全斋吉士遗稿》，包括《考异杂说》《周易参同契药物火候图说》《火候图》《医学纲目序》《内经运气补注序》等。

① 《仙岩楼氏宗谱·统系源流列传·信可公》，民国17年(1928)。

② 〔明〕王景：《全善先生楼君墓铭》，《仙岩楼氏宗谱》，民国17年(1928)。

楼英的兄弟

(一)大哥楼公奭(1322—1397)、**二哥楼公奕**(1325—1371)

萧山楼塔楼氏务本堂下祠第十五世。

楼公奭,字本善。在第十五世公字辈兄弟中排行第十,称“公十公”。生元至治壬戌四月十七日,享年76岁。葬萧山白石坞。妻谢氏,继沃氏,生一子:楼祚。

楼公奕,字安善。在第十五世公字辈兄弟中排行第十一,称“公十一公”。生元太定己丑八月初八日,卒明洪武辛亥八月十六日。葬萧山白石坞。妻陈氏,生有一子:楼补。

楼英的大哥公奭,“性慈良,明周易学,精赤松子术”[①]。楼英三兄弟,公奭比楼英大10岁,公奕比楼英大7岁,楼英是名副其实的小弟弟。

楼英行医、善文、济人,曾于明洪武十年(1377)为明太祖治愈疾病,而且“以惠天下非求阴隙”,威望极高,医名闻于朝野,往往以领袖的形象主持村里、家里之事,“其治家之法,一尊遵朱子家礼,每月朔宗族庙谒听训诫,理祭田,造祭器,谨丧事,规模灿然可观”[②],可见楼英是一个里里外外的当家人。

(二)堂兄楼公明(1312—1381)、**楼公规**(1317—1391)

萧山楼塔楼氏务本堂下祠第十五世。

楼公明,是楼英二伯楼得贤之长子,字明善。在第十五世公字辈兄弟中排行第二,称“公二公”。生元皇庆壬子二月二十九日,享年70岁。葬萧山秀水原。妻符氏,生二子:楼天礼、楼天裕。

楼公规,是楼英二伯楼得贤之第三子,字原善。在第十五世公字辈兄弟中排行第七,称“公七公”。生元延祐丁巳八月十一日,卒明洪武辛

---

① 《仙岩楼氏宗谱·统系源流列传·本善公》,民国17年(1928)。

② 〔明〕王景:《全善先生楼君墓铭》《仙岩楼氏宗谱》,民国17年(1928)。

未年，享年75岁。葬萧山秀水原。妻章氏，生四子：天祐、天袭、天聚、天表，一女嫁梅峰倪道里。

楼公明、楼公规是亲兄弟，各有所长。公明“沉静寡默，精通医术，推明洛球子之学”①。公规“善文辞，明易经学，长于地理”②，还是个孝子，母患疽脓结不溃，公规以口吮出之，母逝后，公规在母墓旁搭草庐守夜，遇到老虎也不逃避，父亲叫他回家后，遂编写本族家乘并序，著有《仙岩文集》《广孝诗》等。

公规逝后，所撰楼氏家乘稿本交楼英收藏，楼英逝后，交给幼子楼师儒、侄子楼维观收藏续纂。

(三)堂兄楼公权(1314—1364)、**楼公锡**(1319—1384)

萧山楼塔楼氏务本堂下祠第十五世。

楼公权，是楼英三伯楼象贤之长子，字元衡。生元延祐甲寅十月初一日，卒元至正甲辰十月二十五日，终年51岁。葬萧山大塘坞。妻吴氏、曹氏，生二子：楼维物、楼维观。

楼公锡，是楼英三伯楼象贤之次子，字文英。生元延祐己未十一月初一日，卒明洪武甲子年，享年66岁。葬萧山石岭山。妻徐氏，生二子：楼维善、楼维桢。

楼公权、楼公锡是亲兄弟。楼公锡幼敏悟，“明参同契旨，习杨曾山水之学，士大夫争礼迎之。”③楼公权孝亲友弟，“慕父立身处世，追思继述，可谓能子”，“凡有急难必挺身解纷而区处之”。④疾病缠身时，公权对妻子说：“术者谓吾岁行在辰，将卒，今我病必不起矣。弱息如此奈何？我亡后，汝肯延师教我子乎？”妻应之“诺”，他遂倏然而逝。时，次子维观8岁，好读书，10岁就跟着叔父楼英学习，惟训是遵，终成“学问渊博，文章

① 《仙岩楼氏宗谱·统系源流列传·明善公》，民国17年(1928)。
② 《仙岩楼氏宗谱·统系源流列传·原善公》，民国17年(1928)。
③ 《仙岩楼氏宗谱·统系源流列传·文瑛公》，民国17年(1928)。
④ 〔明〕楼维观：《元衡楼府君墓志》，《仙岩楼氏宗谱》，民国17年(1928)。

深邃，越地仰为性理先生”[①]。

维观于明永乐十六年(1418)参与编纂《萧山县志》，于永乐二十年(1422)参与编纂《绍兴府志》，于正统元年(1436)写了《修续谱说》，但他没看到辛辛苦苦编纂的楼氏宗谱刊行就去逝了，享年80岁，和他一起修谱的楼英之子楼师儒也没看到刊行，师儒写了《原谱》，两人完成了一世至十九世的谱系。

楼英兄弟辈中，有明周易学、精赤松子术的大哥楼公奭，有精通医术、推明洛球子学的堂兄楼公明，有领悟道教内丹气功经典、理气地理术的楼公锡，有长于地理、文才出众的楼公规，还有勤于治家、长斋而终的楼公美以及其他堂兄，取长补短，相处甚融。

楼英摒弃前三位兄长掺杂玄虚、迷信的部分，讲究严谨地、科学地、创造性地研究医学，才使他在中国医学史上占有重要一席。与富有文才的楼公规一样，楼英著作中也有一部《仙岩文集》，楼英还著有《仙岩日录》《仙岩漫录》，这三种文卷已逸失，大多是诗文、日记之类的作品，或许人世间还有残存的抄本，如能发现，弥足珍贵。

楼英在第十五世公字辈兄弟中排行第十六，称“公十六公”。葬萧山小村尚坞。翰林院学士奉议大夫兼修国史王景为其写了墓志铭，翰林院修撰承务郎陈循写了墓志铭跋。清康熙十年辛丑(1721)重修楼英墓时，把“公十六公”误为十六世，所以他的墓碑刻字错到今天。

楼英墓

①《仙岩楼氏宗谱·仙岩楼氏宗谱·尚孚公传》，民国17年(1928)。

楼英的妻与子

楼英妻张氏，其家庭背景、起居行状、生卒年月无考。生有三子，与楼英合葬萧山小村尚坞。

(一)长子楼衮、次子楼裿

萧山楼塔楼氏务本堂下祠第十六世。

楼衮，字宗起。妻谢氏，生二子：楼乘远、楼乘轲。明永乐元年(1403)，楼衮到南京，通过表伯、太医院使戴思恭介绍，请王景写了《全善先生楼君墓铭》。逝后葬萧山黄辅山。

楼裿，字宗徽，生元至正壬辰(1352)四月八日。葬萧山黄辅山。妻谢氏，生二子：楼乘辕、楼乘轸。

楼衮、楼裿可考信息少，但从宗谱资料看，他们两兄弟不是楼英医学的传人，楼英认为幼子楼宗儒能传承他的衣钵。

(二)幼子楼师儒(1355—1426)

萧山楼塔楼氏务本堂下祠第十六世。字宗望。生元至正乙未闰正月初四日，卒明宣德丙午年，享年72岁。葬萧山黄辅山。现存明万历《萧山县志》、清康熙三十二年(1693)《萧山县志》、清乾隆十六年(1751)《萧山县志》、民国24年(1935)《萧山县志》、民国37年(1948)《萧山县志》，均有《方技·楼宗望传略》。

妻杨氏，生四子：楼乘轮、楼乘镗、楼乘范、楼乘载，一女嫁九都卜。

《仙岩楼氏宗谱》记载："宗望公，讳师儒，行智五。幼时诵诗读书，能为博士。家言不忍废父医道，专心致志，遂悟其旨。"①

宗望自幼聪慧，跟着父亲学医，深得其奥。楼英对宗望寄予很大希望，对宗望说："浦阳戴公原礼，吾友也，今为太医院史，受学丹溪朱公彦修，吾私淑丹溪之学者也，其道同。"

---

①《仙岩楼氏宗谱·仙岩楼氏宗谱·宗望公列传》，民国17年(1928)。

楼英十分赞同朱丹溪先生的学说，建议宗望向他请教。宗望徒步到南京拜见了朱丹溪，“一言契合，悉以秘方授之”[①]。宗望得到了朱丹溪的秘方与指导，医术有了很大的进步。

楼英临终，对宗望说：“吾疾不复起矣，践吾迹者，汝也。汝二兄虽长，其何能为？”[②]说罢而卒。戴原礼书信慰问，宗谱存有戴原礼《慰答宗望书》。之后，宗望遵父命而行。他在老屋前，临钱溪造了三间新屋，名水南楼，终日研修医籍，接诊病患，加上父亲的名声，自己的医术，“远近请教求治者，日无虚暇，晷斯楼也”[③]。人们称他水南先生，水南楼人多得不得了。

明永乐癸未(1403)，朝廷到处搜罗人才，萧山县丞熊以渊慕名迎接楼师儒到县署，一席话谈下来，为之倾倒，以师礼尊之，并推荐给绍兴府判朱彤。朱彤召见师儒，与语数日，聆听论议，大为折服，诚邀师儒到绍兴任府医正(相当于现在的卫生局长)，师儒坚决辞谢。

永乐丙申(1416)，明成祖朱棣“圣体违和，遍求天下医者”，内史龚正带了钱银和车辆到楼塔把师儒接到南京，治疗显效，赐纱衣宝钞，并派人一路护送回楼塔。这就是流传于楼塔“父子医师医父子皇帝”的美谈。

师儒有大量著作：《水南文集》《丙申吟稿》《医学正传》《正草辑要》《稽源备考》等，均逸失。他事先请堂弟楼维观(楼象贤之长孙)写行状，说：“吾生平无善及人，亦无恶害人，人或有誉吾者，徒见吾家之齐也，而不知出于先人教规，徒见吾医之盛也，而不知出于先人学功，吾何有焉，吾百年后，知吾者贤弟也，当为吾状其行，庶存其实，则吾安矣。”

他与楼维观感情甚好，还尊父命，与维观一起编纂楼英遗下的谱稿，于永乐二十一年(1423)两人一起携谱稿到南京请萧山籍吏部尚书魏骥为楼氏家乘写了序文。

---

① 〔明〕楼维观：《宗望先生状》，《仙岩楼氏宗谱》，民国17年(1928)。
② 〔明〕楼维观：《宗望先生状》，《仙岩楼氏宗谱》，民国17年(1928)。
③ 《仙岩楼氏宗谱·宗望公列传》，民国17年(1928)。

楼英的祖父楼寿高5子18孙32曾孙，父亲楼友贤3子5孙11曾孙，楼英3子7孙19曾孙。经过几代分支析产，楼英及其子的家境不如楼寿高时期那么辉煌，但仍然富裕，衣食无忧，为楼英及其子的从业提供了良好物质基础。

其他传人

楼英的传人首推幼子楼师儒(宗望)，后裔传人不绝，选辑几例如下：

楼元锜(1567—1629)，萧山楼塔中祠二十三世。研读《医学纲目》而成医生，是明朝天启、崇祯年间楼塔乡间有名的医家。在临床诊治上深孚众望，接诊出诊，轿舆不绝，口碑载道。

楼万明，字文周，萧山楼塔中祠二十五世。医术高明，对症下药，立竿见影，尤治疑难杂症。30多岁外出行医，60多岁回乡，小试于许贤、临浦、义桥一带，人们称道不止。

楼光枢(1625—1723)，字北辰，号文彪，萧山楼塔下祠二十五世，楼英十一世孙。他是极为神秘的一个人，信奉楼英《医学纲目》如圣典，一生孜孜啃读。乡人都知道他在钻研《医学纲目》，却从来不见他看过一个病人。他杜门谢绝世事，不与任何人接触交谈，与社会彻底隔绝。人们不知道他葫芦里卖什么药，无从知道奥秘所在，莫测高深。这位楼英后裔的立身处世颇为奇特，他的“从医”没有社会意义，权作“楼英研究者”写入宗谱。

楼兆政(1679—1766)，字子法，号南台，萧山楼塔下祠二十六世，楼英十二世裔孙。精岐黄，在家乡做几年医生就去北京，在北京赢得很高的声誉，受到翰林院刘炎、殿前侍卫卫楠、天津卫总兵简隆、松江提督张敏等的热情款待。回到楼塔后，用行医积累的丰厚资金，购置了不少田产。

楼逢栋(1679—1718)，字东木。萧山楼塔中祠二十六世。本来为儒，转向医学，出手不凡，人们以为他将成为楼英第二，正当声名鹊起之时，不幸40岁逝世了。

楼克明（1707—1753），字鲁侯，号笔峰，萧山楼塔上祠二十七世。他摘录楼英《医学纲目》中的幼科内容，加入自己的心得体会，于乾隆己巳（1750）编写《仙岩全斋公幼科金针》一书。

楼岩（1743—1792），字永千，号越山，萧山楼塔上祠二十八世，楼克明第三子，诗人楼峻之兄。他诸科并精，尤专儿科。与父楼克明相似，他从楼英《医学纲目》中辑录儿科诊治的内容，加入更多自己的经验和见解，著《幼科惊症》，广受好评，日来求医者以百十人计，从不惮烦，并好施舍赠药，事迹载入《绍兴府志》。

楼洪达（1721—1812），字君显，号萧甫，萧山楼塔下祠二十八世，楼英十四世裔孙。其乡多溪流，出资修建四座石桥，分别名益福、义录、山寿、赐喜。潜心研究先世祖楼英《医学纲目》，旁及诸家，求治无不效。遇危症，常夜往病家，遇远者、贫者，自出药资、饮食，在家留治。享年92岁，6子6女，儿孙辈以医传家，成医业世家。

楼启元（1745—1814），字友贞，萧山楼塔下祠二十九世，楼英十五世裔孙，楼洪达长子。自年轻至老孜孜钻研祖宗楼英的《医学纲目》。古称"医不三世不服其药"，启元的祖、父辈均为医生，到他已历三世。他遇病则医，医则施药，弟弟启良则为贫病者提供护理和食宿，乐善好施成为家风。

楼启仁（1769—1834），字友直、叙畴，学名锦江，号玉屏、五全，萧山楼塔下祠二十九世，楼英十五世裔孙，楼洪达幼子。晚年才习医，博览《医学纲目》《金鉴》诸书，精通其理，由于身处医学世家，初试即灵，求治者门庭若市，从容应之。道光十四年（1834）楼塔遭遇大饥荒，他慷慨打开粮仓，救济灾民。

楼邦源（1814—1862），字泉丰，号云巢、芝岩，萧山楼塔下祠三十二世，楼英十八世裔孙。少年习儒，有一年楼塔瘟疫流行，死了不少人，转而立志学医。专攻远祖楼英《医学纲目》《内经运气类注》诸书，心悦其术，寻究积年，洞其蕴奥。为人疗疾，神明变化，应手辄瘳。著有《临证宝鉴》12卷行世，后毁于战乱。邦源生二子：楼忠德、楼忠显。长子楼忠德与楼邦源一样遭太平军所杀，幼子楼忠显接父钵成医家，以后传承三代，成楼塔医业世家。楼邦源从弟宗谦，善疗妇女婴儿之疾。

楼忠显(1839—1896)，又名凤春，字宏勋，号筠轩，萧山楼塔下祠三十三世，楼英十九世裔孙，楼邦源的幼子。从小跟父亲学医，已有相当水平。太平天国战后，楼塔疠疫盛行，楼忠显救乡民于患难之中。萧山龚知县送来“好善可风”匾额，渔浦巡员程少尹赠匾“妙手回春”。热心公益事业，修路、造凉亭、施茶汤等。

楼忠显生三子：楼铭璋、楼镕璋、楼银璋。镕璋接父祖衣钵，为医生，民国初开起天元堂药铺。铭璋的次子延臣业医，中华人民共和国成立后为北京儿童医院主任医师。楼邦源以下，医药传家历四代。

楼英著《医学纲目》上下册(人民卫生出版社1987年版)

清嘉庆十二年(1807)名士陶廷琡在《国学生友贞公(楼启元)略传》中写道：“本朝四库馆收萧邑书两巨帙，一《医学纲目》，一《西河集》，萧邑名医亦两人，一楼全善先生，一俞文起先生，文起先生书未付刻故，其书不收，然名山著作，自并为世，重不磨减者也。独惜毛氏、俞氏，后无读父书者，余尝叹之。余友雪环楼君，楼全善先生后嗣也，置书满家，雅好岐黄，乃祖《医学纲目》尤酷嗜，老不释手。古称医不三世不服其药，君于医虽由天姿过人，要其渊原一脉实出寻常万万也，箕裘弓冶弗替其传，余谓楼氏胜毛氏、俞氏远矣。”[1]

①〔清〕陶廷琡：《国学生友贞公略传》，《仙岩楼氏宗谱》，民国17年(1928)。

陶廷琡叹惜萧山籍大学者毛奇龄著作等身，却无子从其学，名医俞文起著作甚夥，亦无子从其业，唯有楼英后裔传人不绝，比毛氏、俞氏强多了。

结　语

楼英是萧山楼塔楼氏务本堂下祠第十五世，是萧山楼氏历史上最负有盛名的人，元末明初医学家。其祖辈、父辈积累了殷实的家底，推高了楼塔文化，交游了名士、名医，为楼英学医、济世创造了良好环境。

楼英年轻时与著名文学家杨维桢、医学家朱丹溪、戴思恭交往密切，潜心钻研医理，虚心讨教疑难，终成一方医神。

楼英没有拜过真正意义上的老师，他是在大量的研读、缜密的思考中形成独立的医学体系，可谓自学成材，历数十年的实践与探究，终于明洪武二十九年(1396)著成120多万字恢宏巨著《医学纲目》。他在《自序》中谦虚地说："是以不揣芜陋，掇拾经传方书"，说明此书资料的来源是博采众长而得，同时摆明自己的学术观点，即"医之为道，其道博，其义深，其书浩瀚，其要不过阴阳五行而已"。

《医学纲目》后来流布于全国，当年的最大受益者是李时诊，当时他编纂《本草纲目》已10多年了，框架已经建立，看到楼英的著作，他如获至宝，在他的《本草纲目》中出现大量"引自楼英《医学纲目》"的注脚。

后代受益更多，他的子孙后裔、楼塔传人多自学成材，从《医学纲目》中取用验方，临床施治。清光绪至民国间，楼塔较有影响的医生有楼镕璋、楼传贵、楼学箴、楼忠达、楼祝龄(萧山十大名医)[①]等十数人。民国时

① 楼祝龄(1901—1963)，曾名楼贤，字迪年，又字觉灵、侯鲭，萧山楼塔下祠三十四世，楼英二十世裔孙，萧山十大名医之一。浙江中医专科学校毕业后，先后在楼塔、河上等地行医坐堂，对辗转传抄的楼英《医学纲目》进行校勘补正，著述有《脉学新编》《伤寒六经新解》《中医科学化浅说》《中医方剂学》《中医内科临床处方手册》《中医内科纲要》等。

期，有药铺天元堂、回春堂、万裕堂、同仁堂、义信堂五家。每到端午，药铺向村民分送雄黄、藿香、衣香、艾绒、乌药等夏令解毒药，当疫病流行，就赠发预防的丸药散剂，传承楼英济世的精神。21世纪，高等医学院校毕业[①]、自学成材从医者，仍以传承楼英医学医道为荣。

附录：

全善先生楼府君（楼英）墓铭

荀子云：天定者胜人，人定亦能胜天。余尝考天下之故，以是知天人之道，未始不轇轕相纠，棼棼泯泯，似若胶不可解，然或岐而析之，或会而通之，或揉而合之，或控而揣之，又何往而不脗合而无间哉。昔者黄帝与岐伯论医方之说，或者以为后人所讬，至扁鹊和缓辈出，尚未文字而名，实以著。华陀仲景叔和言人人殊，后人多祖之，而起死回生之功，班班可考。夫富贵寿夭，死生祸福，天之素定也。然天之与人，果若是乖刺哉，寒暑之不时，六沴之不平，人不能慎于未然，固为天所胜。有医师者，作攻之达之，砭

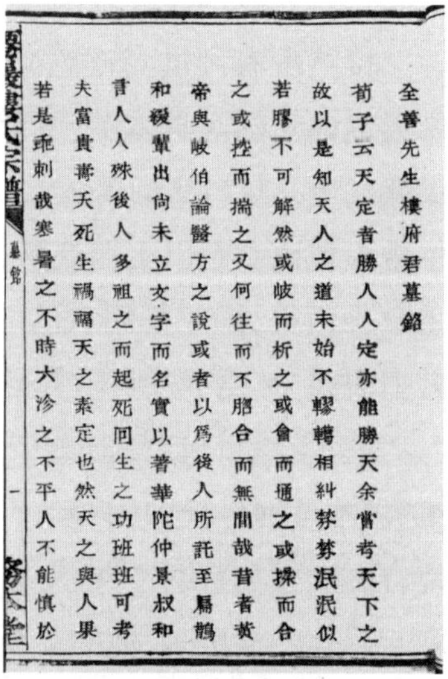
全善先生樓府君墓銘
荀子云天定者勝人人定亦能勝天余嘗考天下之
故以是知天人之道未始不轇轕相糾棼棼泯泯似
若膠不可解然或岐而析之或會而通之或揉而合
之或控而揣之又何往而不脗合而無間哉昔者黄
帝與岐伯論醫方之說或者以爲後人所託至扁鵲
和緩輩出尚未立文字而名實以著華陀仲景叔和
言人人殊後人多祖之而起死回生之功班班可考
夫富貴壽夭死生禍福天之素定也然天之與人果
若是乖刺哉寒暑之不時六沴之不平人不能愼於

楼英墓志铭〔民国17年（1928）《仙岩楼氏宗谱》（萧山图书馆）〕

---

① 楼福庆（1915—2009），又名福善，萧山楼塔上祠三十四世。浙江医药专科学校毕业，先后在贵阳、湖南、江苏、浙江省立医院工作，后任浙医二院院长、浙江省生物物理研究所所长、浙江省心血管医学会主任委员等。曾多次为国家元老和国外元首诊治疾病并受好评，是国际上首先研究用茶预防心血管病的专家，获国务院、国家教委、卫生部、国家旅游局荣誉奖。

之炙之，若游刃之，经肯綮金钥之，透关键则人定而胜天矣。要之于道，莫不皆然，故韩退之，以宰相方医师之，良可见矣。

绍兴府萧山全善先生，姓楼氏，讳公爽。其先婺之乌伤人，有曰彦孚者，先生之十五世祖也，为唐吴越黄岭镇官。曾祖文隽，宋行在院检阅。祖寿高。父友贤，元富阳儒学教谕。先生儒家子少嗜书，尚志揭其室曰：真实心地于道，早有所闻，专尚力行，于经史、天文、地理，无所不习，而尤邃于医，唯不好佛老书。母曰赵氏，宋室缁恭宪王五世孙女也，严于训饬，虽祁寒暑雨不废。

先生颖悟出于天性，自幼以孝谨闻。元季，兵乱，负母逃难，居丧哀毁骨立。尝夜行，道遇一女子，询所从来，不答。颇有姿色，惧为人所掠，命婢守之达曙，人不称乱。又遇一酒佣，扶二病叟出，祈活甚恳。佣不许。先生曰：姑缓之，万一不讳，吾为直之。即出药疗之，逾月而愈，感泣而去。其治家之法，一遵朱子家礼，每月朔宗族庙，谒听训戒，理祭田，造祭器，谨丧事，规模粲然可观。隐仙岩洞，勘李东垣、朱丹溪不传之秘，其自得之。功殆过于古之，以医名家者，声誉播于江湖，闻于朝署。朝廷将遂用之，以老得赐归。未几，临淮丞孟恪，以名医举天官以前例，沮奋然曰：吾之医得于天授，将以济吾，欲乃今不俾于行，是违于天也。又曰：世人得一秘方，往往靳而不以示人，盖欲为子孙计也，吾今反之，将以惠天下，非求阴骘也。于是著《内经运气类注》四卷，《医学纲目》三十九卷，《参同契药物火候论释》如干篇，《仙岩日录杂效》如千篇，皆平生精力所造，有明验者傅于世。

云先生生于元至顺壬申三月十五日，卒于皇明洪武辛巳十一月十九日，享年七十。明年十月初九日，葬于小村尚坞山之原礼也。配张氏，丈夫子三：衮、裿、师儒。孙男七：远、辕、轮、轲、辖、轸、范。曾孙二：旌锐、旌钢。生平以儒亢家，勇于为义，及医名既盛，遂以医取声，于时儒术，乃为所掩。襄阳知府方晖，称其于义有所不闻，闻之必行，有所不学，学之必成，为东浙奇才。盖亦为此然，使其用世，当大振于时，而卒止于是。惜哉！此固天之已定者，而非人之所能胜也。使先生一用儒术,以惠斯民,岂不能蚤致身于要路哉,然非人之所可必也。呜呼!士生于时,不欲以功业自攻者,多托于方技以自晦,虽不与世俱荣,亦不与时俱谢。先生之释恭同,其殆将有脱屣之意欤,可为宏达也。巳初,先生尝闻道于太医院使戴公原礼,原礼深器之,至是其子衮复介原礼来乞铭,余雅重其请不辞。

铭曰:

轩岐云邈学失其真,其徒倡之,惠行入螤丹经海。

藏阐泄坤珍夫容伏,火爕化陶,甄世人夸毗剽掇。

殊伦杏林橘井刓,割鬼神猗,嗟先生唯儒之醇孝。

动郡邑名传缙绅,晚集群书,文理纷纷长生久视。

熊经乌伸医国之,手握化之,钧摈斥佛老远师先。

民朝阳鸣凤郊薮,游麟侯诗,侯礼燕翼子孙抱道。

不售非身之屯,不见所欲,乃全吾仁梓木已拱与。

时皆春,吾铭其坟如见人。

翰林学士奉议大夫兼修国史括仓王景撰

〔资料来源:民国17年(1928)《仙岩楼氏宗谱》,务本堂〕

明末首辅来宗道家世考

来宗道(1571—1638),字子由,号路然,浙江杭州萧山长河(1996年长河镇划入杭州市滨江区)人。生明隆庆辛未十月初三,卒明崇祯戊寅正月二十八日,享年68岁。

明万历三十一年(1603)举人,万历三十二年(1604)进士,入选翰林院庶吉士。历任翰林院检讨、侍读学士、少詹、礼部右侍郎、礼部尚书、户部尚书、太子太保、少保、东阁大学士、文渊阁大学士。崇祯元年(1628)六月请退归里。时任宰相首辅[①]仅一个多月,晋少傅兼太子太傅。次年因阉党案削官为民。著有《尚书秘省》。逝后葬萧山湘湖井山。清康熙三十二年(1693)《萧山县志》有《来宗道传》。

萧山来氏家谱

现存《萧山来氏家谱》(会宗堂)共60卷,先后经过4次纂述,第一次是明万历四十六年(1618)来斯行(进士,官至福建右布政使)纂述,第二

① "宰相"是中国封建社会辅助皇帝、统领群臣、总揽政务的最高行政长官的通称,因朝代的不同而官名有所不同。如秦汉之丞相、相国、三公,唐宋之中书、门下、尚书三省长官及同平章事,辽之宰相。明洪武十三年(1380),罢中书省,废丞相,由皇帝亲决国政,宰相制度遂废。后皇帝以不胜庶政之繁,设内阁大学士协理文书,阁职渐重,大学士成为事实上的宰相,称辅臣,居首者为首辅。清朝沿明制设内阁大学士,雍正时设军机处,内阁成为闲曹,军机大臣成为事实上的宰相。明、清两代习惯上称内阁大学士、军机大臣为宰相。

次是清康熙二十年(1681)来集之(进士,官至太常寺少卿)纂述,第三次是清光绪二十五年(1899)来鸿瑨(举人,官至内阁中书)纂述,第四次是民国11年(1922)来杰(拔贡,官至法部主事)纂述。内容有序文、家乘、赠言、诰敕、庙图、墓图、绅官录、瞿塘年谱、义学田清册、新立谱田册、宗祠义田、春秋祭胙、交盘册、节孝、大房、二房、三房、四房、五房、六房等,是一部记载萧山来氏的重要文献。

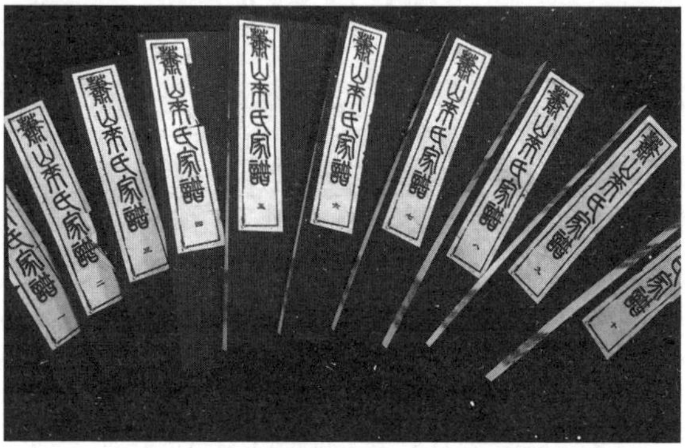

民国11年(1922)《萧山来氏家谱》(萧山档案馆)

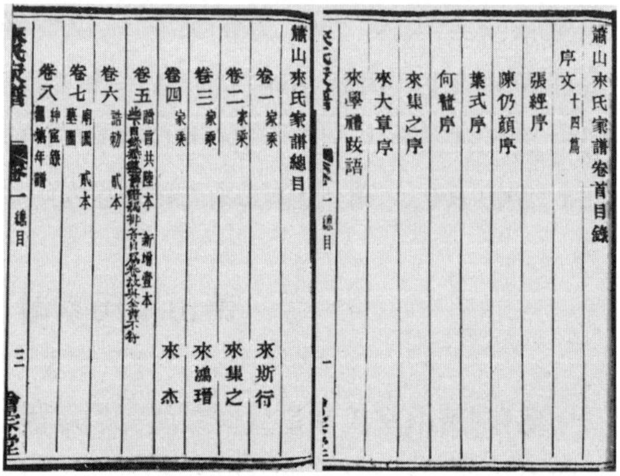
蕭山來氏家譜卷首目錄
序文十四篇
張經序
陳仍顏序
葉式序
何鑑序
來集之序
來大章序
來學禮跋語

蕭山來氏家譜總目
卷一 家乘 來斯行
卷二 家乘 來集之
卷三 家乘 來鴻瑨
卷四 家乘 來杰
卷五 贈言共陸本 新增壹本
卷六 誥勅 貳本
卷七 廟圖 墓圖 貳本
卷八 紳宦錄 瞿塘年譜

《萧山来氏家谱》目录(萧山档案馆)

这套档案珍品,是已故档案员、原萧山长河镇文书何金海慧眼识宝收藏后,由原长河镇政府赠给萧山区档案馆保存的。1966年"文化大革命"开始,"红卫兵"横扫"四旧",把一大堆"抄家来"的东西堆放在长河镇政府食堂饭厅。1978年,何金海在清理这批废物时,偶然发现在纸堆里夹着厚厚的几十本书,包在书外面的布盒已经霉烂脱落。出于一位档案工作者的本能,他主动地将书收藏了起来。1987年,河南洛阳市委宣传部的两位同志来长河镇了解曾任中共开封市委书记来学照革命烈士情况,在《萧山来氏家谱》中找到了所需的内容,使家谱的作用得到了证实。1988年,萧山档案馆新馆落成,库房的保管条件有了很大的改善。为了延长家谱的寿命，长河镇政府把《萧山来氏家谱》赠送给萧山档案馆，现存59卷，对研究萧山乃至中国的历史发展有着一定的作用。

2003年，《萧山来氏家谱》被列入第一批浙江档案文献遗产，它的特点之一，是名人编修的名谱。

来宗道的祖辈

（一）始祖来廷绍（1150—1202）

萧山来氏第一世。字继先，号平山，别号思洛子，原籍河南开封府鄢陵县咸平乡淮安里人。生宋高宗绍兴庚午六月二十一日，卒宋嘉泰壬戌十二月十五日，终年53岁。葬萧山湘湖方家坞。

来廷绍（1150—1202）

时为浙东安抚使辛弃疾应邀为来廷绍作墓志铭，铭曰："壮志愤愤兮扶社稷，忠诚烈烈兮贯金石。怀抱郁郁兮未获伸，友义偲偲兮同扶策。皇天不憖兮夺其年，国步艰难兮谁共力？湘水苍苍兮荫佳城，千秋迢迢兮知来宅。"此墓志铭基本上概述了来廷绍的一生。

宋绍熙四年（1193）进士，嘉泰二年（1202）以图龙阁学士出任绍兴府知府，未到府治而卒于萧山祇园寺。

原配杨氏，赠夫人，继陈氏，封夫人，生三子：师安、师厚、思周。

来廷绍病故后，由他的长子来师安守墓，占籍萧山，卜居长河冠山，这就是来氏在萧山定居的奠基之始。

后繁衍为六支：一世来廷韶（平山府君）、二世来师安（曾四府君）、三世来大德（鲁七府君）、四世来贤（荣二府君）、五世来尚宾（正三府君）、六世来韶（元护府君）、七世来思名（潭居府君）、八世来励（康顺府君）、来仪

（冠山府君）。九世：来励之子来阜（暤如府君）、来濬（恂如府君）、来川（裕如府君），来仪之子来英（訚如君）、来雍（侃如君）、来岊（泰如府君），是为大房、二房、三房、四房、五房、六房六支宗派的由来。

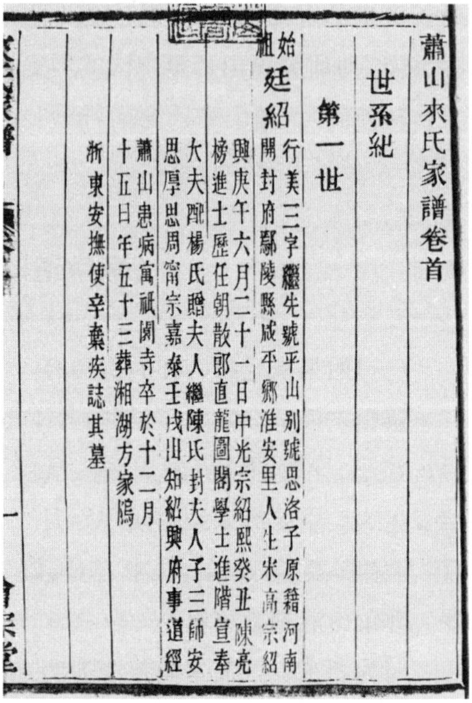
蕭山來氏家譜卷首
世系紀
第一世
始祖廷紹 行美三字繼先號平山别號思洛子原籍河南開封府鄢陵縣咸平鄉淮安里人生宋高宗紹興庚午六月二十一日中光宗紹熙癸丑陳亮榜進士歷任朝散郎直龍圖閣學士進階宣奉大夫配楊氏贈夫人繼陳氏封夫人子三師安思厚思周甯宗嘉泰壬戌出知紹興府事道經蕭山患病寓祇園寺卒於十二月十五日年五十三葬湘湖方家塢浙東安撫使辛棄疾誌其墓

始祖来廷绍〔民国11年（1922）《萧山来氏家谱》，萧山档案馆〕

至第九世，耕读并举，皆未入仕。第八世的来励，于明正统年间两次捐粟共100石，“然终弗以担石故冒荣宠”，善为诗，有《蚓鸣集》若干卷，萧山籍吏部尚书魏骥为其写墓志铭，称曰“康顺来处士”，入祀萧山乡贤祠。

来裕恂《萧山县志稿·来氏》记载：“今来氏以龙图公为迁萧第一世，传至八世来励兄弟而大昌。励之曾大父宣教公正三，暨大父提举公护咸不乐仕于元，弃官归隐，其志尤足嘉者。至明则有秉宪肃辽，除暴发隐，盛行全陕之两山公讳天球；又有奇词丽句，以文名海内，而魁礼闱之菲泉公讳汝贤；积财冠邑，厚而能施惠及六姻之裕斋公；厥后有来斯行及子燕禧以军功显；来集之科名文学显。清代则科甲联芳，名人辈出，成巨族也。”①

该志提到来氏七大名人：一是隐居不仕的来励（第八世）；二是陕西按察使来天球（五房十世），来宗道的高祖；三是以文闻名的礼部主事来汝贤（五房十三世），来宗道的堂伯；四是积财厚德的来宏吉（号裕斋，大

① 来裕恂：《萧山县志稿·氏族·来氏》，民国37年（1948）。

房十三世)，来端蒙、来端操的父亲；五是军功卓著的来斯行、来燕禧父子(四房十四世、十五世)；六是文学家来集之(四房十六世)。另外，来宗道的曾叔祖来应山(五房十一世)、亲伯来经济(五房十三世)以及来宗道皆是非同凡响的仕宦。

(二)高祖来天球(1458—1536)

萧山长河来氏五房十世。字伯韶，号两山。生明天顺戊寅八月二十八日，卒嘉靖丙申五月二十八日，享年79岁。葬萧山陈家河山，提学副使邵蕃写墓志铭，入祀萧山乡贤祠。清康熙、乾隆、民国《萧山县志》，均有《来天球传》。

庠生。明成化二十二年(1486)举人，弘治三年(1490)进士。历任水部主事、刑部郎、山西佥事、陕西按察使。

妻戴氏，封安人，生二子(来应元、来应山)三女(次女嫁给临淄知县邵时顺，幼女嫁给翰林编修江晖)。妾杨氏。

《萧山来氏家谱·按察使两山公传》记载："公讳天球，字伯韶，父侃如府君，自有传。"

《萧山来氏家谱·恩封传》云："侃如府君，讳雍，字淳熙。家世具世系传中。府君娶王，生伯子矣。晚有称孔氏女端重有福相，遂聘以为侧室，生二子，次为按察公。府君敦行孝弟，博涉经书，尝居西庄，以林园自娱，卒年五十有六。按察为水部郎秩满，得赠府君如己官。两母皆为安人。往府君葬于冠山南麓，已得卜矣，术者踌躇四顾，曰难其承者。时按察公方十余岁，俄负而至，术者视而喜曰：'此其为承之者矣。'后子姓繁衍，科第蝉联，府君之裔为最盛。云：伯子讳珪，四世孙膳部公汝贤。"

家谱提到，来天球的父亲来雍(1415—1470)，博览经书，庄园生活，有三子：来珪(1436—1512)、来璠(1453—1535)、来天球。逝后，术者占卜，一见少年来天球，就认定他是承家业、成大器之人，实际上也是萧山来氏最旺一脉。兄来珪之曾孙来汝贤是六部官员，惜英才早世，35岁卒，至第十七世来嗣芳(1630—1700)无子，来汝贤一脉绝嗣。

来天球比长兄来珪小22岁。父来雍去世时，来天球才13岁，来雍握着天球的手，说："好好读书。"来天球以此奋励靡怠。

中进士后，授工部主事，莅山西吕梁。时县河险绝，急流险滩一个接一个，运艘苦于飞挽，来天球考察时日，让船只依序而行，首尾相接，平安无事。他将位于低洼狭小的官舍，迁移到高燥之地，背山面水，筑室构亭，凿井立社，种榆柳百十里，让船夫、百姓在那里休憩饮水。西崖李公(李端澄，进士，历任陕西佥事、肃州兵备道副使、云南按察使)为之记。

秩满，调刑部郎，升山西佥事。宗藩子弟多不循法，天球严明执法，罪其尤者，诸宗肃然。朝中宦官刘瑾势震天下，来天球敢与刘瑾抗礼，相遇不相让。刘瑾不悦，想办法中伤来天球。时来天球对王室亲婿韩璃绳之以法，刘瑾错机弹劾天球，说刑不上王室亲胄，但阴谋未得逞。

来天球调往陕西，带兵擒拿流贼首领蓝五等，名声大振。皇上大喜，赐玺书奖谕。来天球由副使晋升为按察使。大宦官廖堂从河南迁陕西，劣迹斑斑，来天球直言检举，反受其害，叹曰："西贼易破，廖贼难平也。"总制、巡按、交章分别荐天球任延绥巡抚、河南左布政使，均不报。天球因此入觐，请退归里。兵部尚书彭公泽说："晓练兵事，坚持宪法，无如来公者。"特向朝廷复保来天球，未果。

来天球回到萧山，筑室吴越两山之间，故曰"两山"，与志同道合者觞咏其中，足不至郡邑。他淹博古今，娴习方技，篇什笔札，引江风与山月以自乐，所交游之流皆一时名公贵卿。居家25年，去世时，留下数十卷书稿。

来天球于嘉靖八年著有《会宗家训》，宗族各支执行，今存录于《萧山来氏家谱》：

会宗家训

里仁为美，睦族为良，余忝居一族之长际。

中兴崇礼之时，已将家规略写一二，黏壁昭示外计同。高祖六支子孙，渐加繁盛，不才间出本家家长，当协力从事，庶使各知警戒而悔过于将来。今于会宗堂恭致姻友孙君、骥载君、级史君，和示知第一支家长来鼒、来哲、来辙，二支家长来焕、来翼、来素，三支家长来瑟，四支五支六支家长来鲸、来龙，如遇本家子孙无耻非为，伤伦败俗，忿争讦告，玷辱家门者，轻则自为戒饬，重则率宗子来宏吉告知于余，会众公同责治以警其余，不服者上闻官府。其修复祖茔与恤贫救患，婚丧不能举行等项事宜，以次议行。若前来鲲克尽送终之礼，烈妇何氏能为誓死之操，孝义有关风化，吾辈当嘉扬申表，使有所兴感，又吾门生儒不下二三十人得服。明伦之教，以彰家庭之分，表仪形著，何族之不可厚而家之，不可齐哉施于有政，是亦为政责备贤者，当先于此。呜呼，敦睦之风，先于礼让，时雍之化，进于唐虞，各相勉励，钦哉慎哉。

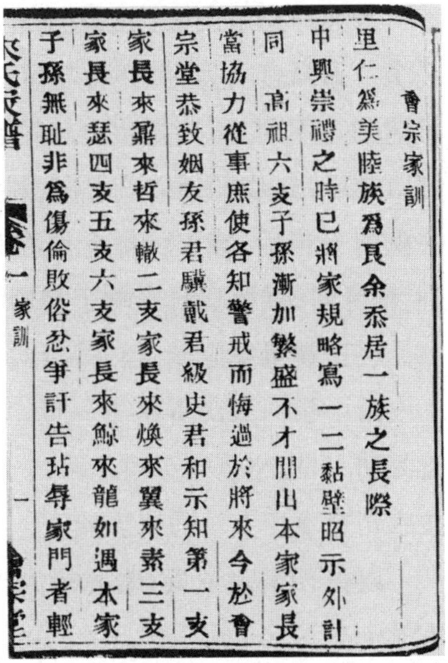
會宗家訓
里仁爲美睦族爲民余忝居一族之長際
中興崇禮之時已將家規略寫一二黏壁昭示外計
同　高祖六支子孫漸加繁盛不才間出本家家長
當協力從事庶使各知警戒而悔過於將來今於會
宗堂恭致姻友孫君驥載君級史君和示知第一支
家長來鼒來哲來轍二支家長來煥來翼來素三支
家長來瑟四支五支六支家長來鯨來龍如遇本家
子孫無耻非爲傷倫敗俗忿爭訐告玷辱家門者輕
卷一　家訓　一

来天球撰《会宗家训》〔民国11年(1922)《萧山来氏家谱》，萧山档案馆〕

来斯行在《按察使两山公传》记载："行童年，闻先大母言公家居，朔望必奉香拜叔母，归坐听事，守族子姓以次进谒，长年者为举手，会元以下含颔之而已，已而左右侍立，瞻视肃然，无敢疾言重欬者。今去公未及百年，而长老多局趣畏避，不肯诵言是非，卑少亦闻逾闲略检，长老少不顺意，或反唇稽诟，思公盛时，真可慕而且愧矣。往方伯公喟然叹兴，严立家规，媮风几革，而人亡政息，渐以凌夷。噫嘻，江河之东也，负石而欲障之，岂曰无人，难矣哉。"[①]可见来天球在家族中的威严与影响。

① 〔明〕来斯行：《恩封传·石崖公》，《萧山来氏家谱·家乘》，民国11年(1922)。

来天球是萧山来氏始祖来廷绍之后的第一个进士，也是萧山来氏第一个三品高官。为官期间，与宦官刘瑾有过斗争，与宦官廖堂有过较量，可谓刚正不阿，不恃权贵。体恤百姓，但也镇压了陕西流寇。因受当道奸臣排斥，54岁的他以病乞归，耕读终身。对宗族子弟管理严明，以致他去世若干年后，族人仍怀念他在时的凛然风气。他不贪恋权位、恪守家训、歌咏耕凿的风骨，影响了身后的几代人。

（三）曾祖来应元（1488—1542）

萧山长河来氏五房十一世。字行甫，号石崖。廪生。生明弘治戊申五月初三日，卒嘉靖壬寅七月二十四日，终年55岁。葬萧山冠山曹家坞，按察司佥事杨大章写墓志铭。

以曾孙来宗道贵，赠光禄大夫、少傅兼太子太傅、户部尚书、文渊阁大学士。

妻徐氏，赠一品夫人，生一子（来闻凯）一女。

《萧山来氏家谱·恩封传》记载："石崖公，讳应元，字行甫，两山公长子，继山公王父，路然公之太王父也。生而卓荦，长与弟龙门公，受学于福建佥宪杨公讳大章者。龙门公为文醇雅冲素，而（石崖）公则不屑蹈袭常语，务为险刻峻峭，如昌黎所谓刿铢心胸，掐擢胃肾者。然皆树声艺苑，一时以二宋目之。公又善治生，相地之所宜，高者艺黍，下者种禾，而筑防开溝，以为之畜泄，凡钱镈钼铚之类，咸有簿记。家业充拓，总宪公宦三十年，得以无内顾忧。"①

来应元与弟应山各有所长，声誉齐飞。

应元尤善经营家业，支外筹内，得心应手。父来天球晚年归隐，与文人名士交游，流连泉石，不问家产，忘其廉俭，全靠应元支撑这个家。

时应元之弟应山中举，而他屡不得志，慨然曰："世岂无知我者。"于是授例入国子监，整装北上，以施展才华，顺道前往直隶故城县探望当知

---

①〔明〕来斯行：《按察使两山公传》，《萧山来氏家谱·家乘》，民国11年（1922）。

县的弟弟应山，不料突发疾病而死。

时来宗道之父来经邦才八九岁，却继承了来应元勤劳致富、节俭持家的良好传统。

（四）曾叔祖来应山（1501—1567）

萧山长河来氏五房十一世。字仁甫，号龙门。生明弘治辛酉十二月初二日，卒隆庆丁卯正月初八日，享年67岁。葬萧山陈家河山。清乾隆、民国《萧山县志》，均有《来应山传》。

庠生。明嘉靖四年（1525）中举人，为亚魁，任直隶河间府故城知县。

原配惠氏，生一女。继张氏，生一子（来闻禧）一女。副王氏，生一子（来闻善）。

《萧山来氏家谱·知县龙门公传》记载："公讳应山，字仁甫，两山公仲子也。资禀绝异，年十五六，不肯专意肄业，伯兄石崖公书于壁曰：'吾弟殆朽木也。'以激励之。公见而愤然曰：'兄谓吾不可雕者耶！'因下帷攻苦，文誉翔起。两山公大喜过望。"然来应山好嬉游，爱武林侠邪，常常早出晚归，出入县城，父兄不知情。

天和聪明。学校考试，经常与从孙来汝贤互相考第一、第二名。省考时，应山为亚魁，汝贤经魁，两魁萃于一门，士子论之荣之，呼来应山"大来"，来汝贤"小来"。后来，汝贤考中进士，应山未考中进士，十分不得意，只得谒选故城知县。

应山素来自负，以孝廉治县，因为上级来视察，对应山颇有微词，应山丢下一句"士可杀不可辱"，挂冠而归，令上级感叹了好久，叹他"真公子官也"。

应山归里后，招集少年时所交游者，打探侠邪故事，每天嬉傲湖山间，晏饮博弈，诗书画印，耗费完他所有的家产，亦不放在心上。

来应山是奇才怪才，诗书棋画，样样精通。下棋乃是高手，有"国手"之誉。有一个叫膺锡（号文岩）的少年，从窗隙中窥棋，应山问："孺子欲学奕乎？"稍稍指点攻守不到十日，那少年就与他为敌了。

来斯行说："公喜古人书，皆手自抄写，旁及二氏，无不是正谬误，考溯源委。诗法苏黄，用事落韵，皆有律度。予尝见公所录书，字画精楷，丹铅稠叠，似绝韦折镝者。而公特以放情自娱，闻文人隐怀，未可以恒理测也。”①

来应山是萧山来氏第二个举人。第一个是来登(二房十一世)，成化十六年(1480)亚魁。第三个是来日升(四房十三世)，嘉靖十三年(1634)亚魁。

来应山不恋官位，自视清高，42岁弃官，居家25年卒。因多才多艺，与来汝贤、来日升，时称三才子。

来应山的曾孙来宗伊也是一位文学奇才。

(五)祖父来闻凯(1511—1555)

萧山长河来氏五房十二世。字静之，号文峰。生明正德辛未三月初三晶，卒嘉靖乙卯八月十二日，终年45岁。葬萧山前山，内阁大学士朱庚写墓志铭。

生三子(来经济、来经邦、来经正)一女。以子经济贵，赠奉政大夫、工部都水司郎中，又以孙宗道贵，赠光禄大夫、少傅兼太子太傅、户部尚书、文渊阁大学士。妻周氏，累封太宜人，累赠一品夫人。

《萧山来氏家谱·恩封传》记载：“文峰公，讳闻凯，字静之，按察公孙也，父石崖公。以按察公破贼之年生公，因以事取名。公修容美髯，仪度都雅，工隶篆琴奕，皆臻壶奥。间市名马，韬弓服矢，与里中豪习射为乐，有横逆加者，忍不与校。赀产日衰耗不给，怡然弗问也。尝挟诸子观射曰：‘男子始生，桑弧蓬矢以射四方，而辈宁无四方志乎。’诸子方努力读书。虞妨业，辄避匿，公亦用为喜。”②

来闻凯督子读书胜过自励。他说“孺子必第，犹吾第也”。其妻周氏比他晚逝37年。长子来经济中进士后，不忍别母远宦，周氏厉声道：“此汝立功扬名之秋也，奈何以吾故，背尔父未命乎？”后经济“纪功晋秩，金

① 〔明〕来斯行：《知县龙门公传》，《萧山来氏家谱·家乘》，民国11年(1922)。

② 〔明〕来斯行：《恩封传·文峰公》，《萧山来氏家谱·家乘》，民国11年(1922)。

币有加”，周氏喜曰：“吾乃今有以复亡人于泉下矣。”[1]次子来经邦，也是来宗道的父亲，十分孝顺老母，使经济远宦无后顾之忧。

来宗道的祖上十分显赫，高祖是进士、三品高官，曾叔祖是举人、文学奇才，曾祖父善持家，祖父是公子哥，琴棋书画骑射样样精通，这些长处多多少少遗传给了后代。

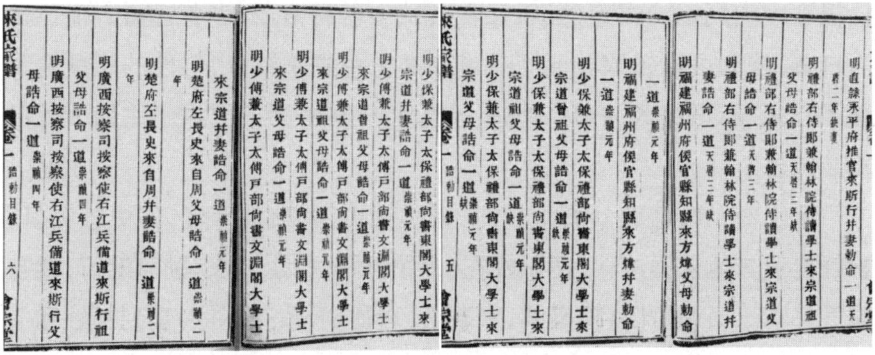
明直隸永平府推官來斯行并妻勅命一道天
啓二年缺
明禮部右侍郎兼翰林院侍讀學士來宗道祖
父母誥命一道天啓三年缺
明禮部右侍郎兼翰林院侍讀學士來宗道父
母誥命一道天啓三年
明禮部右侍郎兼翰林院侍讀學士來宗道并
妻誥命一道天啓三年缺
明福建福州府侯官縣知縣來方煒父母勅命
一道崇禎元年
明福建福州府侯官縣知縣來方煒并妻勅命
一道崇禎元年
明少保兼太子太保禮部尚書東閣大學士來
宗道曾祖父母誥命一道崇禎元年缺
明少保兼太子太保禮部尚書東閣大學士來
宗道祖父母誥命一道崇禎元年缺
明少保兼太子太保禮部尚書東閣大學士來
宗道父母誥命一道崇禎元年缺
來氏宗譜　卷一　誥勅目錄　五　會宗堂

明少保兼太子太保禮部尚書東閣大學士來
宗道并妻誥命一道崇禎元年
明少傅兼太子太傅戶部尚書文淵閣大學士
來宗道曾祖父母誥命一道崇禎元年
明少傅兼太子太傅戶部尚書文淵閣大學士
來宗道祖父母誥命一道崇禎元年
明少傅兼太子太傅戶部尚書文淵閣大學士
來宗道父母誥命一道崇禎元年
明少傅兼太子太傅戶部尚書文淵閣大學士
來宗道并妻誥命一道崇禎元年
明楚府左長史來自周父母誥命一道崇禎二
年
明楚府左長史來自周并妻誥命一道崇禎二
年
明廣西按察司按察使右江兵備道來斯行祖
父母誥命一道崇禎四年
明廣西按察司按察使右江兵備道來斯行父
母誥命一道崇禎四年
來氏宗譜　卷一　誥勅目錄　六　會宗堂

《萧山来氏家谱》记载来宗道曾祖父母、祖父母、父母、妻子受封诰敕多达16道

来宗道的父辈

(一)堂伯来汝贤(1502—1536)

萧山长河来氏五房十三世，来天球从孙，来珪之曾孙。字子禹，号菲泉。生明弘治壬戌七月初八日，卒嘉靖丙申闰十二月初一日，终年35岁。葬萧山沈家山，知州许应元为其写墓志铭。清康熙、乾隆、民国《萧山县志》，均有《来汝贤传》，妻钱氏入《节烈传》。

廪生。明嘉靖四年(1525)举人，嘉靖十一年(1532)进士。历任奉新知县、丹阳知县、兵部职方主事、礼部精膳司主事。

妻钱氏，生二子(献策、献功)二女。

《萧山来氏家谱·主事菲泉公传》记载：“公讳汝贤，字子禹，父南峰

[1] 〔明〕朱庚：《明赠翁文峰来公墓志铭》，《萧山来氏家谱·赠言》，民国11年(1922)。

公,讳东,两山公从孙也。幼得末疾手足挛痿,积五载,梦朱衣神曳其发,惊起,肤裂血出,疾遂已。”

他天生有异资,尤喜学问,所阅书,过目成诵,经学、文学,无所不窥,常通宵达旦吟诵,以至于父母劝戒制止他这种行为,他就在外面篝火夜读,不让父母知道。文思敏捷,下笔如悬河决口,书法也好得不得了。与从祖来应山同以尚书魁两浙,又在会试中名列第二,声名远播。他也沾沾自喜,认为可以考取状元了。谁知阁史忌妒来汝贤,将他的廷试卷子藏了起来,不得进入一甲二甲进士之列,放在了第三甲进士之列。授奉新县知县。

来汝贤勤政廉政。新上任时,豪民猾吏,欺负他年轻,不更练吏事,想赶走他。他依据法律,搜剔奸宄,开馆兴学,指示经法,励以躬行,全县风气好转。又调丹阳,理案牍,平赋讼,均征调,孜孜不倦,受到百姓和上司的称赞。而他的身体自此减耗。

嘉靖十五年(1536),吏部起用能吏50人,来汝贤入选,调兵部职方主事,改礼部精膳,前程无量。谁知不久,疾作,告休回萧,死于家中,年仅35岁。

来汝贤是萧山来氏始祖来廷绍之后的第二个进士,官至礼部主事。英年早逝。著有《菲泉存稿》8卷。正如来斯行所说:“古言文人多厄,凡迍邅坎坷,颠蹶贫困,其常也。其最不幸者,无如夭折矣。”假如来汝贤不是35岁卒,而是“浮沉数十年,穷愁著书,必当超古人”,“以公之学之之才,不得鼎甲矣,亦可读中秘书,即为县令矣,亦可列侍从官,数者而俱不可得也。”[①]可惜!

来汝贤的父亲来东(1480—1555),是乡饮大宾,有德有年,76岁。

来汝贤逝时,妻钱氏才30岁,父来东57岁,大儿子来献策(1532—1587)5岁,次子来献功(1534—卒无考)3岁,来汝贤同父异母的弟弟来汝

① 〔明〕来斯行:《主事菲泉公传》,《萧山来氏家谱·家乘》,民国11年(1922)。

颐(1533—1590)4岁。

钱氏侍奉公婆，扶养庶叔来汝颐如己出，衣服饮食与自己的二个儿子一视同仁。来汝贤逝后，家徒壁立，她艰苦朴素，敦师礼友，庶叔及二子皆学问有成，公公来东才忘掉大儿汝贤早逝之痛。

钱氏还为庶叔纳妻，家产分成三份，庶叔占一份。世人评说："妇人视己之子，嫡与庶不能无肥瘠也，况舅之子而以庶称者呼，安人可谓克成膳部之志矣，贤哉。"[①]

钱氏守寡52年，于顺治四年(1647)卒，享年82岁，列为节烈。

可谓夫妇俱有贤名。弟汝颐负有文学盛名。

(二)亲伯来经济(1530—1600)

萧山长河来氏五房十三世。字济时，号继山。生明嘉靖庚寅六月二十四日，卒万历庚子二月十八日，享年71岁。葬萧山清水坞山麓，会稽大司成陶望龄为其写墓志铭。清乾隆、民国《萧山县志》，均有《来经济传》。

庠生。明嘉靖三十七年(1558)举人，隆庆二年(1568)进士。历任潮州府推官、大同府推官、太仆寺丞、南京工部都水司郎中、广西佥事、四川按察司副使。

妻周氏，累封宜人，生三子：宗尧(廪生)、宗傅(庠生、例监、福建福州经历)、宗孟(庠生、例监)，一女。

《萧山来氏家谱·宪副继山公传》记载："公讳经济，字济时，两山公曾孙也，父文峰公，自有传。"来经济为学生时，值家运中落，补苴撑柱，甚有方略。他赋性方毅，沉默寡笑，才思敏捷，筹事详密，只要是认定的事，虽万夫不可夺。

长期戍守边关，备兵广西苍梧时，诸瑶兴乱，他平息峒瑶与江瑶，度地置营，令300人戍之，又凿山开道400余里，斥堠明肃，保一方平安。

备兵四川松潘时，火落赤在洮河一带扰乱，并与卤部落相联络，经济以8000人守高乘塞，利用茶马，招来诸番部，卤部终于解去。黑虎番目阿

① 〔明〕来斯行:《节烈传》,《萧山来氏家谱·家乘》,民国11年(1922)。

呼,攻剽二堡,西土震动,经济发兵万人,使副将朱文达带领,赶往茂州,番溃走,生擒阿呼。捷报传来,皇上赐金增秩。

补贵州,守乌撒。贵州巡抚江东之,未采纳经济的建议,导致乌撒纷乱。经济叹曰:“自此多事矣。”果然兵乱,人乃服经济有先见之明。

经济以万寿节入贺乞归,终身不畜妾媵,不拘搆嘉榭。常曰:“士大夫末年,常为孽子所苦,牡丹着子,如梨乃佳,良苗远风,胜菖蒲绕砌也。”

来经济是萧山来氏始祖来廷绍之后的第三个进士,官至四川按察司副使。族人皆说来经济老成持重,宜为封疆大吏,而才不尽其用,尤为可惜。

他的儿子来宗傅铭来经济夫妇之墓曰:“北鄙之邦,西极之域,东走苍梧,南征浮竹,吹蛊随军,鸢贴愁役,吾道非邪,以劳四国。朝冈罢露,耀以东暾,蝮蛇吐毒,怀我于恩,功永名垂,风行族敦,经营之烈,播于无垠。”[①]可见来经济劳苦功高。

(三)生父来经邦(1534—1605)

萧山长河来氏五房十三世。字君变,号冠岩。生明嘉靖甲午五月十七日,卒万历乙巳六月十三日,享年72岁。葬萧山陈家河山,内阁大学士杨景辰为其写墓志铭,入祀萧山乡贤祠。清康熙、乾隆、民国《萧山县志》,均有《来经邦传》。

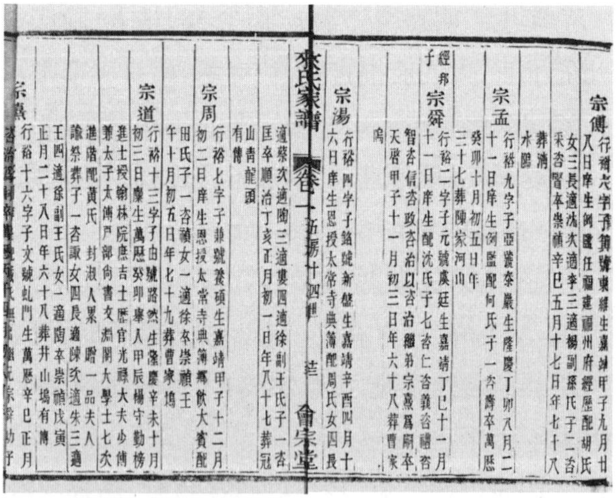
宗傳 行裕六字予[illegible]號東[illegible]生嘉靖甲子九月廿
八日庠生例監任福建福州府經歷配胡氏
女三長適沈次適李三適楊副孫氏子二杏
[illegible]杏[illegible]卒崇禎辛巳五月十七日年七十八
葬清
水塢
宗孟 行裕九字子亞號泰巖生隆慶丁卯八月二
十一日庠生例監配何氏子一杏壽卒萬歷
癸卯十月初五日年
三十七葬陳家河山
經邦子 宗舜 行裕二字子元號虞廷生嘉靖丁巳十一月
十一日庠生配沈氏子七杏仁杏義杏禮杏
智杏信杏政杏治以杏治繼弟宗熹爲嗣卒
天啓甲子十一月初三日年六十八葬曹家
塢
宗湯 行裕四字子銘號新盤生嘉靖辛酉四月十
六日庠生恩授太常寺典簿配周氏女四長
來氏家譜 卷一 五房十四世 會宗堂
適蔡次適陶三適婁四適徐副王氏子一杏
匡卒順治丁亥正月初一日年八十七葬冠
山青龍頭
有傳
宗周 行裕七字子菲號養碩生嘉靖甲子十二月
初二日庠生恩授太常寺典簿鄉飲大賓配
田氏子一杏禎女一適徐卒崇禎壬
午十月初五日年七十九葬曹家塢
宗道 行裕十三字子由號路然生隆慶辛未十月
初三日廪生萬歷癸卯舉人甲辰楊守勤榜
進士授翰林院庶吉士歷官光祿大夫少傅
兼太子太傅戶部尚書文淵閣大學士七次
進階配黃氏 封淑人累贈一品夫人
諭祭葬子一杏諫女四長適陳次適朱三適
王四適徐副王氏女一適陶卒崇禎戊寅
正月二十八日年六十八葬井山塢有傳
宗熹 行裕十六字子文號虬門生萬歷辛巳正月

来经邦五子:宗舜、宗汤、宗周、宗道、宗熹〔民国11年(1922)《萧山来氏家谱》,萧山档案馆〕

① 〔明〕来斯行:《宪副继山公传》,《萧山来氏家谱·家乘》,民国11年(1922)。

庠生。后以子宗道贵，累赠光禄大夫、少傅兼太子太傅、户部尚书、文渊阁大学士。

妻沈氏，封太孺人，累赠一品夫人，生有五子：宗舜（庠生）、宗汤（庠生，恩授太常寺典簿）、宗周（庠生，恩授太常寺典簿、乡饮大宾）、宗道（七次进阶，累官宰相首辅）、宗熹，一女。

《萧山来氏家谱·恩封传》记载："冠岩公，讳经邦，字君变，文峰公仲子也。"他少时很有臂力，能挽很重的劲弓，奔跑着射中猎物。后来刻苦读书，为诸生，极有声誉，见长辈就让道，待人十分有礼貌。兄经济远宦，弟经正早世，经邦既照顾兄弟家政，又无微不至地侍候生病的老母，只要是老母喜欢的，没有做不到的，还经常嬉笑着说些小史野语博取老母一笑，老母得以享年80余岁。兄在万寿节入贺的路上病重，经邦日夜兼程赶去看望，祈祷兄早日康复，愿代兄生病。兄康复后归里，兄弟垂白相爱益笃。

他刻苦学习，50岁仍不懈怠，五个儿子皆奋起读书，特别是第四子来宗道，负有盛名。他幡然醒悟："何必身自为之。"于是，不再衣冠楚楚，改读书为耕作，广植桑果，助人为乐。族里有争吵闹事的，只要他出面说话，没有不悦服离去的。凡山之薪，园之蔬，囊之药，都取给别人，混迹侪俗，少有人知道他是贵家子弟，人缘好得不得了。其父闻凯与他比逊色多了。

晚年流连于田间菜畦，还饲养雁鹜取乐。稍倦，即敛足坐息。曾对来斯行说："龙从火里生，虎向水中生。"[①]盖深于玄者也，人莫窥其蕴云。子来宗道考取翰林院庶吉士，请他入京，他说："尔入仕版，未建尺寸，而父来辄费官费数百金，若何以酬国？"父经邦40岁时，曾病中梦到神说："去后三三，与公会某所。"他入京后一个多月就一病不起，73岁卒，正好距梦之日，又三十三年，于是认为是神仙告之。

---

① ［明］来斯行：《恩封传·冠岩公》，《萧山来氏家谱·家乘》，民国11年(1922)。

(四)母亲沈氏(1534—1611)

沈氏,生明嘉靖甲午十月十九日,卒万历历辛亥七月初七日,享年78岁。

她18岁嫁经邦,“幽闲沉静,善佐中馈,得翁姑欢”,“其朝夕劝勉诸子曰:‘毋忘尔父青编所售,未意志在汝读矣。’”大学士杨景辰在《明赠大学士冠岩来公墓志铭》称她:“生平礼郝法备娴,为妇妇宜,为母母宜,为姑姑宜,终日端坐,声不出户,语无诟悴,但饮其醇德,乐其慈仪耳。嗟呼,妇道孰逾于此哉。其与赠公黾勉同心,相庄榆景,教子成名,为国老重臣,真称隐君子之匹哉。”①

来宗道的堂伯、亲伯皆是进士官,父亲耕读有成,孝道又仁义,给下一代创造了良好的成长环境。来宗道入仕第二年,父亲去世,逝后哀荣备至,多次追赠,至一品官衔,母亲封太孺人,累赠一品夫人。

来宗道的兄弟

(一)亲兄来宗舜(1557—1624)

萧山长河来氏五房十四世。字元,号虞廷。生明嘉靖丁巳十一月十一日,卒明天启甲子十一月初三日,享年68岁。葬曹家坞。

庠生。妻沈氏,生七子:咨仁(庠生)、咨义、咨礼(庠生)、咨智、咨信(庠生)、咨政(廪生)、咨治。

来宗舜是长子,和父亲来经邦一样,多子、勤奋、持家。他比三弟来宗道大15岁,来宗道入仕时,他已经48岁。父亲去世后,大弟来宗汤、二弟来宗周在外任职,四弟来宗熹早逝,他在长河操持家务,担负着长子的职责。

(二)亲兄来宗汤(1561—1647)、**来宗周**(1566—1642)

萧山长河来氏五房十四世。

---

① 〔明〕杨景辰:《明赠大学士冠岩来公墓志铭》,《萧山来氏家谱·赠言》,民国11年(1922)。

来宗汤，来宗道的二哥。字子铭，号新盘。生明嘉靖辛酉四月十六日，卒清顺治丁亥正月初一日，享年87岁。庠生。恩授太常寺典簿。葬萧山冠山青龙头。

妻周氏，生四女。妾王氏，生一子：来咨匡（廪生，举人）。

来宗周，来宗道的三哥。字子兼，号养硕。生明嘉靖甲子十二月初二日，卒明崇祯壬午十月初五日，享年79岁。庠生。恩授太常寺典簿、乡饮大宾。葬萧山曹家坞。妻田氏，生一子：来咨祯（庠生），一女。

来宗汤、来宗周，分别比弟来宗道大11岁、6岁，均因弟来宗道恩荫授官，可谓壮年锐志，家门之荣，而且后代贤能。

来宗汤的儿子来咨匡（1618—1687），字翼王，不仅贤能，而且十分孝廉。《萧山来氏家谱·翼王外翰来公传》记载："来公翼王，乃新盘公之子，路然公之嫡侄也。"他出生的时候，父亲已经58岁，叔父来宗道48岁。30岁失去父母，性极纯孝，终身念亲不忘。读书之暇，口念爹妈百遍，朝天顶礼，"感泣敷行下，其孝莫可名言"。而且天资颖悟，品格清癯，声音高亢。10岁时，读书过目辄成诵，来宗道早以大器视之，说："光前裕后有其人。"[①]于康熙八年（1669）中举，任金华县教谕，且有五个儿子十三个孙子，家门昌炽未艾。

来宗汤的孙子来上选（1648—1704），来咨匡第三子，初名来敦临，字元厚。生而醇谨，好读书，亦孝廉。时来宗道被削官为民，家族受到冲击，家运中落，靠勤耕供给。他同父异母五人，不分嫡庶，同甘共苦，还照顾英才早逝的叔父咨诹（来宗道之子）的子女。只要听到小孩啼哭，就惊问：是不是又没吃的了？太孺人有苦不便说。来上选时不时给济他们。奋发图强，一大把年纪还率诸生去考试。有浅薄者笑之，他说："吾岂不知止，盍累世诗书起家，吾不业，无以见先人于地下。今吾有四子，后起者当谁继邪，益折节自励。"文章风雅，书法了得。51岁始游泮宫，时县额

① 〔清〕蒋肇：《翼王外翰来公传》，《萧山来氏家谱·赠言》，民国11年（1922）。

15名，他第四名，督学惊愕良久，阅卷后更是奇之。来上选说："吾何求哉，吾可以见先人矣。"[①]虽然乡试未举，但名震乡里，以励志扬名。子四人，孙九人，孙来益清，清乾隆十五年（1750）举人，乾隆二十二年（1757）进士，先后任山东馆陶县知县、福建清流县知县。

来宗汤之子来咨匡是举人，玄孙来益清是进士，世世皆孝廉。正如来集之云："新盘公子咨匡，举己酉孝廉，可谓诗书食报，不于其身于其后乎。"[②]

（三）亲弟来宗熹（1581—1606）

萧山长河来氏五房十四世。字子文，号虬门。生明万历辛巳正月二十三日，卒明历丙午四月初八日，终年26岁。庠生。葬萧山曹家坞。妻戴氏是节烈传。

妻戴氏，无出，继兄宗舜幼子咨治为嗣。

来宗熹比来宗道小17岁。来宗熹逝时，其父已逝，来宗道已入仕。妻戴氏21岁，以侄咨治为嗣，守身甚严。即从子从孙辈，年长不许入其房。来宗道嘉其志，为代纳粮役，时而资助她。顺治三年（1646），清兵入侵，浙江兵溃，资财被劫尽失，时来宗道已去世多年。戴氏辛苦拮据30年，卒年91岁，入家谱、县志《节烈传》。

（四）堂兄来宗会（来鲁直）（1568—1606）

萧山长河来氏五房十四世，来宗道亲叔来经正之长子。字鲁直，号思齐。生明隆庆戊辰六月二十三日，卒万历丙午二月初一日，终年39岁。庠生。葬萧山航坞山。明末画家陈洪绶绘有《来鲁直夫妇像》存世。

妻黄氏，生一子：来咨隆（庠生）。

《萧山来氏家谱·文学传》记载："思齐，讳宗会，字鲁直，继山公从子也。父叙齐公，讳经正，太学生。"

他16岁而无父母，自理能力强。幼小喜欢读古书，凡《左氏春秋》

---

① 〔清〕来益清：《考元厚府君传》，《萧山来氏家谱·赠言》，民国11年（1922）。

② 〔清〕来集之：《太常寺典簿新盘公养硕公季方公寺臣事公传》，《萧山来氏家谱·家乘》，民国11年（1922）。

《太史公书》《两汉诸子》,皆自手抄录,字画工织,无败笔及谬误处。带小弟宗濂,屏居园舍,日夜诵读,不知疲倦。稍暇,即浇灌兰菊,用松枝作燃料,用泉水煮饭,绝不涉外事,所交游皆志同道合之人。他父亲来经正去世时,尚未下葬,他花大价钱购得一块好地,在航坞山,峰峦奇峭,潮汐吞吐。相地者说:这是一块佳地,但对长子不利,建议异地择葬。他说:“苟利于后,吾又何爱焉?”[①]结果他和父亲一样正当壮年就去世,葬父茔之侧。

来宗会比来宗道大四岁,长得非常帅,酷似他的祖父来闻凯。他的小弟来宗濂(1583—1631),和他一样是文学奇才,诗酒琴棋书画,皆有盛名,可惜49岁卒。他的大弟来宗载87岁卒。来宗会39岁卒。

来宗道的亲伯来经济之子来宗尧(1553—1585)、来宗孟(1567—1603),分别是33岁卒、37岁卒。士者论及来宗会、来宗尧、来宗孟三人英才早逝,都非常痛惜。

明崇祯四年(1631),著名画家陈洪绶(来宗道之子小妾之兄)应来鲁直之子来咨隆的邀请,绘《来鲁直夫妇像》,分《来鲁直小像》《来夫人黄氏行乐图》两轴,落款“陈洪绶敬图”。

同年,来斯行在《来鲁直小像》真迹上作跋文《鲁直弟小像赞引》,落款“崇祯辛未霜降后五日福建布政致仕小兄斯行顿首题”。

崇祯十年(1637),来宗道在《来夫人黄氏行乐图》真迹上作跋文《十嫂黄孺人行乐图赞并引》,落款“崇祯丁丑仲冬日原任大学士小叔宗道拜手题”,次年宗道去世。

该画留存至今,为学者们考释。

(五)堂弟来宗伊(1604—1646)

萧山长河来氏五房十四世,来宗道的曾叔祖来应山之曾孙,祖父来闻善,父亲来经礼。字洛会,号姜山。廪生。生明万历甲辰十月十一日,

---

① 〔清〕来集之:《文学传·思齐君》,《萧山来氏家谱·家乘》,民国11年(1922)。

卒清顺治丙戌六月初二日，终年43岁。葬湘湖青山。

妻汤氏，生一子(来振高)一女。

《萧山来氏家谱·文学传》记载："姜山公，讳宗伊，字洛会，龙门公曾孙也。"他5岁的时候，在台阶下玩磨钉，亲伯来经明(字裕庵，来闻喜之子)见而试以对曰："磨钉为钻"，来宗伊即应声道："打铁成枪。"[1]经明心喜。补博士弟子员，凡应学使者试，皆居前列。有县侯请他教子就学，对他十分恭敬，他从不谋私，县侯更加敬重他。

来宗伊比来宗道小34岁。来宗道归里后，听说来宗伊能文，取数篇诗文读之，屡屡点头。宗社会课，来斯行、来方炜皆取之压卷。孝友坦易。母病灼艾，每次他都自灼以分痛。弟宗儒不读书，宗伊督导他成为诸生。爱喝酒，酒后大放厥词，诗有冲裕之度。自号姜山子，所著有《姜山集》存世。

在来宗道的兄弟中，大哥长寿、多子，二哥、三哥恩荫授官，后代贤能(二哥之子是举人，玄孙是进士，世世皆孝廉)，亲弟媳是节烈，堂兄弟皆负文学盛名，加上来宗道官居一品，可见名门之盛。

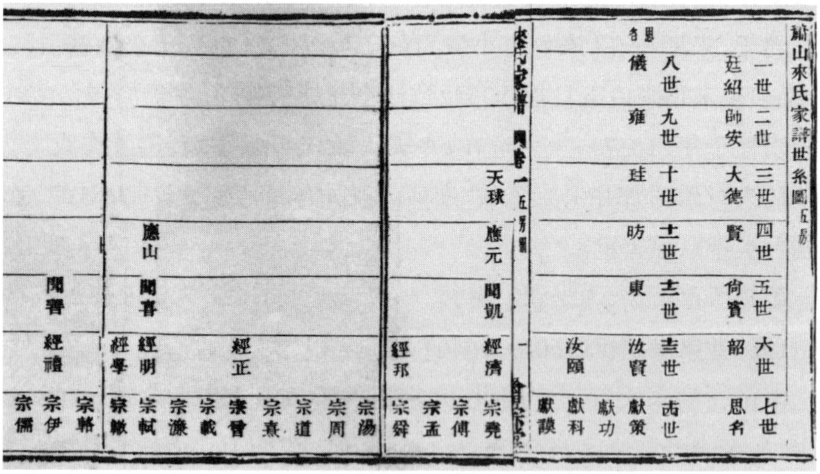

来宗道家族世系〔民国11年(1922)《萧山来氏家谱》，萧山档案馆〕

① 〔清〕来集之：《文学传·姜山公》，《萧山来氏家谱·家乘》，民国11年(1922)。

来宗道的妻与子

(一)妻黄氏、妾王氏

黄氏,封淑人,累赠一品夫人,谕祭葬,生一子四女。王氏,生一女。

(二)独子咨诹(1606—1648)

萧山长河来氏五房十五世。字臣事,号皇濡。生明万历丙午十二月二十七日,卒清顺治戊子七月二十一日,终年43岁。葬山阴大汤坞。

增广生。为诸生有声,恩荫尚宝司司丞,未仕。

妻钱氏,妾许氏生有一子,又娶著名画家陈洪绶之妹陈胥宛为妾,生有二女。

来宗道逝时,来咨诹33岁,精神上受到很大刺激,十年后亦去世。来集之称他博览能诗,兼通绘画,翩翩公子,绝不以贵介骄人,有才德而无寿,人皆惜之。①

来咨诹之子来伊任(1644—1689),字公衡。来咨诹逝时,他才5岁,生活艰辛,伯父来上选经常帮扶他。庠生,有文名,附例入太学。妻朱氏,生三子:来赞谷、来闻谷、来新谷。

来赞谷写有来宗道墓图说明,存于《萧山来氏家谱》。如下:

此曾祖相国路然公墓图。墓坐落湘湖之井山,葬在胜国崇祯十三年。虽与夫人黄太君同时而窆,然夫人没在公前,故朝廷敕赐祭葬,分守宪臣郑,有禁条列碑公,大臣宜得厚卹。不幸为谗人所中陷,名党籍,故其隧碑石兽皆阙如也。呜呼,谢太傅之德,不保五亩之宅,昔人以为叹,岂以一品之贵,而不能保三尺之坟耶。为子孙者,固宜慎守,亦望过之者,棠树思人,屋乌推爱,无从樵牧于其上,则厚幸矣。曾孙执谷百拜述。

① [清]来集之:《太常寺典簿新盘公养硕公季方公寺臣事公传》,《萧山来氏家谱·家乘》,民国11年(1922)。

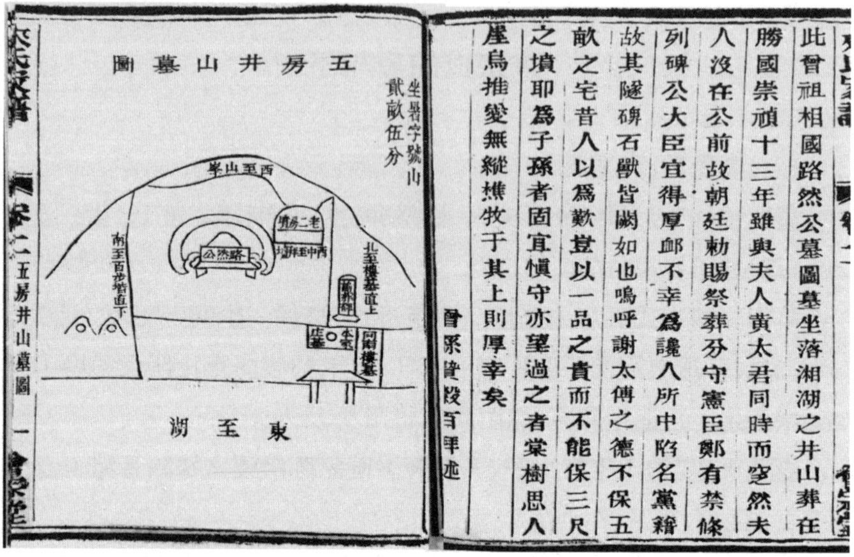

此曾祖相國路然公墓圖墓坐落湘湖之井山葬在勝國崇禎十三年雖與夫人黄太君同時而窆然夫人沒在公前故朝廷勅賜祭葬劄守憲臣鄭有禁條列碑公大臣宜得厚卹不幸爲讒人所中陷名黨籍故其隧碑石獸皆闕如也嗚呼謝太傅之德不保五畝之宅昔人以爲歎豈以一品之貴而不能保三尺之墳耶爲子孫者固宜慎守亦望過之者棠樹思人屋烏推愛無縱樵牧于其上則厚幸矣

来宗道墓图及说明〔民国11年(1922)《萧山来氏家谱》,萧山档案馆〕

至第二十世来汝清(1789—1850)、来汝贤(1790—1825),有女无子,自此来宗道一脉直系男裔绝嗣。

其他宗亲

(一)来端蒙(1517—1576)

萧山长河大房十四世。字养仲,号后江。生明正德丁丑正月二十七日,卒万历丙子五月初九日,享年60岁。葬萧山青水坞,工部主事黄金色为其写墓志铭,入祀萧山报功祠。清康熙、乾隆、民国《萧山县志》,均有《来端蒙传》。

庠生,例监。历任顺天府宛平县主簿、直隶河间府沧州判官、云南嵩明州同知。

妻张氏,生一女。继张氏,生一子:自京(太学生、四川嘉定州判官)。妾沈氏,生一子:自平(太学生、南直绩溪县主簿),妾林氏,生一子:自云(太学生)。

《萧山来氏家谱·州同知后江公传》记载："公讳端蒙，字养仲，世为来氏嫡裔。父裕斋公，里称长者，近四十无子，配沈，为直侧室，已聘武林陈氏矣，俄而沈有娠，遂谢陈，赠以厚币，令改适焉。"[1]

作为来氏大宗子，家境富裕，世有显德。高祖來实、曾祖来衡，均因输粟，授承事郎，祖父来鹄，迪功郎，皆以善闻。

父来宏吉（号裕斋）亦有大宗风范，主持春秋祭祀、修祠堂、修祖坟，十分得力。来宗道的高祖来天球十分器重他，特撰写《会宗家训》，托他传承。时有一县人，外出暴毙途中，其妻欲卖子买棺，来宏吉十分同情，出钱让其母子扶柩而归。类似施馆有数次。逝前，惟命子端蒙、端操以忠厚自立，慎毋羞祖宗。湘湖闵山副使吴便志其墓，是为《明典膳纯良来君墓志铭》。

亲叔来宏庆（号忍斋）是太学生，来宗道高祖来天球特别喜爱他，经常带他出去浏览，来宗道曾叔祖来应山又与他共赴京都，相处数载，称其"好文乐善"、"教二子甚笃"，其长子端木，于嘉靖十九年（1540）中举，是萧山来氏继来登、来应山、来日升之后的第四个举人，任黄岗知县，次子端言，屡试不第，授羁州判官，皆有循良之称。来应山为来宏写行状，是为《明授登仕郎忍斋来君行状》。

亲叔来宏辉（号南庄），益府引礼舍人，雄资能施，喜宾客，其义行铭于通梁大涂之石，其孙来士贤、来士宾分别于明万历元年（1573）、万历七年（1579）中举，孙来士建多善举，建桥、施粥、施棺等，深受乡亲称颂，状元茅瓒为来宏辉写墓志铭。

来端蒙的父亲三兄弟，人称来氏三杰。

来端蒙有家父之遗风，生而体貌魁硕，气量恢宏，与弟端操俱喜奇节，好施予。明嘉靖三十三年（1554），倭寇大扰闽、浙，其中有一股60多人，逃经西陵沿钱塘江而上，长河百姓恐慌异常，竟想弃家躲避。端蒙与弟端操商谋说："一去则倭且烧毁我室庐，贼杀我子弟，祖宗数百年基业，

---

① 〔明〕来斯行：《州同知后江公传》，《萧山来氏家谱·家乘》，民国11年（1922）。

于此立尽矣。吾遣谍远侦之，倭之数止六十有三，料吾族丁壮，可得百十人，拒险而守，彼必惧而走，此全宗法也。”[①]于是，结集110多名来氏丁壮，据险而守，立大旗于路中，上书“来氏亲兵”。倭果然望而生畏，从小路逃向诸暨。嘉靖三十七年(1558)，经过吏部考选，授官。后以滇远乞休，在家乡修桥筑路，清理河淤，兴办公益事业。

来宗道、来端蒙两家，关系密切。来端蒙逝时，来宗道6岁，来氏亲兵抗倭保家的事迹，对后世的影响是比较大的，以至后来清兵南下，来氏家族为明朝殉难的节烈很多，表现出一种视死如归的凛然正气。

(二)来端操(1526—1592)

萧山长河大房十四世，来端蒙胞弟。字节仲，号龙岩。生明嘉靖丙戌十二月二十日，卒万历壬辰十一月二十九日，享年67岁。葬萧山陈家河山，入祀萧山报功祠。清乾隆、民国《萧山县志》，均有《来端操传》。

太学生。以上舍授鸿胪丞，迁山东布政司经历。

配戴氏，生四子：自贤(太学生、江西分宜县主簿)、自明(太学生、常熟县主簿)、自强(太学生)、自观(太学生)，一女。妾史氏，生二子：自周(太学生、湖广布政司左参政)、自元(恩授楚府典膳)。

以子自周贵，诰赠大中大夫、湖广布政司左参政。妻戴氏，妾史氏(自周生母)，诰赠淑人。

《萧山来氏家谱·布政司经历龙岩公传》记载：“公讳端操，字节仲，养仲母弟也。”他9岁而孤，倜傥不羁，喜射弈，哥来端蒙经常训勉他，转而洁身自好。入国学，授官，未到40岁乞归。

归而睦宗族，赒贫乏，御倭寇，与兄同志行。端蒙崇简静，而端操务为广大，筑山筑池，奇峰怪石，名花珍树，甲于东南，坐客常满。来氏家居环河，河水汹涌，术者说从曲折处建一浮屠，来氏当世受其利。来端操出千金，筑佛塔以镇海，高10余丈。旁置100多间房间，让子弟在里面上课，并设宴招待各方朋友，人文自此越来越兴盛。

---

① 〔明〕来斯行：《州同知后江公传》，《萧山来氏家谱·家乘》，民国11年(1922)。

晚年,更热衷于慈善事业,造宗祠、办义学、凿义井、置义冢、筑海塘、铺路、建桥、施粥、施茶、施药、施棺等,深受乡亲称颂。朝廷要表彰他时,他却去世了。来斯行称他是"吾族之贤豪"①。

来端操逝时,来宗道22岁,尚未出仕,对来端操为善乡里的事迹耳闻目睹,以至后来宗道为官期间和归里后,出资修建萧山乡贤祠,应邀为乡人撰文献墨,亦不足为奇。

(三)来三聘(1540—1612)

萧山长河来氏六房十三世。字任卿,号熙庵。生明嘉靖庚子十一月十五日,卒万历壬子十一月初四日,享年73岁。葬萧山湘湖青山后黄寺左,入祀萧山乡贤祠。清康熙、乾隆、民国《萧山县志》,均有《来三聘传》。

廪生,选贡。明隆庆四年(1576)举人,万历十一年(1583)进士。历任安徽黄梅知县、合肥知县、兵部武选主事、职方郎、祠祭郎、山东按察使副使、参政、按察使、江西右布政使。

妻张氏,封孺人,累赠淑人,生二子:来逢虞、来逢夏(庠生、例监、大同县丞),二女。妾阙氏,生一子:逢周(武生、舟山把总)。

《萧山来氏家谱·右布政使熙庵公传》记载:"公讳三聘,字任卿。祖父石泉公,父白山公,俱自有传。公家世素封,石泉公暮年,渐以消落,公感时奋励。"

来三聘的祖父来卿(号石泉),借祖父遗资,行侠仗义,只要是有求于他的,皆倾囊相助,其兄来鲲有难,他出千金为之解困,时江河溃堤,民不聊生,他又出资千金修筑塘堤,自此家道衰耗。来三聘父亲来捷(号白山),亦"赞佐居多,已而贫居寥落,二子唯竭志苦攻"②。

来三聘励志,寒暑昼夜苦读,出人头地。初任黄梅县知县,以善断疑案著称,有"若要黄梅安,除是来萧山"之谚。据传,一日行走在郊野,忽

① 〔明〕来斯行:《布政司经历龙岩公传》,《萧山来氏家谱·家乘》,民国11年(1922)。

② 〔明〕来斯行:《恩封传》,《萧山来氏家谱·家乘》,民国11年(1922)。

然大风揭轿盖，派人以符捕风，风卷其符入万工池，探得一尸缚凳下。他广集木匠，识得凳主，揭其奸状，使其伏法，县民大为震骇，以为神明。

调合肥，黄梅百姓数千人挽留他，以后有什么事还不远百里到合肥找他处理。“肥之有麦，自公始”。三聘在合肥稳定米价、鼓励百姓引种小麦上作出了突出贡献。

明万历十七年(1589)，内征补武选主事，迁职方郎。有武弁被诬，他为其伸冤。武弁深夜持金来谢，三聘厉声道：“吾以法故，贯汝罪，乃以此相污耶?”来者惶恐而去。补祠祭郎，时慈庆太后崩，丧葬礼仪，都是三聘亲自拟定，望誉胜著。

外转参藩江右。次年，杨酋在播州叛乱，川东危在旦夕。他调守川东，兼监视军事。时贼破綦江，十分猖狂，三聘不顾众人劝阻，抵达涪州，征集兵饷，攻势大增，并佯言招抚，令对方松懈。时同事妒忌、弹劾他，改山东副使，不久晋参政。备兵山东兖西时，强化治安，抚赈流亡，受到百姓称赞。晋按察使，开浚泗河，于河边筑小屋理事，工竣，迁江西右布政使。

来三聘是萧山长河来宗道高祖、堂伯、亲伯之后的第四个进士官，来宗道是第五个进士官。

为官20余年，性甘淡泊，事必躬亲，坐不置茵，卧不设褥，一无所私。来斯行称他“廉于官，惠于民，肃于家”。逝世当日，仍在灯下夜读。至晚上10点(漏下二十刻)，唤子孙至床前，说：“吾且逝矣，汝辈善自为好人。”①

少喜为诗，晚而不衰。著有《西轺漫稿》《薄游吟稿》。其祠部《南舟》《豫章》《蜀游》《东游》《南华》等稿，朱彝尊《明诗综》著于录。

亲兄来三省(号余山)，亦俱文学盛名，三聘常谦逊地说不及三省，惜兄终日苦读，得血疾，40岁卒。

(四)来自周(1562—1643)

萧山长河大房十五世，来端操第五子。字京卿，号悦龙。生明嘉靖

① 〔明〕来斯行：《右布政使熙庵公传》，《萧山来氏家谱·家乘》，民国11年(1922)。

壬戌八月初八日，卒崇祯癸未二月十二日，享年82岁。葬陈家河山。

太学生。历官楚府左长史，进阶大中大夫，湖广布政司左参政。

妻翁氏，诰赠淑人，妾顾氏，生二子（来王骝、来王骥）二女。

来自周属于那种重振家风、发扬光大之人。

《萧山来氏家谱·楚府长史悦龙公传》记载："公讳自周，号悦龙，龙岩公季子也。龙岩公规模宏廓，园林侍从，选极都丽，宾客燕享，络绎不绝，又以好义举，所费不赀。身殁未几，而诸子诸孙多就削落，几如昔人所叹，石林一片，木奴千树，散入邻家矣。公以季子晚兴，有跨宠之誉。"①

自周援例入国子监，授光禄寺珍羞署丞，旋以新例输粟，授楚府长史，有文才，又兼吏才，府内外大小事情，皆处理得有条不紊，受到大家的敬重。加衔至布政使左参政。荣耀归里那天，长河冠山熙熙攘攘，人多得路都堵了。对父亲来端操的遗业，该恢复的恢复，该补葺的补葺，焕然一新，人们以为来端操未死。

晚年与族伯来宗道、堂侄来方炜往来密切，喝酒饮茶，清谈不绝，以82岁寿终。

（五）来斯行（1567—1633）

萧山长河来氏四房十四世。字道之，号马湖。生明隆庆丁卯八月二十六日，卒崇祯癸酉四月十七日，享年67岁。葬萧山湘湖蛇山，顺天府尹刘京周为其写墓志铭，入祀萧山乡贤祠，入祀山东景州、贵州名宦祠。清康熙、乾隆、民国《萧山县志》，均有《来斯行传》，妾张氏入《节烈传》。

廪生。明万历三十四年（1606）举人，万历三十五年（1607）进士。历任刑部主事、工部主事、永平推官、兵部主事、山东登莱道、贵州按察使、郁林道、福建右布政使。

妻沈氏，累封淑人，生三子：来彭禧（太学生、安徽太平府通判）、来燕禧（太学生、贵州游击，世袭杭州前卫镇抚），三女。妾朱氏，生一子：来吕禧（工诗善画）。妾卢氏，生一女。妾韩氏，生一女。妾张氏、李氏。

---

① 〔清〕来集之：《楚府长史悦龙公传》，《萧山来氏家谱·家乘》，民国11年（1922）。

《萧山来氏家谱·方伯马湖公传》记载："公讳斯行，字道之，别号马湖。生负异资，读书不再过。"

自幼聪明过人，5岁时，来宗道的堂伯来汝颐（号两嵩）出上联"马尾千条线"，他很快应对"鸡冠一朵花"，来汝颐说："此吾宗大器也。"

一次，斯行与司成游览，阅二碑。回来后，司成很后悔没有记录下来，斯行快速地、一字不漏地写了出来。斯行的老师感叹地说："二十年后，君为词坛盟主。"

中进士那年，丁父忧归。万历三十八年（1620）谒选，授刑部主事。著《狱志》40卷。时代王鼐钧薨，二子争立。斯行疏言："贵贱之等不容混，废立之端不可开。"朝廷从其议。

万历四十年（1612），典试广西，事竣，闻母王丧归。万历四十四年（1616），补工部主事，督大工程，得罪权贵，迁永平推官，督南北饷运。

天启二年（1622），转兵部，监军辽海，治兵天津。时山东白莲教倡乱，巡抚赵彦命斯行发兵镇压，平定山东邹县、滕县，来斯行次子来燕禧活擒白莲教首领徐鸿儒。斯行逊功不居，晋秩参议，仍备兵津门。不久，贵阳有水西安酋之乱，诸苗纷争。以田阿秧为首，居偏头辰沅之间，扼官兵饵道。来斯行使用离间计，不到五日，捉拿阿秧归案，诸苗慑服。

崇祯元年（1628），升福建右布政使，因与当事者忤，居半载，即以老乞归。

来斯行是萧山长河来天球、来汝贤、来经济、来三聘、来宗道之后的第六个进士官，与来宗道关系密切。来宗道之子娶画家陈洪绶之妹为妾，陈洪绶娶来斯行之女为妻，来宗道还为陈洪绶之父写墓志铭。

斯行著述甚丰，还是《来氏家乘》的纂述者。其父来嘉谟，亲兄来济世，子来吕禧，都俱文学盛名，来嘉谟、来斯行父子，同入祀萧山乡贤祠。

（六）来方炜（1594—1648）

萧山长河来氏大房十六世。字含赤，号泽兰。生明万历甲午九月二十九日，卒清顺治戊子八月十一日，终年55岁。葬萧山清淀湖，入祀萧山乡贤祠。以子来恒贵，赠奉政大夫、山东莱州府同知。清康熙、乾隆、民国《萧山县志》，均有《来方炜传》。

庠生。明天启元年（1621）举人，天启五年（1625）进士。历任福建侯官县知县、江苏嘉定知县、吏部员外郎。

妻孙氏，封孺人，赠宜人，生七子：来尔昌（廪生、选贡、知县）、来在圣（庠生、例监、南京光禄寺丞、户部陕西清吏司主事）、来奎圣（庠增广生）、来何暮（监贡、潮州府海阳县知县，以子式铨贵，封承德郎湖广长沙府通判）、来学圣（庠生、监贡）、来塾圣（庠生）、来次圣（祠生），来堡璧（庠生、例监、考授州同知），四女。妾胡氏，封宜人，生一子：来垣（进士、国史院中书舍人、山东莱州府同知），二女。

《萧山来氏家谱·铨部泽兰公传》记载："泽兰公，讳方炜，字含亦。生甫周而母氏殁，为祖母杨太恭人所鞠养。"

幼时口授章句，悉能成诵。13岁时补邑弟子员。中进士后，初任侯官，后补嘉定。嘉定漕赋烦重，方炜宽其期，租多不入，缺额至数万。已挂吏议入觐。后百姓车载担负，争先输纳，不到十日而足，民因为他立庙纪念。在任期间，提拔黄淳耀等八人，后来皆中进士，成名家。

授铨部，三年之内，更历诸司，厘剔夙弊，时称"真吏部"[①]。任满代者至，吏适犯法，词连方炜，诏谪戍。崇祯十三年（1640），黄宫厂灾，下诏求直言，得以昭雪，遂得归。

来方炜是萧山长河来天球、来汝贤、来经济、来三聘、来宗道、来斯行之后的第七个进士官，他的儿子来垣是第九个进士官。来垣，字紫垣，以进士授内阁中书舍人，外转山东莱州府同知。持法严峻，遇刺身亡，年仅51岁。

来方炜的伯父来立相（字梦得，号九山，贡士）、父亲来立模（字范叔，别号九畹，庠生）两兄弟孝廉又有文才，同入祀萧山乡贤祠。来立相著有《取足稿》，来立模著有《大观遗稿》。来宗道与为族侄写有《封君九畹传》。来集之在《萧山来氏家谱·九畹公》称："吾邑之兄弟并祀乡贤者，惟

① 〔清〕来集之：《铨部泽兰公传》，《萧山来氏家谱·家乘》，民国11年（1922）。

两公。”[①]

兄弟皆孝廉，父子皆进士，堪称世进士。来方炜长孙来式钰于清顺治十一年（1652）中举。

（七）来集之（1604—1682）

萧山长河来氏四房十六世。字元成，号倘湖。生明万历甲辰三月十九日，卒清康熙壬戌十月二十七日，享年79岁。葬萧山石荡山前孔墩，翰林院检讨毛奇龄为其写墓志铭，入祀萧山乡贤祠。清康熙、乾隆、民国《萧山县志》，均有《来集之传》，妻杨氏入《节烈传》。

廪生。明崇祯十二年（1639）举人，崇祯十三年（1640）进士。历任安庆府推官、南明福王兵科左给事中、太常寺少卿，进阶中宪大夫。

妻杨氏，累封恭人，生二子：豹雯（庠生）、龙雯（庠生），一女。继配曹氏，生三子：燕雯〔康熙三十九年（1700）进士，内阁中书〕、兎雯（庠生）、汉雯（太学生），三女。妾戴氏，生一子：璧雯（庠生）。

《萧山来氏家谱·明太常寺少卿兵科左给事中倘湖公传》记载：“公讳集之，字元成，号倘湖，为三峰公曾孙。弱龄即博通‘五经’，稍长擅诗古文词。”

考贡元第一名，成进士，授官。

初任安庆推官，张献忠挥师南下，战火正炽，来集之内筹兵粮，外严城卫，前后安抚皖军。宁南候左良玉率十万兵下中江，声言勤王，出入掳掠无辜，来集之乘一叶扁舟前去劝导，左良玉折服，握手相送，全城百姓因此得以安恙。凤阳总督马士英招募的黔兵多横暴，被民众当贼寇杀死了不少，马士英欲以乱民治之，委托来集之查核，全活了下来。马士英没有因此记恨他，反而念及他是一个人才，欲招为门下，荐授兵科给事中。时马士英与阮大铖结党营私，来集之耻之，当得知是马士英推荐他之后，说：“大丈夫立功有时，何用渠荐为？”马士英大怒。改枢部。不久，晋太常寺少卿，请归。

---

① 〔清〕来集之：《恩封传·九畹公》，《萧山来氏家谱·家乘》，民国11年（1922）。

康熙十七年(1678)被推荐应博学鸿儒科,不赴,隐居长河30余年,著述甚丰。康熙十四年(1675),来集之自写墓志铭,八年后才去世。

来集之是萧山长河来天球、来汝贤、来经济、来三聘、来宗道、来斯行、来方炜之后的第八个进士官,他的儿子来燕雯是第十个进士官。来燕雯,字拂云,号对山,清康熙三十九年(1700)进士,授内阁中书,颇有实绩,惜50岁卒。

来集之为明末清初文学家、戏曲家,还是《来氏家乘》的纂述者。父来继韶亦有文学盛名,来继韶、来集之、来燕雯三代人皆入祀萧山乡贤祠。

来端蒙、来端操、来三聘、来自周、来斯行、来方炜、来集之,与来宗道生活时间交叠,皆是族人敬佩的名人,来氏的骄傲。

结　语

来宗道是萧山长河来氏五房十四世。来宗道的高祖来天球是萧山长河来氏首个进士官,也是萧山长河来氏首个三品高官,54岁辞官,居家25年卒;曾叔祖来应山是长河来氏第二个举人,文学奇才,42岁辞官,居

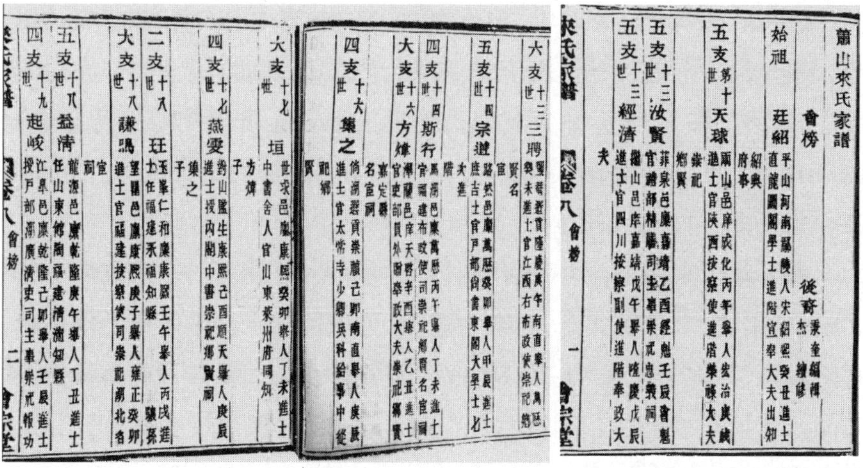

萧山长河来氏进士21人、举人39人,其中来宗道的高祖来天球至来宗道一门五代,进士4人,举人1人,来宗道的亲侄是举人、玄孙是进士〔民国11年(1922)《萧山来氏家谱》,萧山档案馆〕。

家25年卒；曾祖来应元、生父来经邦善经营家业，孝道；祖父来闻凯是个公子哥，散尽家财，但琴棋书画骑射样样精通；堂伯来汝贤、亲伯来经济是萧山来氏第二个、第三个进士官，来宗道则是第四个进士官，而且是萧山来氏官阶最高的一位，58岁辞官，居家10年卒；宗道亲兄之子来咨匡是举人、玄孙来益清是进士。

萧山有“无来不出榜”和“三石六斗芝麻官”的俗谚。明初来励（1376—1460）总结了来氏200多年的历史，创设社学、义学，规定来姓子弟均可免费入学，其著《四训八戒》：“书则必读，田则必耕。维此二者，可以为生。家因可富，身因可荣，绝胜他务。”可见来氏走的是“取科名，致通显”的道路。来天球《会宗家训》：“如遇本家子孙无耻非为，伤伦败俗，忿争讦告，玷辱家门者，轻则自为戒饬，重则率宗子来宏吉告知，于余会众，公同责治，以警其馀，不服者上闻官府。”靠科举入仕，靠实绩晋升，不恃权贵，不贪恋权位，恪遵家训，勿忘宗庙，修谱修坟，弘扬正能量，是来氏进士多、辞官归里多、孝廉节烈多的一大特点。

据《萧山来氏家谱》记载，宋嘉泰二年（1202）至清光绪三十年（1904），萧山长河来氏进士 21人（来廷绍、来天球、来汝贤、来经济、来三聘、来宗道、来斯行、来方炜、来集之、来垣、来燕雯、来珏、来谦鸣、来益清、来起峻、来宗敏、来珩、来学醇、来煦、来凤郊、来熊），武进士3人（来圣兆、来之焜、来之灿），举人39人、武举人18人，贡生97人，受皇上封诰 101道。明清至民国11年（1921），长河来氏前后出仕387人，分别在22个省任职，可谓浙东望族。

来天球至来宗道，一门五代四进士一举人，可谓名门。来方炜、来垣父子，来集之、来燕雯父子，相继为进士，可谓世进士。来宗道七次进阶，官阶最高，为太子太保、少保（从一品），其次为来三聘（江西右布政使，从二品）、来斯行（福建右布政使，从二品）、来天球（陕西按察使，正三品）、来谦鸣（福建按察使，正三品）、来自周（湖广布政司左参政，从三品）、来经济（四川按察司副使，正四品）、来集之（太常寺少卿，正四品）等。在明代最为兴盛。

来宗道为官期间，曾出资修建萧山乡贤祠，又为报功祠撰记。至清末，入祀萧山乡贤祠的共计68人，其中长河来氏13人（来励、来天球、来三聘、来经邦、来嘉谟、来斯行、来立模、来继韶、来方炜、来立相、来集之、来日升、来燕雯）；入祀萧山报功祠的共计106人，其中长河来氏8人（来端蒙、来端操、来君守、来起峻、来嘉柟、来谦牧、来泰交、来树芝），可见来氏在萧山的声誉和影响。

清代以后，萧山来氏进士有增无减，但任高官的少了，这多多少少受来宗道削官为民的影响，从来宗道家族的兴衰可以管见整个萧山来氏的兴衰。

附录1：

按察使两山公（来天球）传

公讳天球，字伯韶。父侃如府君，自有传。府君殁时，公甫十三岁，府君为执公手，书掌中曰：“好读书。”公以此奋励靡怠。宏治丙午，举于乡。庚戌，成进士，授水部主政。

莅吕梁，悬河险绝，运艘苦于飞輓。公量时日，次先后，衔尾而进，若安流焉。官舍故湫隘，公移诸爽垲，背山面流。筑室构亭，凿井立社，榆柳百十里，役夫休饮其下。西崖李公为之记。秩满，调刑部郎，升山西佥宪。宗藩子庶多不循法，公罪其尤者，参奏越境擅自诉者，诸宗肃然。武皇登极，逆瑾盗威福，势震天下。

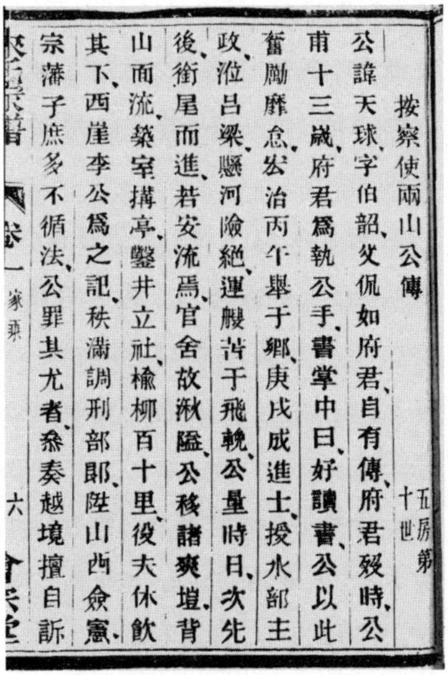
按察使兩山公傳

五房第十世

公諱天球、字伯韶、父侃如府君、自有傳、府君歿時、公甫十三歲、府君爲執公手、書掌中曰、好讀書、公以此奮勵靡怠、宏治丙午舉于鄉、庚戌成進士、授水部主政、涖吕梁、懸河險絕、運艘苦于飛輓、公量時日、次先後、銜尾而進、若安流焉、官舍故湫隘、公移諸爽塏、背山面流、築室搆亭、鑿井立社、榆柳百十里、役夫休飲其下、西崖李公爲之記、秩滿調刑部郎、陞山西僉憲、宗藩子庶多不循法、公罪其尤者叅奏越境擅自訴

来天球传〔民国11年(1922)《萧山来氏家谱》，萧山档案馆〕

公与抗礼，遇弗让左，瑾衔甚，思所以中之。适仪宾韩瑀扞文罔，公绳以法，瑾乘间嗾瑀，以王室亲，不得擅加刑责。上奏。瑾从中下其事，法司抚按凡一再勘，俱真公，以瑾故，弗竟，瑾败，瑀夺禄。

公调屯出陕西，公以执法刚直，名誉郁起。寻升木司宪副。时流贼入汉中界，张甚，督抚洪公钟，檄公监军事，公率镇将阎纲，将边士兵二万人入川，搜捣巢穴，斩捕逋逸，计擒贼帅蓝五等。捷闻。上喜，赐玺书奖谕。洪公上其劳，特晋按察使。贼平归，视司篆，洗刷奸隐，收惩蝥螟，残墨皆望风解绶去。监试得士，若吴缙、许宗鲁、王朝用等，皆为名臣，程文皆出自公手。巨珰廖堂，自中州徙陕西，公发其朘削状，直指欲以闻。廖先驰愬，逮直指。公慨然叹曰："西贼易破，廖贼难平。"又当道某，以轻价索羢衣十四袭。公曰："吾三十年婺妇矣。"返金而谤作。公不为辨。总制张公泰，巡按成公文，马公溥，交章保公，刚方持重，宜投大任，俄推延绥巡抚，不报，推河南左布政使，又不报。公曰："两推而不报，吾有以处之矣。"入觐自陈。曰："臣自入仕二十余年，勉效犬马，顷自讨贼，冲冒岚瘴，手足痿痹，缘贼未灭，未敢谢事，今赖圣威，逋寇消殄，臣荏苒数月，疾日益作，不足任鞭策，无益圣世，愿乞休林邱，歌咏耕凿。"上允其请。兵书彭公泽，雅知公，曰："晓练兵事，坚持宪法，无如来公者。"特荐于朝，复不报。

世皇入继大统，进荣禄阶。公长不逾中人，而气体充腴，颜面温睟，淹博今古，娴习方技，篇什笔札，出入唐晋间，所与交游，皆一时名公卿。公殁久而长笺尺牍，轴卷箧藏，多有存者。公归，筑堂吴越两川之间，颜曰"两山"。日与同志觞咏其中，足不至郡邑，而检护宗族，训教子弟，皆有法度。

公卒，年七十有九，里居二十有五年。二子：长讳应元，公不问家产，而长公节赢息虚，支外筹内，公得优游泉石，忘其廉俭者，长公之力为多。次讳应山，自有传。

斯行曰，行童年，闻先大母言，公家居，朔望必奉香拜叔母，归坐听事，宗族子姓以次进谒，长年者为举手，会元以下颔之而已，已而左右侍立，瞻视肃然，无敢疾言重欬者。今去公未及百年，而长老多局趣畏避不肯诵言是非，卑少亦间逾闲略检，长老少不顺意，或反唇稽诟。思公盛时，真可慕而且愧矣。往方伯公喟然叹兴，严立家规，蝓风几革，而人亡政息，渐以凌夷。噫嘻，江河之东也，负石而欲障之，岂曰无人，难矣哉。

附录2：

大学士路然公（来宗道）传

公讳宗道，字子由，号路然。年十四遊庠，品纯粹卓拔，见者无不以公辅大器期之。试多冠军。癸卯、甲辰联隽，选授庶常。乙卯，以检讨典试闽闱。戊午，以右赞善典试南闱。乙巳，以论德奉使肃藩，数千里至金城，览河流，陟太华嵩三狱，遍阅古今胜迹。辛酉，补经筵讲官，敷恳切，开明理乱，声音既亮，辞义警醒，上注视移从，始命退班。壬戌，讲员缺，争欲得之。上传阁臣曰：去年四月讲书经者补之。遂改日讲，辄齐戒凝思，诚恺规正，辞旨切直，中官多忌之。升少詹，典武闱。癸亥，升礼部右侍郎，廷臣枚卜，上命中官论阁臣推公，即回奏曰：讲官新升侍郎，从无此例，遽用不便。上乃止。公见几，遂家居四年。丙寅，转南礼部尚书。丁卯，转北礼部尚书。止携一衣箱，僮

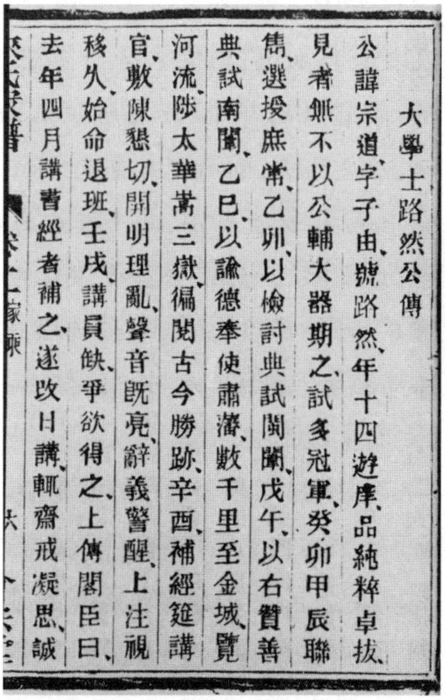
大學士路然公傳
公諱宗道、字子由、號路然、年十四遊庠、品純粹卓拔、
見者無不以公輔大器期之、試多冠軍、癸卯甲辰聯
雋、選授庶常、乙卯以檢討典試閩闈、戊午以右贊善
典試南闈、乙巳以論德奉使肅藩、數千里至金城、覽
河流、陟太華嵩三嶽、徧閱古今勝跡、辛酉補經筵講
官、敷陳懇切、開明理亂、聲音既亮、辭義警醒、上注視
移久、始命退班、壬戌講員缺、爭欲得之、上傳閣臣曰、
去年四月講書經者補之、遂改日講、輒齋戒凝思、誠

来宗道传〔民国11年（1922）《萧山来氏家谱》，萧山档案馆〕

仆数人，入都门。戊辰，熹宗升遐，时同爰顾命，出遇尚书李夔龙于朝门。问曰：今日顾命何语？公曰：传位信王。夔龙曰：公须信得真。公正色曰：此何等事，岂得作鹘突语。于是人心肃然。公草定传诏，捧册迎立，于时连襄吉凶二大典，详慎周密。是冬枚卜，上于大臣之有声望者，注名金瓯，焚香祝天，夹出之，公首迈焉。于是召对文华及平台，赐坐赐茶，公知无不言，言无不尽。数月间，内外咸称崇祯初政和平。随以后进议论纷更，同事排挤异己，屡疏乞休，以少傅兼太子太傅，赐蟒荫子。行人津送，驰驿归里。乃后事者卒龁龁公，排陷党籍，而公之始终自白也。

当公为宗伯时，工部尚书崔呈秀，迫胁祠祭司郎中孙际可，急请恤典。际可仓皇间，就其请呈具本，请堂印上之。次日，群臣问安乾清宫，魏珰手持一本，至殿上大声曰："好一个不通的礼部，这'在天之灵'可放在崔呈秀本上，难道不该处么？"公昂然往应之曰："此等本，旧例司官所做，堂官只用部印，责有所归。"珰语塞。次日奉旨，这本"在天之灵"一语，殊失检点，堂司宜姑免究，承行书吏责革，及熹宗卜陵寝地，珰援意其党李永贞，欲主黄山，而于世庙山陵有碍，故诸臣皆欲主潭峪。然珰焰尚赫，诸尚书及台省，皆匿身深林中，不敢与辩，独公屡争不休。永贞知不可夺，乃并署以上，上依公所拟，遂黜永贞。后公归田，卒以在天之灵一语为公咎，盖即魏珰所借以倾公者，而人返指摘以倾公也。公六十自寿序，颇见顿末云。

公沉静有知人鉴，凡以文贽讲者，能定其弋获之高下，及平生之福履，铢黍不爽。癸酉岁，予以闱文送阅。公曰：吾宗向未有元，今子元矣。告宗之能文者。榜发见落。越一载乙亥，试拔贡，同秋闱糊名易书例，房师皆甲榜。予又以文送阅。公仍曰：必元也。榜发果验，人始叹服。赠予联云：国士无双，联向金台掇桂杏；祖风有耀，重来玉署掌丝纶。谓予曰：子必联隽。故予云云。卯辰之役，其言果验，然亦后一科，而公不及见矣。子咨诹，为诸生有声，荫尚宝丞，未仕卒。

集之曰：珰焰炽盛时，相公身任宗伯，其于珰无少假借。尔时如三殿告成，宁锦奏捷，三王之国，大婚礼成，盈廷皆增俸晋级，而公毫无所加，则其冰炭可知也。以司官一语之不慎,而忌者即以是中之。未二十年而大地澜翻,诸凡挤人而享高爵者,未免有白首同归之叹。以视公之青山独往,优游卒岁,又何如也。当万历时,昆陵沈孟威公,才人也,出宰予邑,时公与马湖公方盛年高才,凡季月之课,科岁之试,两人迭为冠军。一日忽批云:来氏二子,一以天工胜,一以学力胜,总之二子俱当分道扬镳,不得置轩于其间者也。俄而大学士以内任极品,方伯公以外任极品,藻鉴之精,不爽铢缕如此。

〔资料来源:民国11年(1922)《萧山来氏家谱》,会宗堂〕

附录3:

明原任大学士路然公六十自叙

庚午良月,惟哉生明,来子六旬,此其诞日,族中冠盖醵金制屏,乞名公大章为寿,予闻而谢之曰:仆至不肖,宗族不我鄙遗,又欲借宠于如椽,甚盛心也。虽然每见祝颂之词,必多溢美,人之知我,不如我之自知,容仆自序之可乎?宗老许诺。余惟六十未可言寿也。古之人陟希龄,历耄耋,而神气不衰,如以拳勇著,则有若据鞍顾盼,盘马奋矟,如以行谊学术著,则有若楚邱之始壮,鲁士之益恭,或传经以垂世,或纳训以自警,真百世老人之师也。矧予禀受百拙,间寄一官,甲子忽周,尺寸罔竖,方抱虚生之愧,而又何敢言寿也。无已,请言生平之概,大约生平喜偏长,怒偏短,壮时志在功名,得之欣然,后此闲云流水,总成怡悦,今则虚室兀坐,嘻笑不自持矣,壮时感时触事,不禁义愤,后此情遣理恕,相对无忤,今则是非顺逆,总了不介于肌肤矣,寻常花木,视若珍奇,掌大池馆,惊为巨丽,风日恬美,每数巡行而不休,烟月朦胧,或坐清宵以相对,盖壮时皆目为不解事之人,后此童心益炽,有若孩提,今则混一婴儿矣。宗老曰:子

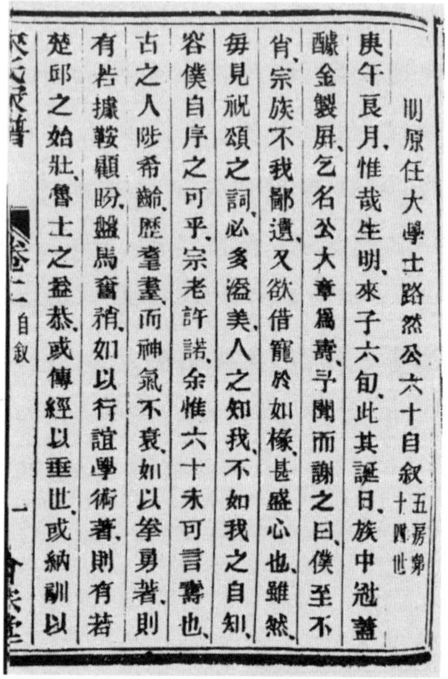

明原任大學士路然公六十自叙 五房第十四世

庚午艮月、惟哉生明、來子六旬、此其誕日、族中冠蓋醵金製屏、乞名公大章為壽、予聞而謝之曰、僕至不肖、宗族不我鄙遺、又欲借寵於如椽、甚盛心也、雖然、每見祝頌之詞、必多溢美、人之知我、不如我之自知、容僕自序之可乎、宗老許諾、余惟六十未可言壽也、古之人陟希齡、歷耄耋、而神氣不衰、如以拳勇著、則有若據鞍顧盼、盤馬奮矟、如以行誼學術著、則有若楚邱之始壯、魯士之益恭、或傳經以垂世、或納訓以

來氏家譜 卷二 自叙 一

来宗道六十自叙〔民国11年(1922)《萧山来氏家谱》，萧山档案馆〕

之言良不虚，然子会历清华，入政府，岂无一二事可言者？此非予宗族意也。予曰：非不欲言，实无可言也。

予尝两典文闱，一典武闱，因人成事耳。尝奉使数千里，西至金城，托舆马之安耳，当木天视草，撰述数条，蹈袭陈言耳。尝供事经筵，每当上意，野人芹曝耳，尝入直纂修，与观金匮，管窥蠡测耳。尝任秩宗，适当吉凶大礼，条奏相度，累月无宁晷，因仍旧章耳。最后从诸大夫办事数月，不能力持一议，独矢一策，伴食怀惭耳，抑有之，从来仕宦与年命并论，皆有不可知者主之，请略言其大概，始予之人讲也。是时讲官员缺，多欲得之者，忽内传以旧年四月讲书经者补之，遂从署雍篆改充，非例也，爰立旧典，九卿会推，主上点用耳。今天子特御乾清宫，召阁部，焚香祝天，注金瓶而夹出之，宗道与焉，一则数年之知遇，一则未有之盛事，此得之不可知者二也。殿工叙赉，宫衔恩荫，例及于予，票拟且上矣。次日，群臣诣乾清，问安礼毕，忽魏珰手持一本，诘阁臣曰：两三月尚书，有何功绩，亦滥斯典。急为我削之，时满朝不沾恩者，予一人也。如是，则魏珰于予，明若水火矣。谢政家居，当事诸臣，指摘先后在事者数百人，名曰魏党，各以轻重受罪，而予罪当徒赎，遂从褫革，一则触权珰之怒，一则为时局所厄，此失之不可知者二也。夫仕宦得失，杳不可知，况年命修短，又谁能定乎，今欲予如古之人立名传后，则壮也。倘不如人，何况今日，第率性而行之，优游泮涣，时与宗老修明家法，教子弟以孝弟忠信，或不负天假我岁月之意也，夫寿则予何敢言也。

行状碑志大抵多失实，然附之谱者，欲以补家乘之所未备也。至于寿文则颂祝之辞,抑不足征矣,故概不录。公为吾宗之望,而身殁家落,行状墓志俱不存,不得已取其六十自寿叙附焉,亦可以略见其生平,盖因陷党籍辩谤而作,非有东方自誉之嫌也,故他人不得援以为例云。集之跋。

〔资料来源:民国11年(1922)《萧山来氏家谱》,会宗堂〕

明末布政使来斯行家世考

来斯行（1567—1633）

来斯行（1567—1633），字道之，号马湖，浙江杭州萧山长河（1996年长河镇划入杭州市滨江区）人。生明隆庆丁卯八月二十六日，卒崇祯癸酉四月十七日，享年67岁。

明万历三十四年（1606）举人，万历三十五年（1607）进士。历任刑部主事、工部主事、永平推官、兵部主事、山东登莱道、贵州按察使、郁林道、福建右布政使，崇祯元年（1628）归里。逝后葬萧山湘湖蛇山，顺天府尹刘京周为其写墓志铭，入祀萧山乡贤祠，入祀山东景州、贵州名宦祠。清康熙、乾隆、民国《萧山县志》均有《来斯行传》。

著有《经史典奥》《槎庵小乘》《狱志》《论语颂》《四书小参》《四书问答》《五经音诂》《经史渊珠》《尘谈燕语》《白华楼诗稿》《拈古颂》《居士传》《来氏家乘》等。《经史典奥》67卷，是一部供人引用经史中文句的工具书，《四库全书总目》评价该书："是编于经取《易》《诗》《书》《春秋》《左传》《礼记》《周礼》，于史取《史记》，前、后《汉书》，各摘其子句，标题于前，而以经、史原文及注释列于后，盖以备词章采择之用。"《槎庵小乘》41卷，系史料笔记，陈汝衡《说苑珍闻》言："其分类考据各项，颇多珍贵资料。"王重民《中国善本提要》:“余今读是书,颇惊斯行在明季士大夫中,犹属博洽,所述也有条贯。”

已有出版物关于来斯行家世的著述很少,笔者通过民国11年(1922)《萧山来氏家谱》等史料进行考录,期许多角度地探析来斯行的成长环境以及生平事迹与学识思想等。

来斯行的祖辈

(一)高祖来琏(1444—1485)

萧山长河来氏四房第十世。字廷美,号慎菴。生明正统甲子十二月初八日,卒成化乙巳十一月二十九日,终年42岁。

配孙氏,生四子:来龙、来稷(庠生)、来契、来垂。

来琏的父亲是来英,字淳才,号闾如,生有二子:来瓒(输粟,授承事郎)、来琏。来琏的兄长来瓒生有一子:来夔(廪生)。来夔生有一子:来统(庠生)。来统生有二子:来日升(举人,云南师宗州知州)、来道升(庠生)。从来夔、来统到来日升、来道升,再到来日升之子来孔卓、孙来继韶、曾孙来集之、玄孙来燕雯,世世皆俱文学盛名,来集之、来燕雯父子皆进士,来集之还是明末清初文学家、戏曲家,可谓名门望族。

来琏一脉,至孙来嘉谟、曾孙来斯行、玄孙来彭禧、来燕禧、来吕禧,也非常了不起,皆俱文学盛名。

(二)曾祖来契(1469—1554)

萧山长河来氏四房第十一世。字舜敷。生明成化己丑十一月二十六日,卒嘉靖甲寅十一月二十一日,享年86岁。葬萧山筊竹山。

配徐氏,生三子:来万里(庠生)、来万程、来时成(庠生)。

来斯行在《来氏家乘·叙传》中写道:“曾大父(来契)家世温裕,喜纳宾客,赈吊贫匮,鲜衣怒马,与族中豪相夸竞。晚构创室宇,文杏豫章,所费不赀,囊箧耗矣。意不适,每居山庄,种橘植桑,果蔬甲于里中,熟时即分锡亲故,或过庄居,即延入瞰,且遗之。年望九十,乡称为六老官,无不谓六老官之后宜昌者。”[①]可知来斯行的曾祖家世殷实，为人豪爽，晚年入不敷出，转而耕种，果蔬丰盈，休闲惬意，有六老官之称。

来契有四兄弟，他是最长寿的，86岁。大哥来龙，生有四子：来万鐘、来万象、来万言（廪生）、来万邦，69岁。二哥来稷，生有四子：来万全、来万化、来万镃、来万古，71岁。弟来垂，生有二子：来万石、来万禄，75岁。

（三）祖父来万程（1504—1574）

萧山长河来氏四房第十二世。字元章，号畏齐。生明弘治癸亥十二月二十四日，卒万历甲戌六月初一日，享年71岁。葬萧山筴竹山。

配盛氏，生三子：来嘉模（庠生）、来应声、来汉声，一女。

以孙来斯行贵，赠通议大夫、广西按察司按察使、右江兵备道。盛氏，赠淑人。

来万程有三兄弟，兄来万里17岁游庠而卒，未曾婚娶。弟来时成，庠生，生有三子，69岁卒。来万程管理家政，性情柔弱，内忧经费，外困强宗，谨小慎微，举步维艰。他鼓励儿子发奋图强，“当振起其家”。后，长子来嘉谟、孙来斯行读书有成。

来斯行出生时，祖父来万程已经逝世。祖上由殷实到拮据，由豪气到拘谨，至来斯行一代，迅速崛起，走向辉煌。

来斯行的父辈

（一）生父来嘉谟（1528—1608）

萧山长河来氏四房第十三世。字莫言，号静观。庠生。生明嘉靖戊子十二月二十日，卒万历戊申六月十一日，享年81岁。葬萧山湘湖仙掌山，入祀萧山乡贤祠。

配王氏，生有四子：来济世（庠生）、来斯行（廪生）、来斯绥、来斯和。

以子来斯行贵，累赠通议大夫、广西按察司按察使、右江兵备道。王

① 〔明〕来斯行：《叙传》，《萧山来氏家谱·家乘》，民国11年（1922）。

氏，累赠淑人。

来嘉谟有三兄弟，他是老大，二个弟弟早逝，他侍奉父母，克尽孝敬，经营家业。来斯行在《来氏家乘·叙传》中写道："两叔父早世，先君具含殓遗孤，友爱甚笃。无何，不肖及伯兄季弟，渐自振拔，先君闲居。"也就是说，儿子们逐渐有出息后，他始闲居，"晚年益善自颐养，颜貌丰泽，神气溢充，听歌观剧，丙夜不休。"一日，忽然在壁上书写"六月炎天一点雪"几个大字，观者莫不能解。谁知在六月一日这一天，他竟然安详去世，没有呻吟，没有痛苦，人们才知道那是生死预言。那时，来斯行已中进士，尚未授官，听到消息，丁父忧归，三年后才谒选授官。又五年后，王氏去世，来斯行时在广西主持考试，丁母忧归。

来嘉谟小时就极有声誉，"生而伟特，读书慕古，下笔累千言，为诸生有俊誉，多所屈所"。不料得了痹疾，卧床五六年，不得不放弃学业，"辄馆谷他郡"。晚年，"日检故书读之，手不释卷，抄录不间昼夜"。王氏善记忆，在旁边陪读，来嘉谟有遗忘的，她皆指出无误。来斯行在《来氏家乘·叙传》中称："先君雅意小学，于形声点画，考据详确，器物题识，多颉籀古文，读者噤不能解。性方严，寡言笑，家庭无媟容。"

著有《敦伦宝鉴备忘录》《曲水龟鸣》《字学源流》等书，藏于家。

（二）堂伯来珂声（1523—1616）

萧山长河来氏四房第十三世，来斯行祖伯来万全之子。号龙河。本县旌齿德冠带。生明嘉靖癸未七月二十日，卒万历丙辰三月初一日，享年94岁。葬冠山。

妻仇氏，生四子：来孔博（本县旌齿德冠带，78岁）、来孔约（本县旌齿德冠带，93岁）、来孔恂、来孔华（71岁），一女。

值得一提的是，来珂声的父亲是乡饮大宾，来珂声及其子、孙、曾孙，都是乡饮大宾，一门五世乡饮大宾，实为稀罕事。

在古代，乡饮酒礼[1]是地方政府的重要官方礼仪活动，源于周代，盛行于明清，意在弘扬道德伦理规范，特邀请当地身家清白、齿德具尊的耆老乡绅参加，分为大宾、僎宾、介宾、众宾，统称为乡饮宾，名额有限，通过层层推选产生。

萧山来氏乡饮大宾不少，同时代的宰相首辅来宗道（1571—1638）的三哥来宗周（1566—1642）就是乡饮大宾。

《萧山来氏家谱·五世乡大宾记》记载："盖年高者未必有德，德邵者未必有年，膺是选者，实难其人。""独用恒公家，逆溯而上之，以至高祖，凡五世，则实为世之所稀有。右川公（来万全，来珂声之父，乡大宾）于隆庆元年旌，年八十四岁。龙河公（来珂声，本县旌齿德冠带）于万历四十一年旌，年九十四岁。环泉公（来孔博，来珂声之长子，本县旌齿德冠带）于崇祯六年旌，年七十八岁。肖泉公（来受爵，来珂声之长孙，本县旌齿德冠带）于顺治十二年旌，年七十六岁。用恒公（来国奇，来珂声之曾孙，乡大宾）于康熙四十一年旌，年七十二岁。盖古者以父子相继，三十年为一世，孟子之泽，五世而斩，小人之泽，五世而斩，故有五世青衿者矣，有五世科甲者矣，有五世仕宦者矣，固是得天之独厚，而必皆享大年，则亦未足奇也，孰若吾用恒公家。"[2]

---

① 乡饮酒礼：明洪武五年，令中书省详定条式。十六年，礼部定例乡饮酒图式仪注，令府县里社一体行之。每岁正月望日，十月朔日举行。县附于府学明伦堂序列，行相见礼三揖，后至阶三揖，后至升堂。府官为主，位于东南；大宾位于西北，僎位于东北，介宾次位于东南。九十者六豆，八十者五豆，七十者四豆，六十者坐，五十者立。府佐与县之令介学官之属，序爵坐，皆西向。耆老儒士序齿坐，皆东向。校官一人为司正，扬觯致辞："恭维朝廷，率由旧章。敦崇礼教，举行乡饮。凡我长幼，各相劝勉。为臣尽忠，为子尽孝。长幼有序，兄友弟恭。内睦宗族，外和乡党。毋或废坠，以忝所生。"讲读律诰，兼授爵赞。生员四人，例不许奉祀武生。充顶童子六人，歌诗击钟鼓为节。行酒五行至七行，不过十行，宾主拜揖乃退（鲁燮光《萧山儒学志》）。

② 〔清〕：来鸿雯：《五世乡大宾记（四房第十二世至十六世）》，《萧山来氏家谱·家乘》，民国11年（1922）。

来珂声是来斯行众多叔伯中最长寿的一位,94岁,上下五世为乡饮宾,是萧山来氏兴旺的又一稀盛事。来斯行父亲来嘉谟亦是德学孝廉俱全的年高之人,81岁。

来斯行的兄弟

(一)兄来济世(1560—1610)

萧山长河来氏四房第十四世。字民望,号润苍。庠生。生明嘉靖庚申八月十七日,卒万历庚戌四月初十日,终年51岁。葬萧山湘湖盒里仙桃。

妻詹氏,生三女,继来斯行次子来燕禧为嗣。

来斯行在《来氏家乘·文学传》记载:"润苍公,讳济世,字民望,行伯兄也。长行七岁。少诵读兼人,大父常抱而诧曰:'菲泉(来汝贤)、三峰(来日升)不是过也。'先君课伯兄举业甚力,日诵程墨策论,凡数十篇。而先君颇有遗书,在败簏中,伯兄夜窃观之,目所过辄成诵。后益广览博综,与人言娓娓不尽,经书讲解,悉有悬悟。"

来济世有文学才华,十分孝友。他视他人的事如己事,即使有人冒犯他,也不计较。晚年修葺园林,种桑养鱼,意欲偃息自怡。不料胃疾不治而逝。逝前,对来斯行说:"世言人死时有无常鬼,今吾且死,何以都无所见。"[①]刚说完,俯首而逝,年仅51岁。

来斯行的父亲很器重长子来济世,比来济世早逝三年。来斯行丁父忧在家三年,也是兄来济世生命的最后三年,因此非常难忘和伤感,来斯行次子过继给来济世为嗣,可说是兄弟一家。

(二)弟来斯绥(1578—1650)、**来斯和**(1582—1624)

萧山长河来氏四房第十四世。

---

① 〔明〕来斯行:《文学传·润苍公》,《萧山来氏家谱·家乘》,民国11年(1922)。

来斯绥，字来之，号湘湖。生明万历戊寅四月初八日，卒清顺治庚寅八月十八日，享年73岁。葬湘湖盒里仙桃。妻何氏，生一子：来纯禧(庠生)。

来斯和，字节之，号煦亭。仁和增广生，例监。生明万历壬午正月十日，卒明天启甲子九月二十日，终年43岁。葬萧山仙掌山。妻张氏，妾华氏，生一子：来尹禧。

来斯行与一兄二弟十分友爱，尊老爱幼家风很风，这在传记中有记载。

来斯行的妻与子

(一)妻沈氏与子

妻沈氏，累封淑人，生有二子三女，次女嫁著名书画家陈洪绶。

女婿陈洪绶(1598—1652)，浙江诸暨枫桥人，诗文书法俱佳。16岁时与来斯行次女完婚。清崇祯三年(1630)应会试未中。后捐赀入国子监，召为舍人，奉命临摹历代帝王像，因而得观内府所藏古今名画，技艺益精，名扬京华，与崔子忠齐名，世称“南陈北崔”。明亡后，陈洪绶避难绍兴云门寺，削发为僧，一年后还俗。晚年学佛参禅，在绍兴、杭州等地鬻画为业。著有《宝纶堂集》。明崇祯七年(1634)，为岳父来斯行写《槎菴先生(马湖公)传》，清顺治三年(1646)，为来斯行小妾张氏写墓志铭，谥之曰义烈。

沈氏二子，一文一武，遐迩闻名。

1. 长子来彭禧，字商老，号梧园。生明万历辛卯正月二十八日，卒清康熙庚戌闰二月十二日，享年82岁。葬萧山湘湖蛇山。清乾隆、民国《萧山县志》，均有《来彭禧传》。

太学生。安徽安徽太平府通判，晋阶奉直大夫。

妻潘氏，赠宜人，生一子：来藻(庠生)。续娶钱氏，封宜人，生一子：来芬(四川新繁县典史)。妾陈氏，生一子：来菟，继给弟来燕禧为嗣(袭锦衣卫千户)。妾张氏，生二子：来萁、来荆。妾龚氏，生三子：来苹(庠生)、来藜、来芳(祠生)。妾李氏，生一子：来芦。

来彭禧长得十分伟岸，方颐广颡，又善修髯，望之俨然。有才干，有谋略，父来斯行历仕途，得其筹佐居多。

斯行逝时，彭禧非常悲痛，认为应该以政绩表彰而未表彰，于是到京都上书陈请，此事的来龙去脉是父亲为人所中伤，难以讨个说法，还被人告说“来公子挟多金走长安，谋荫袭，若不速出都门，吾当以白简从事”，无奈整装回家。

不久，以太学生援恩，例授太平府通判。应安督抚程世昌爱其才，任他为监军。

晚年自称商山老人。疏于财，不屑龌龊为生计。豪饮健谈，出手大方，肆筵广席，醒酒为乐，并写诗云：“添来白发端忧国，散尽黄金总为亲。”人多传之。长笺大疏，未尝假手。

善书法，喜作诗，效白傅体。

来彭禧长子来藻之曾孙来起峻于乾隆三十七年（1772）中进士，授户部湖广清史司主事，归里后，家居教授，尝奉父游行阡陌，恂谨若儒子，性勇于为义。又因力争保护湘湖、重修西江塘有功，入祀萧山报功祠。

2. 次子来燕禧，字周老，号柳园。生明万历壬寅九月二十八日，卒天启丙寅十月初八日，终年25岁。葬排马湖太极图。清乾隆、民国《萧山县志》，均有《来燕禧传》。

庠生。贵州游击，世袭杭州前卫镇抚，加赠右军都督同知，世袭京卫千户。

妻魏氏，封淑人，继兄来彭禧次子来蒐为嗣。

来燕禧是个天生的武将。17岁为诸生，19岁随父来斯行备兵天津。

喜谈兵，喜射箭骑马。保定巡抚毕自严闻其能，命试骑射，麾下没人能比。

不久，白莲教生乱，占据邹县、滕县，令毕自严往援。毕自严疏请来斯行为监军，并荐来燕禧以诸生从军，诏授都司衔，随父统帅天津兵，会剿兖寇。部队到达广川，地方缙绅士民遮道求救，说景州虽弹丸之地，但东连齐鲁，西走赵魏，实三辅门户，倘若无救，必为邹县、滕县之后尘。来斯行假装不同意，奉诏援兖，而暗地里派部分勒兵围剿，捉获首领于弘纲、于弘志，该地白莲教徒解散。燕禧战功居多，中丞李邦华疏燕禧当破格重用。皇上下诏说平兖之日再议。来燕禧发兵抵兖，来斯行要先取腾县，燕禧说兵贵拙速，不贵巧迟。于是，迅速进攻，兖兵弃城，屯居戈里，燕禧追击袭之，擒拿号称扫地王的任之体。邹县教徒闻讯来夺城，燕禧坚垒以待，亲自巡逻，以防松懈。一日，白莲教首领徐鸿儒率敢死士队百余骑兵突围而出，燕禧鞭马跃出擒之。

兖督抚抢夺其战功，献俘京师。有人审问徐鸿儒："汝自诩豪杰，敢为乱首，何以为督抚擒？"徐答："不识督抚，擒吾者来都司。吾认其面，美少年尔。"[①]

是时，齐、赵二督抚皆晋升司马，世袭锦衣，而来燕禧仅迁贵州营游击，不久随父任贵阳。水西安酋煽乱，来燕禧以计斩诸苗之首阿秧，以剪其翼。

后从父归，抑郁而卒，年仅25岁。

来燕禧的死对来斯行打击很大，他们父子俩一起出战一起立功，英雄出少年，儿子有勇有谋，活擒白莲教首领，却被他人抢了功勋，得不到应有的重用，抑郁而逝。来斯行由此对官场十分厌恶，任福建右布政使仅半年，因与当事者忤，即以老乞归，"晚年，叹学士为文畔经不读史，多论议天下事，故采拾经史嘉惠来学。三年，穷日力而为之，书成病作，垂训孝悌而卒。"[②]

(二)妾朱氏与子

朱氏生有一子一女。子来吕禧，是来斯行60岁所生，以绘画艺术闻名。

来吕禧，字西老，号井园。生明天启丙寅七月二十六日，卒清康熙己

---

① 〔清〕来集之：《商老周老西老三公传》，《萧山来氏家谱·家乘》，民国11年(1922)。

② 〔清〕陈洪绶：《槎菴先生传(即马湖公)》，《萧山来氏家谱·家乘》，民国11年(1922)。

未七月二十一日，终年54岁。葬仙掌山。

妻陈氏，生一子：来茨。续娶陈氏。

来吕禧性疏宕，有晋人风骨。工诗善绘画，不屑家人生产作业，举家游于京，无所遇，借丹青自给，名稍稍四驰，求画者接踵而至，收入颇菲。但他性懒，家稍有赢余，不复肯措笔，绢素叠积。每天携金跑到外面，阅列肆中青田寿山冻石之佳者，可以雕刻图章者，市以归，摩挲玩弄。稍微点染数笔，画一木一石，然后卷起来收藏于阁楼中，曰："可饮酒矣。"[1]如果有客人来，必留下豪饮到深夜。没人上门求画，亦炒几个菜，夫妇对饮。常常酩酊大醉，索画的人不能及时拿到画，有时要等几个月，于是求画的人越来越少了。

（三）妾张氏是节烈

来斯行除了妻沈氏，妾朱氏以外，还有妾卢氏、韩氏，各生有一女，张氏、李氏，无子女。

值得一提的是妾张氏，是家谱、县志传记的节烈。

张氏是山东平州人，她的父亲为洪永功臣，世袭千户，母亲王氏遭白莲教之乱，携女逃走，不甘受污被杀，当时张氏才7岁，被人掠走，辗转被来斯行收纳，服侍沈夫人甚谨。

清顺治三年（1646），清军进兵浙江，张氏随沈夫人避兵于萧山湘湖，清兵忽至，张氏藏好主人，挺身而出，被清兵截住，张氏怒骂，既而笑曰："有死而已，安可污哉。"清兵怒而欲奸之，张氏缝衣系带，坚不可解，清寇大怒，戳其身首十余刀，惨不忍睹，张氏骂声喃喃，微念佛一声而绝。同时期殉节的还有数十人，包括来集之妻杨氏，遭遇清兵，投水而死。

---

①〔清〕来集之：《商老周老西老三公传》，《萧山来氏家谱·家乘》，民国11年（1922）。

其他亲师友

(一)家族长辈,视他为大器

来集之《方伯马湖公传》记载:来斯行:“五岁时,从祖两嵩公出对语云:‘马尾千条线。’应声曰:‘鸡冠一朵花。’两嵩公曰:‘此吾宗大器也。’”来集之称为两嵩公的,是五房十三世的来汝颐,负有文学盛名,他的从祖来天球是进士、陕西按察使,堂叔来应山是举人、文学奇才,哥哥来汝贤是进士、兵部职方主事,堂弟来经济是进士、四川按察司副使,堂侄来宗道是进士、宰相首辅。来汝颐是来斯行的族兄,比来斯行大34岁,来斯行五岁时,来汝颐39岁,十分看好他。

(二)岳父大人把女儿许配给他。

来集之《方伯马湖公传》记载:来斯行“生负异资,读书不再过。总角补邑弟子员。仁和沈樟亭,有人伦鉴,先所择孙婿为冯具区司成,而以幼女字公。尝同司成游径川,阅二碑。司成归,悔不及录。公疾书不脱一字。”

这里的司成,是仁和县沈樟亭的另一个女婿,两人交游,惊现来斯行超凡的记忆力。

(三)老师预言他将成为词坛盟主

来集之《方伯马湖公传》记载:“茅鹿门先生延为次公师。一日语之曰:‘二十年后,君为词坛盟主,不肖《白华楼稿》,无尽发其丑也。’丙午丁未联隽。庚戌,受刑曹,著《狱志》四十卷。”

这里的茅鹿门先生,应该是茅坤(1512—1601),字顺甫,号鹿门,归安(今浙江湖州)人,进士,官至礼部主事、河南副使,后落职归家隐居50余年卒,散文家,著作今存《白华楼藏稿》《玉芝山房稿》等。茅坤非常赞赏来斯行,可见来斯行才华不同凡响。

(四)至交诗友徐伯鹰

来集之《方伯马湖公传》记载:“万历庚辰岁,功令充博士弟子员者,每试一邑不得逾十五名,时郡伯蜀傅明严,独奇赏两童子,一为上虞徐伯鹰如翰，一即公也。伯鹰年十三，公长一岁，两人交最密。戊戌春，伯鹰公车下第归，遇公于姑苏逆旅，公卧中披衣而起，酒谑甚剧。公曰：‘夜分无以为乐，任兄点韵赋诗，平仄皆然，韵字出兄口，而余诗不应声者罚。’漏下四鼓，酒几斗余，公诗亦尽吴笺数十幅矣。”①

明万历八年（1580），来斯行14岁，入选太学生（弟子员），与浙江上虞县的徐伯鹰最为出类拔萃，两人交往最密。万历二十六年（1598），徐伯鹰中进士归来，与来斯行相遇于姑苏，两人畅怀大饮，通宵诗赋，才情、友情可见一斑。

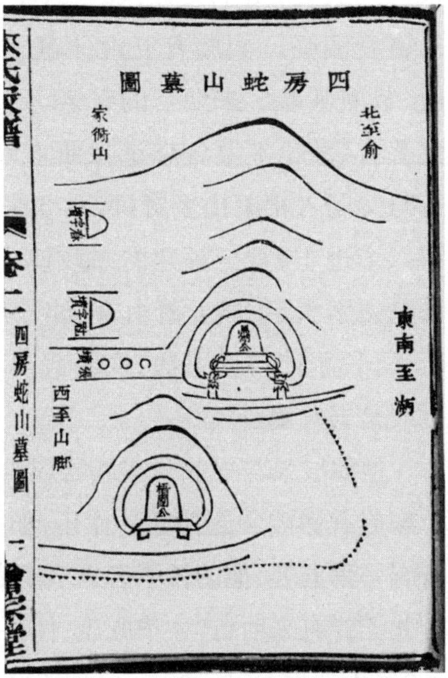

来斯行与子来彭禧墓图〔民国11年（1922）《萧山来氏家谱》，萧山档案馆〕

来集之说：“方伯公才华既茂，性又宕轶。诸生时，侠酒颠诗，不可以绳尺拘也。醉后命笔，满纸千言，纵横欹侧中，悉轨于法，率尔吟咏，多流入于元白，而天真烂熳，生气便欲飞去，世多什袭藏之，及其斩馘献力，勒铭彝鼎，诸葛公纶巾羽扇，指挥群帅，司马仲达亦叹其名士风流，才人之蕴，取之不竭如此。”②

这是对来斯行才华横溢的赞许与敬佩。

① 〔清〕来集之：《方伯马湖公传》，《萧山来氏家谱·家乘》，民国11年（1922）。

② 〔清〕来集之：《方伯马湖公传》，《萧山来氏家谱·家乘》，民国11年（1922）。

结 语

来斯行是萧山长河来氏四房十四世。来斯行的高祖家境富裕，曾祖为人豪爽，出手大方，晚年入不敷出，至祖父一代生活艰辛，鼓励儿子奋发图强。同族有五世仕宦，五世俱文学盛名，五世乡饮大宾，孝廉、节烈甚多。来斯行的父亲、兄长亦是茂贤孝廉之人，俱文学盛名，父著有《敦伦宝鉴备忘录》《曲水龟鸣》《字学源流》等书藏于家。来斯行与父同入祀萧山乡贤祠，小妾张氏是节烈。来斯行本人是萧山来氏第六个进士，官至福建右布政使，二品高官，仅次于宰相首辅来宗道，又是文学大享，成为萧山来氏四房最辉煌的一代。他的三个儿子各有所长，长子能诗善书法，次子武功卓著，少子以绘画艺术闻名，女婿陈洪绶是书画家。

他的成长与成才与家族的影响及传承有一定关系，又对下一代及整个家族有影响和起榜样的作用，如来斯行的高祖至父亲均未纳妾，来斯行有一妻五妾，他的长子有六个妻妾，这与身份及地位的提高有关系，三个儿子皆有来斯行“才华既茂，性又宕轶”之遗风。来斯行的来孙来起峻（四房十九世）于乾隆三十七年（1772）中进士，授户部湖广清史司主事，仅三个月，就思亲引疾归，家居教授，因力争保护萧山湘湖、重修西江塘有功，入祀萧山报功祠。

附录1：

槎庵先生（马湖公）传

先生捐馆二年，长君鎈大夫诣绶曰：先方伯非子不可传，传属子矣。绶思孝友文章，道德治绩，垂之史册者，具大人先生墓志神道碑铭中矣。

其旷怀古心，逸情遗事，绶十七岁，即侍先生几杖，多能诵说，似非绶不可传，敬作槎庵先生传。

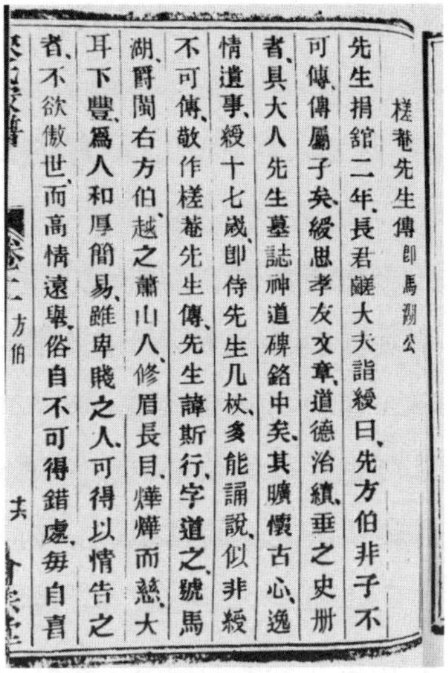
槎菴先生傳 即馬湖公
先生捐舘二年、長君巖大夫詣綬曰、先方伯非子不可傳、傳屬子矣、綬思孝友文章、道德治績、垂之史册者、具大人先生墓誌神道碑銘中矣、其曠懷古心、逸情遺事、綬十七歲、即侍先生几杖、多能誦說、似非綬不可傳、敬作槎菴先生傳、先生諱斯行、字道之、號馬湖、爵閩右方伯、越之蕭山人、修眉長目、燁燁而慈、大耳下豐、爲人和厚簡易、雖卑賤之人、可得以情告之者、不欲傲世、而高情遠舉、俗自不可得錯處、每自喜

槎庵先生传〔民国11年(1922)《萧山来氏家谱》，萧山档案馆〕

先生讳斯行，字道之，号马湖。爵闽右方伯，越之萧山人。修眉长目，烨烨而慈，大耳下丰，为人和厚简易，虽卑贱之人，可得以情告之者，不欲傲世，而高情远举，俗自不可得错处。每自喜志大遇迟，当老其材，以故读书务实用。梁给事副考浙中，请先生润色试录。先生褐裘而入，岸然疾书，给事惊叹去。当是时，讲学日盛，先生见儒学与佛氏相左吾，且作一家言，通二宗旨，后被谪。先生叹曰：寇在目中。客有笑之者，正色曰：直当与敌相搏。明年果有山东之役矣。及次君游击将军卒，先生抚膺号哭曰：非哭吾子，老而折翮，其能杀贼。乃作一舟，放排马湘湖间，丝竹陶写，读改书台为伽蓝，饭一老僧，卧起与俱。晚年，叹学士为文畔经不读史，多论议天下事，故采拾经史，嘉惠来学。三年，穷日力而为之，书成病作，垂训孝悌而卒。

陈洪绶曰：学而不能用，扬雄日说铃书肆，先生盖有本之经纶也。先生故善书，而不欲以书名，能骚雅，而不屑以骚雅称。先生昔见汤若士先生诸辞，曰徒劳才智，乃卒于歌声，可惜哉。夫入官至方伯，业至平贼也，不为卑且小矣。以先生之才量，位不过方伯，功不过平贼也。嗟乎，观先生其能已于怀乎。

崇祯甲戌十一月甥诸暨陈洪绶百顿首撰。

〔资料来源：民国11年(1922)《萧山来氏家谱》，会宗堂〕

附录2:

方伯马湖公(来斯行)传

公讳斯行,字道之,别号马湖。生负异资,读书不再过,总角补邑弟子员。仁和沈樟亭,有人伦鉴,先所择孙婿为冯具区司成,而以幼女字公。尝同司成游径山,阅二碑,司成归,悔不及录,公疾书不脱一字。茅鹿门先生延为次公师。一日语之曰:“二十年后,君为词坛盟主,不肖《白华楼稿》,无尽发其丑也。”丙午丁未联隽,庚戌授刑曹,著《狱志》四十卷。

代藩争立,公疏争,谓贵贱之等不容混,废立之端不可开,朝论韪之。壬子,典试西粤,其程为海内传诵。丙辰补工部,以忤要津,中计典,补永平司李,综理南北饷运,敏练著绩。壬戌转兵曹监军辽海,整饬津门,适莲妖作难,公以兵援。次广川,即与妖党遇,公命仲子燕禧先驱,破之,进克邹滕。燕禧手擒贼首徐鸿儒,献俘阙下,抚臣匿其功,陞少参,仍备兵津门。值贵阳告急,奉命总宪贵阳,水西安酋煽乱,所恃诸酋长,则田阿秧为首。公授计于素所习阿秧者,伪为奔降,入内不五日,函阿秧首以还。诸苗震慑,旋以闽海多故,移督海道。次年,晋闽右辖,即引年与野衲游。

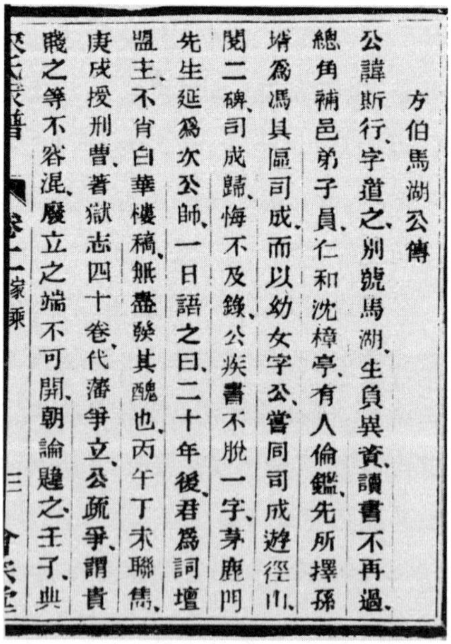
方伯馬湖公傳
公諱斯行、字道之、别號馬湖、生負異資、讀書不再過、總角補邑弟子員、仁和沈樟亭、有人倫鑑、先所擇孫婿爲馮具區司成、而以幼女字公、嘗同司成遊徑山、閱二碑、司成歸、悔不及錄、公疾書不脫一字、茅鹿門先生延爲次公師、一日語之曰、二十年後、君爲詞壇盟主、不肖白華樓稿、無盡發其醜也、丙午丁未聯雋、庚戌授刑曹、著獄志四十卷、代藩爭立、公疏爭、謂貴賤之等不容混、廢立之端不可開、朝論韙之、壬子、典

方伯马湖公传〔民国11年(1922)《萧山来氏家谱》,萧山档案馆〕

所著有《胶莱河议》《槎庵小乘》《经史典奥》《尘谈燕语》《论语颂》《四书小参》《四书问答》《拈古颂》《居士传》《宗赞韵会》《五经音诂》《经史渊珠》《来氏家乘》,诗集

行于世。

公五岁时，从祖两嵩公出对语云："马尾千条线。"应声曰："鸡冠一朵花。"两嵩公曰："此吾宗大器也。"

万历庚辰岁，功令充博士弟子员者，每试一邑不得逾十五名。时郡伯蜀傅明岩，独奇赏两童子，一为上虞徐伯鹰如翰，一即公也。伯鹰年十三，公长一岁。两人交最密。戊戌春，伯鹰公车下第归，遇公于姑苏逆旅，公卧中披衣而起，酒谑甚剧。公日夜分无以为乐，任兄点韵赋诗平仄皆然。韵字出兄口，而余诗不应声者罚。漏下四鼓，酒几斗余，公诗亦尽吴笺数十幅矣。

公性至孝，太公太淑人，服食嗜好，必与淑人沈氏极力经纪，必无后时。于一兄二弟，尤极友爱，至今共家风不替云。

集之曰：方伯公才华既茂，性又宕轶，诸生时，侠酒颠诗，不可以绳尺拘也，醉后命笔，满纸千言，纵横欹侧中，悉轨于法，率尔吟咏，多流入于元白，而天真烂熳，生气便欲飞去，世多什袭藏之，及其斩馘献功，勒铭彝鼎，诸葛公纶巾羽扇，指挥群帅，司马仲达亦叹其名士风流，才人之蕴，取之不竭如此。

〔资料来源：民国11年(1922)《萧山来氏家谱》，会宗堂〕

明末清初文学家来集之家世考

来集之(1604—1682),初名伟才,又名熔,后改名绾,字元成,号倘湖,浙江萧山长河(1996年长河镇划入杭州市滨江区)人。生明万历甲辰三月十九日,卒清康熙壬戌十月二十七日,享年79岁。

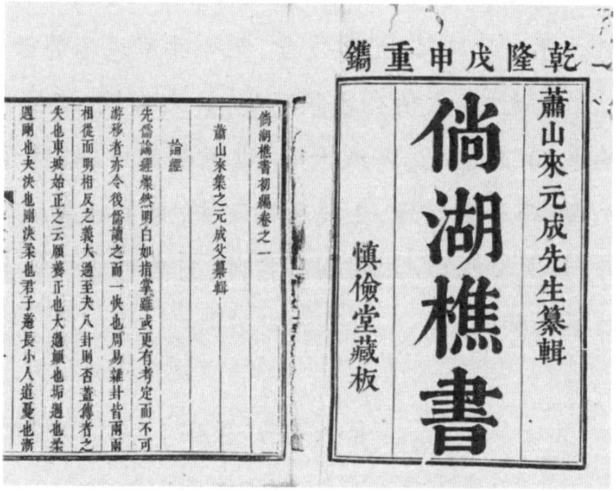

来集之著作《倘湖樵书》

幼聪颖过人,就读于冠山西隐寺,弱龄即通五经,善于诗词文章。明崇祯八年(1635)中礼部特科廪生第一。崇祯十二年(1639)为南京国子监贡生。崇祯十三年(1640)中进士,授安庆府推官。后任南明福王的太常寺少卿、兵科左给事中。积极抗清复明,明亡后隐居故乡30余年,潜心著述。清康熙十七年(1678)被推荐应博学鸿儒科,仍隐居拒仕,同乡毛奇龄应荐博学鸿儒科走上仕清的道路。

著有《易图亲见》《卦义一得》《春秋志在》《四传权衡》《倘湖文集》《南行偶笔》《南行载笔》《倘湖近刻》《倘湖诗余》《樵书初编》《樵书二编》《来氏家乘》等,还创作了《女红纱》《碧纱笼》(合称“两纱”)、《阮步兵陵廨啼红》《蓝采和长安闹剧》《铁氏女花院全贞》(合称“秋风三叠”)等杂剧。逝后葬萧山石荡山前孔墩，翰林院检讨毛奇龄为其写墓志铭，称其“功在一方，而名垂四涯”。入祀萧山乡贤祠。现存清康熙三十二年(1693)《萧山县志》、清乾隆十六年(1751)《萧山县志》、民国24年(1935)《萧山县志》、民国37年(1948)《萧山县志》均有《来集之传》。

前人对来集之生平事迹的记载丰富，大多是关于来集之生卒年问题、早年考取功名、劝阻左良玉扰民和明京师陷后抗清等事件，但对来集之家世的考录未见有专文，已有著述涉及来集之父亲、叔叔的记录也有出入。现据民国11年(1922)《萧山来氏家谱》进行考辨，通过来集之家世的探讨更好地了解来集之所处生长环境以及生平思想和诗词曲赋经学的成就。

来集之的祖辈

(一)高祖来统(1491—1542)

萧山长河来氏四房十二世。字元正，号南涯。庠生。生明弘治辛亥八月初六日，卒明嘉靖壬寅闰五月初九，终年52岁。葬筴竹山，萧山知县林策志其墓。

配徐氏，生二子(来日升、来道升)一女。

来统的祖父来瓒(1439—1493)，字廷用，号乐庵，慷慨好施与，捐资筑长山闸，东北以捍江水，西南以节二乡之水，且亲往监筑，大功告成，授承事郎。他无意当官，筑倘湖以救田禾，规模宏远，得到了不少贤师亲友的帮助。来统之父来夔(1458—1495)，字舜臣，号栗齐，到姑苏金陵求学，是成绩优异的廪生，序贡，可惜刚刚得志，就不幸去世了，年仅38岁。

来统四岁时，祖父、父亲相继去世，由祖母、母亲抚养长大，生活艰辛。他发奋图强，“弱冠游邑庠，以所业雄长辈人，敦朴以善其身，俭约以植其家”，“犹锐举子业，或以有子劝令自逸，不对，察其志，岂不曰毕所平生，桥梓可几已”。他成功地培养了两个儿子，赫然有声，不料突发疾病而逝，时两个儿子还未入仕。

知县林策志其墓，铭曰："天有显道，善播获丰，君德纯明，与古人同。曷不寿考，以显其躬，人亦有言，德厚发薄，木蕃以箨，火壮以伏，君不自耀，以迓攸福，有桂斯馥，有兰斯繁，嗣所未毕，君没若存，我铭幽石，昭示后昆。"①

（二）曾祖来日升（1509—1581）

萧山长河来氏四房十三世。字子旦，号三峰。生明正德己巳十二月二十日，卒明万历辛巳六月十三日，享年73岁。葬萧山梓湖山。太史张元汴志其墓。入祀萧山乡贤祠。清康熙、乾隆、民国《萧山县志》，均有《来日升传》。

廪生。明嘉靖十三年（1634）举人（亚魁）。历官兴化府判、漳南知县、云南师宗州知州，四举乡宾。

配王氏，生四子（孔卓、孔贯、孔传、孔时）。继吴氏。

来集之在《来氏家乘·叙传》中写道："曾祖父三峰公，讳日升，读书悟想，深入杳冥。相传曾在斋中，家人饷以糍糕，置半瓯饴糖，与砚池近。误染糕于砚池，而黔其喙。家人骇笑之。始悟。嘉靖甲午中式浙江第八名，数试礼闱未遇，选授兴化府通判。"②

来日升是萧山来氏第三个中举之人，也是四房最早科举入仕之人。萧山来氏之前中举的，有二房十一世的来登[成化十六年（1480）亚魁]、五房十一世的来应山[嘉靖四年（1525）亚魁]，惜皆未中进士。

《萧山来氏家谱·知州三峰公传》记载："公讳日升，字子旦，訚如府君四世孙也。祖斋公讳夔，父南涯公讳统，两世俱有文学盛名。"日升生而聪明绝人，8岁能属文。长辈来天球（号两山，进士，官至陕西按察使）每次试之，都感叹地称日升："吾家千里驹也。"

当时，来天球的儿子来应山（号龙门），来天球的从孙来汝贤（号菲

---

①〔明〕林策：《明封翁南涯来公墓志铭》，《萧山来氏家谱·赠言》，民国11年（1922）。

②〔清〕来集之：《叙传》，《萧山来氏家谱·家乘》，民国11年（1922）。

泉)，与来日升，时称三才子。日升稍晚出仕，至于经纬巨细，一览无遗，前二位才子皆逊以为不可及也。

早年，日升不修边幅，衣履偏侧，终日行走在户柱间，人们都以为他痴，唯母夫人知之，说："吾儿不痴。"那年乡试，他考了第八名。其文风雄放宏恣，似江河奔泻，吞吐云日，其诗更超脱，信手挥洒，千言立就。他说："吾取适兴写情，岂肯以句字争工拙。"

嘉靖二十九年(1550)，以母年老，授兴化府判。他酬应敏赡，案无稽牍，当地人都称他难得。檄代守漳南二年，寇盗衰息，民商通利，校阅所录，拔多名士。

嘉靖三十三年(1554)，守师宗，师宗是云南僻地，他认为自己高才博学，不偶于时，远徙边徼，落落不得意，遂谢事归。归则闭户绝俗，萧散园林，放意啸咏，傲睨千古。其视升沉得失，犹如尘埃。

晚年更是喜观剧听歌，动不动还引唱几句，喜欢听别人闲谈新语怪事，还唯恐听不全。即使有妄语者，他说："妄亦何害。"临死时，所作百十言，皆玄奥不可测识，如"病有千般病，心无两样心，自从天地始，混沌到如今"[①]。说罢，他神气闲定，奄然而逝。

著有《三峰诗文集》6卷、《三峰余业》4卷。

他作诗文不用打草稿，挥就而成，旋即散落在一边就不管了。直到逝后10多年，其孙才开始搜集遗稿，仅得若干卷。来三聘(号熙庵，进士，官至江西右布政使)为其作序说："公诗幼时酷似李杜，晚乃浸超陶韦间，气雄语藻，盛唐之遗音也。识者以为笃论云。"来斯行评说来日升："公深于性命之学，晚岁造诣益高，盖其胸中别有解悟，而合以圣贤之旨，又不肯效俗儒幅巾帷裳，据高座，讲道学以欺声瞶。公殆所谓散圣入禅，嘻笑怒骂，皆游戏三昧者耶。而世之论者，但曰公文人，能脱略羁绊者耳，语云人固未易知，知人亦不易也，公之谓乎！"[②]

---

① 〔明〕来斯行：《知州三峰公传》，《萧山来氏家谱·家乘》，民国11年(1922)。

② 〔明〕来斯行：《知州三峰公传》，《萧山来氏家谱·家乘》，民国11年(1922)。

来集之出生的时候，来日升已经逝世。来日升高才博学，为官勤勉，政绩突出，诗文早年似李杜，晚年有盛唐之风，加上喜观剧听歌，性情秉直，这多多少少遗传给了来集之。

（三）曾叔祖来道升（1528—1539）

萧山长河来氏四房十三世。字子隆，号五峰。生明嘉靖茂子六月十二日，卒明万历己亥二月十九日，享年70岁。庠生，例监。任定州同知。

配范氏，副吴氏。生二子（孔政、孔彰）二女。葬筴竹山。

（四）祖伯来孔卓（1530—1566）

萧山长河来氏四房十四世。廪生。字见之，号少峰。生明嘉靖庚寅四月十六日 ，卒嘉靖丙寅六月二十七日，年37岁。

配杨氏，生有一子（来继芳）二女。葬筴竹山。

《萧山来氏家谱·文学传》记载，来孔卓少年颖悟，有父之风范。七八岁的时候，邑人杨东湖当时在来日升家里做客，试以对曰："碗边画桃叶"，孔卓立即应声："桌上点梅花。"[1]杨大喜，即以女儿许配给他。孔卓喜欢读父亲的书，详博为吴越之冠。当秋试的时候，有数十举人坐在登云桥上，议策问所来历，一个都说不上来。孔卓走刚好到那里，说得头头是道。可惜，来日升、来孔卓父子皆拙于书，时不用朱卷，崇尚端楷，故累不售。

（五）祖父来孔贯（1537—1612）

萧山长河来氏十四世。字唯之，号仰峰。庠生。生明嘉靖丁酉年六月初八日，卒明万历壬子年三月初二日 ，享年76岁。葬筴竹山。

配韩氏，生八子：来继魁（廪生）、来继元、来继科、来继皋（庠生）、来继韶（廪生）、来继昌、来继文、来继名。

来孔贯中年后，与长子来继魁一起应考，长子得了冠军，学使者对来孔贯说："有子如此，子可休矣。"[2]孔贯于是归而种花养鱼，栽菊数百盆。

---

① 〔明〕来斯行：《文学传·少峰公》，《萧山来氏家谱·家乘》，民国11年（1922）。

② 〔清〕来集之：《叙传》，《萧山来氏家谱·家乘》，民国11年（1922）。

菊花盛开时，邀朋友赋咏谯饮，其乐乐融融，以寿终。

来集之祖父去世时，来集之才九岁。高祖、曾祖、祖伯皆俱文学盛名，这对来集之无疑是一个很好的传承。

来集之的父辈

（一）亲伯来继魁（1557—1640）

萧山长河来氏十五世。字孟文，号聚东。廪生。生明嘉靖丁巳七月十七日，卒明崇祯庚辰八月二十五日，享年85岁。葬石埭堰山。

配钱氏，生有三子（来柱材、来楫材，来集勋）二女。

在来集之的7个亲叔伯中，来继魁是读书优秀的一个，也是最长寿的一个，逝世那年，集之中进士。

（二）生父来继韶（1573—1627）

萧山长河来氏十五世。字八宣，号舜和。廪生，副榜贡生。生明万历癸酉十月二十三日，卒天启丁卯正月初一，终年55岁。葬湘湖青山。翰林院检讨方以智铭其墓。入祀萧山乡贤祠。清康熙、乾隆、民国《萧山县志》，均有《来继韶传》。

配王氏，生二子：来荣（庠生）、来集之（廪生、进士），一女。以子集之贵，赠安庆府推官、中宪大夫、太常寺少卿、兵科左给事中。王氏，累封恭人。

来集之在《来氏家乘·叙传》中写道："先君为仰峰公子，生而尫瘠善病，延医讲论，遂精岐黄术。遇病者，一剂立愈，门限为之穿。或谓之曰：'胡不设药囊？'则应之曰：'吾若命僮提携一药囊，不惟儒生化为术士。且令贫者无以自安。'只片纸写一方与之，彼可无言谢也。"[①]来继韶久病成医，经常为人把脉开药方，但很注重分寸，最怕幽隐，凡有妇人看病，要求其丈夫同行，或其子在一旁站着，拒绝酬谢。

来继韶入学成绩好，但入仕坎坷。来集之忆父亲："入泮之次年，即

---

①〔清〕来集之：《叙传》，《萧山来氏家谱·家乘》，民国11年（1922）。

以冠军食饩。是年，丙午科闱，墨落仁和县公房，丹黄优拔，以房卷多佳，姑置之。后巡方阅落卷，检及，亟行本县，给赏银四两，召之见。慰勉再三。次年，遇督学使者陈大绶，贪酷无两，又偏不喜青衿，凡士与民讼，无不责辱士而右民者，古人所谓鞭挞宁越以立威名也，一月之内，不黜退数名秀才，则食不下咽。忽入谗人之萋菲，略无形影，行学除先君名。是年太史言天狗食文昌，文人多殃。故浙场大水，而士人受学使之辱，始其应也。先君于是游京师，直至辽左，见武备废弛，爰有《徙薪卮言》等书。”[①]

来继韶逐鹿官场受辱被陷，不得已归隐倘湖，督子读圣贤之书，学经学之意，不曾倦怠。

受父亲的影响，来集之喜欢读书，见书必读而后快。

《萧山来氏家谱·明太常寺少卿兵科左给事中倘湖公传》记载：“父舜和公，筑室倘湖滨，课公及季子讳荣，字元启，兄弟联床，不离跬步。舜和公病笃，公慰之曰‘凡读书立身，抚弟成立，皆不肖事，大人勿虑。’舜和公逝。公哀毁甚，病几危。一夕呕紫血块大如饼，卧床月余始起。”可见来继韶、来集之父子俩的感情非常的深。

来继韶有奇质、奇才，深于濂洛之学。

他：“喜蒙庄，读百回不厌，尤好《左氏春秋》，录讲详密，世受尚书。”“窥穷二酉，于天星壬遁，禽卜奇门，无不究极精微，独岐黄家言，龙擅隔垣之技，下剂而病除，抽针而投杖，往往而然。若此青山藏蜕之地，亦其所自相云。”

著有《大易先后天辩疑》一卷、《禹贡考异》一卷、《石经大学解》一卷、《屈奇子》三卷、《江天剩客随意录》八卷，《可困先生传》一卷，诗文集各四卷，《冠山志》一卷，《摭本草诸方》五卷，“俱藏之名山，惠于后学，临终无他叮咛，但曰：‘谨读书，学圣贤之学，勿放懈也。’翛然而逝，肢体柔软、温

① 〔清〕来集之：《叙传》，《萧山来氏家谱·家乘》，民国11年(1922)。

和，顶门作楠檀香气，大异恒人。”[①]

来集之《倘湖遗稿》末附有来继韶诗稿，包括五言古诗、七言古诗、五言律、七言律、七言绝诗。诗中多忧愁感慨之语，似生活艰难，仕途不顺而引发的抑郁之情，例如七言古诗《赤城陈情不偶旋海门寓小楼仿作六歌志愤也》：“鲍叔不逢向谁诉，展书欲读徒酸辛。”五言诗《忆老父》：“戚戚离家子，愁怀此日侵。思亲多病足，忆我转劳心。拄杖谁相倚，寒衾梦不禁。白云何日近，掩卷废长吟。”文稿《可困先生传》是来继韶的自况：“从少长而正丁家运中衰，以不端之爱，值式微之候，焉得踌躇满志哉，是其遇困矣。”

读书不得志，满腹经纶而郁郁寡欢的来继韶，影响来集之的一生，也为后来集之削发入山，拒不仕清的行为埋下伏笔。

（三）母亲王氏（1575—1657）

王氏，生于明万历乙亥十二月十二酉时，卒清顺治丁酉十一月五日酉时，享年83岁。累封恭人。与来继韶合葬于湘湖青山。

来集之的父亲来继韶早在天启七年（1627）去世，时来集之还未出仕（来集之1640年中进士），王氏守寡30年，肩负着教子持家的重担。

她生性温和，为人处世得当，对待亲朋好友不卑不亢。中年丧夫，“凝重端庄，无妄笑语，事舅姑以孝，拈针凿，议酒食，智慧涵藏”，“慈祥和吉，曾无疾声遽色，加于臧获，妯娌中巨细事，咸咨商而后行，发言中肯”。即使晚年儿子来集之得功名而受封，仍“俭淡粗服，一如平时，晚稍茹素，诵佛号，没先一日，连诵朝为田舍郎等四语百余回，端然禅蜕，盖尚以勖子孙也”[②]。

一生恪守本分，坚守孝道，勤俭节约，以身作则，为子孙树立了良好的榜样。

---

① 〔清〕方以智：《明赠中宪大夫太常寺少卿兵科左给事中舜和来公暨元配累封王太恭人合葬墓志铭》，《萧山来氏家谱·赠言》，民国11年（1922）。

② 〔清〕方以智：《明赠中宪大夫太常寺少卿兵科左给事中舜和来公暨元配累封王太恭人合葬墓志铭》，《萧山来氏家谱·赠言》，民国11年（1922）。

来集之和父亲一样有奇质、奇才，却因家中变故，国之沧桑，难以施展抱负。他弃官退居，不问世事，在家侍奉老母，把满腔的才情付诸笔端，已是必然。正如家传所载："时马阮比党，公耻之，曰：'大丈夫立功有时，何用渠荐为？'马恚甚。改枢部。不几，晋太常少卿。壬午，公校南畿，得士戚藩等九人，海内称为知人。无何大地创革，公拂袖归。""康熙十七年，开博学鸿儒科，大吏以公应，力辞不赴，自是归倘湖者数十年，耽玩经史。"可惜，等身著述，在清兵南下浙江时，大多付之一炬。集之写有几句诗，反映出当时的愁与恨的心境："世事春多梦，狂怀晚欲灰，青山满眼是，何处把愁埋。"①

来集之的兄弟

（一）胞弟来荣（1616—1657）

萧山长河来氏十六世。字元启。庠生。生明万历丙辰八月十三日，卒顺治丁酉十一月十五日，终年42岁。葬梓湖山。

配王氏，生四子：来廷寀（庠生）、来鸿雯（增广生）、来镳雯、来麟雯，三女。

来荣11岁时，父亲来继韶去世，他哀哭得成年人似的，苫凷尽礼。之后，跟着兄集之居住，相友相助，同学于父亲建的倘湖小筑。白天同一锅吃饭，晚上同床共枕，未曾离开过。学有所成，天资颖拔，出笔崭然。不肯按部就班科举，于崇祯五年（1632）"受知于学使者，入县学，廉隅自砥，为善于乡，人薰其德。会沧桑巨变，遂谢去举子业，不求仕进，闲闲十亩，以终其身"②。

母亲83岁卒，来荣闻讯，哭之恸，不省人事，而后去世，时42岁，比兄

---

① 来鸿瑨：《明太常寺少卿兵科左给事中倘湖公传》，《萧山来氏家谱·家乘》，民国11年（1922）。

② 〔清〕吴嗣富：《庠生元启公传》，《萧山来氏家谱·赠言》，民国11年（1922）。

集之早逝25年。

(二)堂弟来孟霖(1605—1695)

萧山长河来氏十六世。来继韶的胞弟来继文之子。号敬宇。生明万历乙巳五月初九日,卒清康熙乙亥四月二十一日,享年91岁。葬张家村。

配钱氏,生四子(来嗣英、来嗣豪、来嗣杰、来嗣达)一女。

在来集之十多个堂兄弟中,有一个庠生,一个任广东韶州府训导,来孟霖最长寿,91岁,其次是来虞(来继科之子),79岁,来宾(来继昌之子),70岁。

(三)族兄来道程(1600—1673)

萧山长河大房十六世。字式如。廪生,选贡。生明万历庚子七月二十九日,卒清康熙癸丑十月初六日,享年74岁。葬庙山。

配蔡氏,生二子:滩文、涣文。

来道程与来集之不是亲兄弟,但关系密切。《萧山来氏家谱·贡士传》记载,来道程非常有才,五六岁时,父亲教他唐诗数百首,客人来了,朗背如流,众人皆以为他将成大器。

他比来集之大五岁,彼此早著文誉,但各自闭户不相识。明万历四十八年(1620)春,纠同志之能文者七人为社,来集之与来道程都去了,自是相见恨晚。他俩作文都十分严谨,相互点评称是,之后往来不断,上下古今无所不为,每每到天黑才罢休。来道程面目严冷,寡言笑,但携带佳丽到京都,所著《燕梦南轺余录》,皆志其行次之。

南明隆武元年(1645),著《膺龙飞恩选》,竟以陵谷变迁,石隐丘园,颓椽败屋,饔飧不继,而吟咏自如,人有可望不可即之叹。每年冬,收集一年之诗文,纪以小序,汇编成帙,大抵与来集之的诗文喜好雷同。彼此点评探讨,互为欣赏。亦由选贡士,乙卯科浙江第二名。

明末清初,来道程和来集之不再出仕,在萧山长河著述耕作。他俩惺惺相惜,怀才不遇,以诗词歌赋抒发情感。

清顺治六年(1649),来道程50岁,来集之46岁,正当壮年,来集之为来道程作寿词《寿式如兄五十》:“君生先我四年余,阅后五十今何如。割鲜擎酒姑徐徐,藤床匡坐谈诗书。此身逼窄天地小,渴未得饮饥未饱。高歌且莫伤怀抱,镜里髭须人未老。”[①]透过字里行间,可见文学家心中郁结之深。

来集之的妻与子

(一)原配杨氏与子

原配杨氏,累封恭人。值得称道的是,杨氏兄妹是节烈。民国《萧山县志》记载,杨守程,字雪门,庠生,明亡,偕妻汤氏并一子,抱石投去虎村池中而死。杨守程的妹妹,即来集之的妻子杨氏,正在省亲,闻讯恸哭,亦投水而死,为明末殉难节烈。

杨氏生有二子一女。

1. 长子来豹雯,字隐南。庠生。生明崇祯戊寅十一月甘九日,卒清康熙己亥二月十九日,享年82岁。葬跨湖桥山。配陈氏,生有四子二女。

2. 次子来龙雯,字文愓。庠生。生明崇祯庚辰八月初九日,卒清康熙辛酉二月十七日,终年42岁。葬跨湖桥山。配徐氏,生有二子二女。

(二)继曹氏与子

继配曹氏,生有三子三女。值得一提的是,来集之与曹氏所生之子来燕雯,是进士。时为举人的来燕雯,聘刘明孝女,娶王太学生王嘉坊女,继娶郴州知州叶臣遇女,皆为名门之女。

叶臣遇,字修卜,浙江临海人,选贡,曾任湖北潜江知县、浙江台州知州、山东泰安知州、湖南郴州知州,后以母老归。他是一位诗人。清康熙十三年(1674)北上,作《北游日载》,内有300多首诗,前有来集之序。之后来集之有写给叶臣遇的多篇诗文。康熙十八年(1679),叶臣遇、来集之分别被推荐参加这年的博学宏词科,叶臣遇以病不赴,来集之以年老

① 〔清〕来集之:《七言古目·寿式如兄五十》,《倘湖遗稿》卷一,清抄本。

辞，晚年以诗文抒发亡国之恨。

1. 来燕雯，字拂云，号对山，来集之第四子。生清顺治戊子十月初九日，卒清康熙甲申八月十六日 ，57岁。葬叶家园山。入祀萧山乡贤祀。清乾隆、民国《萧山县志》，均有《来燕雯传》。

太学生，清康熙八年（1669）顺天举人，康熙三十九年（1700）进士，官至内阁中书。

配王氏，生一子一女。继叶氏，生三子四女。副徐氏，生一子。

来燕雯少聪敏，善属文。来集之暮年多病，凡甘脆之奉，药石之御，来燕雯必亲自检点，不假奴婢。生平没有什么嗜好，惟对古书喜好成癖，往往手执口诵，通宵达旦。

志在复古，力袪俗尚。如丧事不悬斗书，不设僧道供，凡奉祀历代神主，悉尊朱子家礼。来天球创立家法，来燕雯继奉秉政，化有事为无事。

来氏家谱散轶未补有20多年，来燕霁召集人员补之，使之焕然一新。

至于乡邑中利弊事，无不力为兴革。如明制黄册十年一编审，审人丁户口，豪有力者多贿脱，贫民苦之。燕雯请于县，创按田派丁之议，其法至今通行。邑西江塘，是山阴、会稽、萧山三县民命攸关之塘，康熙四十一年（1702），江水涨，潭头一隅，势如累卵，来燕雯陈请浙江巡抚赵申乔，令山阴、会稽二县协济，易土塘为石，共有200多丈，百姓因此安宁，这是来燕雯之功德。西兴场灶户，明制官给摊荡草地若干弓，煎盐办课，由来已久，辗转相易，荡去丁存，官惟知按丁催科，穷户不胜其困。

康熙二十二年（1683），时为举人的来燕雯族故灶籍，立照荡均丁之议，呈明督抚盐三院批县查报，勒石永遵，穷灶遂苏，皆得益于燕雯的心智。

康熙四十三年（1704），需次京师，卒于邸，时与均丁事已隔20余年，燕雯灵柩回萧时，“穷丁扶老携幼，持瓣香俯伏道左，自江干抵里门，一路哀声感悼,其遗泽之深入人心如此"[①]。

来燕雯的孙子,即来燕雯第三子来淑正之子来汝诚,也就是来集之的曾孙来汝诚,后来整理来集之的手稿,汇编成册,为《倘湖遗稿》等。

2. 来兎雯,字梯云,号月所。庠生。生清顺治辛卯闰二月三十日,卒康熙戊子十一月初十日,终年58岁。葬裹孙山。配陆氏,生四子五女。

3. 来汉雯,字鹏天。太学生。生清顺治癸巳九月十六日,卒康熙壬午三月初十日,终年50岁。葬對山堂园。配吴氏,生二子。继陶氏,生四子三女。副黄氏,生一女。

(三)妾戴氏与子

副戴氏,生有一子:来璧雯,来集之第三子,字书府。庠生。生清顺治丁亥十二月初十日,卒康熙丁巳十月初十日,终年31岁。葬跨湖桥山。配张氏,生一子一女。

来集之先后有三个妻妾六个儿子,其中第四子来燕雯是进士,授内阁中书。来集之、来燕雯父子相继为进士,可谓世进士。来燕雯的孙子来汝诚,也是来集之的曾孙,是来集之《倘湖遗稿》的整理者。集之一门,文脉不断。

家族节烈女性

"萧山来氏本望姓,以巾帼尽节者最盛","妇女节烈之概,多见乱离之间"。萧山来氏居浙水之滨,清顺治二年(1645),清军进兵浙江,来集之妻杨氏,因兄长杨雪门殉身,亦恸哭投水死,来集之老师陈函辉自缢身死。

清军的威胁已到了萧山长河一带,长河来氏男儿,如从安徽军队供需职位上归来的来集之,与族兄来方炜(进士,官至吏部员外郎)等,召集族

① 〔清〕赵善书:《内阁典籍诰敕撰文中书来对山先生传》,《萧山来氏家谱·赠言》,民国11年(1922)。

人，组织军队，扼守钱塘江，屡败清师，从未放弃抗清、拯救明朝的希望。手无缚鸡之力的来氏女性，在身处绝境又无外力帮助的情况下，或投江而死，或大骂而死，或自缢而死，保持了可贵的民族气节和个人清誉。

家谱、县志记载，来斯行（进士，官至福建右布政使）的小妾张氏，在萧山湘湖遇见清兵，为了不受侮辱，缝衣系带，坚不可解，清寇大怒，以乱刃戳之，张氏骂不绝口死。

庠生来冠朝妻何氏，庠生周玉伦妻来氏，与来逢盛妻黄氏相伴避兵，因身边没有一个至亲男子保护，恐怕为清兵所污，三人自投水死。

来冠伦母俞氏、妻任氏，沈骧妻来氏，亦相约投水死。

庠生来裕之女与婢小春，亦死于水。

来宏勋继妻方氏，来春妻方氏，亦于湘湖遇寇投水死。

来仪之妻陆氏，避兵于湘湖，见死伤横道，叹曰："百年此身，岂可令锋刃加于我。"遂挟其子妇沉水死。

来今秀妻孙氏，来乐生妻谢氏，挟其13岁幼女，均赴水死。

来毓元妻杨氏，夫归逃至芦花墩，遇见清兵，杨氏以身护夫，背腹受箭而死。

来象乾妻张氏，遇见游兵，惧被辱，从舟中跃入河水死。

来三锡妻王氏，闻变自缢死。

庠生来梦麟妾程氏，被获，赴白马湖死。

韩时雍妻来氏，仓猝遇兵，跃水而死。

这些英勇献身，为国殉难的烈女，深深地影响了来氏家族的成员，来集之身为当事人，感触尤为刻骨铭心。这也是来集之戏曲作品中以死抗争的女性数量庞大的重要原因。

来斯行、来宗道、来集之关系考辨

来斯行、来宗道、来集之，都是萧山长河人，明末进士。因三人名气大，生活时间交叠，关系密切，当代研究来集之及其戏曲的学者，有称来集之的父亲是来宗道，有称来集之的叔父是来宗道、来斯行，来宗道、来斯行对来集之的影响很大。对此，有必要把三人的关系考辩、弄清楚。

称来集之父亲是来宗道的著述有：邓长风《明清戏曲家考略》："来集之的父亲来宗道，万历三十二年(1604)进士，启、祯间官至内阁大学士。"[①]庄一拂《古本戏曲存目汇考》："字符成，浙江萧山人，宗道子。崇祯庚辰进士。"[②]徐子方《明杂剧史》："出身世家，其父来宗道，明天启、崇祯时官至内阁大学士。"[③]么书仪主编《中国文学通典：戏剧通典》和齐森华、陈多、叶长海主编《中国曲学大辞典》中的"来集之"词条，皆说他为明末大学士来宗道子。

称来集之叔父是来宗道、来斯行的著述有：周传娟《来集之及其戏曲研究》，第二章来集之家世考，第一节来集之的父辈：曾祖父来日升，父亲来继绍，叔父来宗道、来斯行："查阅来氏家谱，关于来宗道的记载较少，谱中来宗道是为集之的叔父，在谱中发现相关的材料没有生卒年的记载。""虽然集之和来斯行之间没有直接的材料来说明他们之间的交流，但因两者生活的时间相交叠，两家关系紧密，所以也不能排除集之的经学著作和思想多受他的影响，而且，集之家族中来三聘、来端蒙等皆有组织乡兵抗击贼寇之事迹，因此，集之在明朝受到攻击后，亦与族人来方炜募集乡兵守护家园的行动，亦不足为奇了。"[④]

究竟来斯行、来宗道、来集之的关系怎样？从《萧山来氏家谱》可知三人的生平、家世及关系。

(一)来斯行、来宗道、来集之是同族宗亲

来宗道与来集之不是父子关系，来宗道、来斯行与来集之也非叔侄关系，三人是同族宗亲。

---

① 邓长风：《明清戏曲家考略》，上海古籍出版社，1994年，第508页。
② 庄一拂编著：《古本戏曲存目汇考》，上海古籍出版社，1982年，第500页。
③ 徐子方：《明杂剧史》，中华书局，2003年，第343页。
④ 周传娟：《来集之及其戏曲研究》，南京师范大学硕士学位论文，2011年。

萧山长河来氏四房十四世的来斯行，与五房十四世的来宗道与是同族兄弟关系，八世的来仪是他们的共同祖先。

萧山长河来氏四房十六世的来集之，应该称十四世的来斯行、来宗道为叔公，九世的来英是来斯行、来集之的共同祖先。

因叔公位列高官，官绩显赫，因与当事忤，来斯行任福建右布政使仅半年，来宗道任首辅仅1年多，就同时请退归里，分别与未出仕的来集之在长河共处了6年、10年，言谈交流中，无疑对晚辈来集之产生了诸多影响与深刻的记忆，包括宦海生涯、文学素养、傲骨气节等。

（二）来斯行与来宗道有姻亲关系

来宗道是著名画家陈洪绶（1598—1652）妹夫之父，来斯行是陈洪绶之岳父，三人往来密切。陈洪绶是浙江诸暨人，当时诸暨、萧山均隶属绍兴府。

陈洪绶（1598—1652）

来斯行是陈洪绶之父陈于朝的好友，两家自小订下了娃娃亲，陈洪绶16岁时与斯行次女完婚。陈洪绶之妹陈胥宛嫁给宗道之子来咨诹为妾，宗道为亲家陈于朝撰写墓志铭。

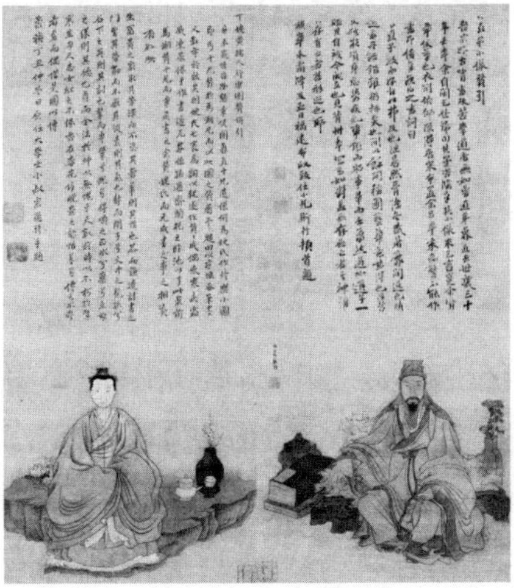

明代来鲁直夫妇像

（陈洪绶画，来斯行、来宗道作跋文）

崇祯四年（1631），陈洪绶应来宗道亲叔来经正之长子来鲁直之子来咨隆的邀请，绘《来鲁直夫妇像》，分《来鲁直小像》《来夫人黄氏行乐图》两轴，落款“陈洪绶敬图”。

同年，来斯行在《来鲁直小像》真迹上作跋文《鲁直弟小像赞引》,落款“崇祯辛未霜降后五日福建布政致仕小兄斯行顿首题”。

崇祯十年(1637),来宗道在《来夫人黄氏行乐图》真迹上作跋文《十嫂黄孺人行乐图赞并引》,落款“崇祯丁丑仲冬日原任大学士小叔宗道拜手题”,次年来宗道去世。该画留存至今,

(三)来集之与来斯行有诸多相似之处

表现在:一是两家上下三代人同入祀萧山乡贤祠,皆俱文学盛名;二是二人皆是《来氏家乘》的纂述者,宗族的杰出代表;三是生平几经波折,不富家财而富卷轴,身后清贫;四是双方妻(妾)皆是节烈,在清兵南下时献身;五是直系后代杰出,或为官或为文,人才辈出。来鸿瑨在《倘湖公传》说:“其生平遭时偃蹇,不富家财而富卷轴,殁后娄贫,亦与马湖公等,以及闺门风烈,种种相似。马湖公侧室张,会传明末避兵湘湖,骂贼而死于刃者。公之杨恭人,洒然殉节,视死如归,亦后先辉映云。”[①]

来斯行、来集之分别参加了《萧山来氏家谱》的纂述。此谱经过4次编纂,第一次是明万历四十六年(1618)来斯行纂述,此时来斯行丁母忧在家;第二次是清康熙二十年(1681)来集之纂述,次年来集之去世;第三次是清光绪二十五年(1899)来鸿瑨纂述,第四次是民国11年(1922)来杰纂述。

来集之纂述的内容有《家乘二编目录》《恩封传》《贡士传》《文学传》《节烈传》《叙传》等。

来集之在《萧山来氏家谱·家乘》中称来斯行:“方伯奇才,似陈同甫,人中之龙,人中之虎。上马杀贼,下作露布,立言立功,允文允武。”

称来宗道:“珰焰孔炽,遇虎莫攖,相国休休,中立调停。名列党籍,迹浊心清,与古谁似,长沙华亭。”

家谱中的《来斯行传》、《来宗道传》,都是来集之所撰,《来集之传》,

---

① 〔清〕来鸿瑨:《明太常寺少卿兵科左给事中倘湖公传》,《萧山来氏家谱·家乘》,民国11年(1922)。

由来鸿瑨所撰,这为世人留存了可贵的第一手资料。

(四)来集之受来宗道的影响大

来集之与来宗道的交往较多。来宗道的仕途之路及首辅之职,是集之一心踏入官场的目标。在来集之的心目中,来宗道的地位很高。崇祯六年(1633),时为廪生的来集之送作文给宗道阅,来宗道说:“吾宗向未有元,今子元矣。”谁知当年来集之落了榜。隔了一年,又送作文给宗道看,来宗道仍说,必中第一,榜发果验。即崇祯八年(1635),来集之中礼部特科浙江拔贡第一名。来宗道赠对联给来集之:“国士无双,联向金台掇桂杏。祖风有耀,重来玉署掌丝纶。”预言来集之还将联售(考试得中),并说在卯辰之役,其言果验。即崇祯十二年(1639)己卯乡试,来集之在应天中举,崇祯十三年(1640)庚辰会试,集之中进士。此时来宗道已去世,没能看到,但来集之是非常敬佩宗道的,认为来宗道“沉静有知人鉴。凡以文贽请者,能定其戈獲之高下,及平生之福履,铢黍不爽”[①]。

来集之除了在家谱传记中称来宗道为“吾宗之望”以外,还在《倘湖遗稿·公祭路然大学士》称:“夫有功于国,国论未定,后之人,将有抚九原而叹谁归者,若其无愧于天,发诸福极之数,上寿中寿,非吾叔莫享矣。何云光月霁,方共冀其康宁,而日薄露稀,遽速报其考终耶。将使途之,人或泣可踊,巻之中不歌不臼,宁不聚族而号,攀招之靡从也哉。”“以一儒生跂位台辅,臣心如水,一德投天。”认为宗道有功于国,是宗族的骄傲,至于阉党是非,后人自有公断。“吾公固当代之仰望,而非独一族之归荣也。然登山及岱,小遍天下,登河后海,泽始吾宗,方吾公之始振箕裘,夺文坛之鳌狐。”[②]可见,集之对宗道的才华、功绩是非常敬佩的,评价也非常高。

来宗道对集之的影响十分深远。来宗道曾作《六十自叙》,总结自己

---

① 〔清〕来集之:《大学士路然公传》,《萧山来氏家谱》,民国11年(1922)。

② 〔清〕来集之:《公祭路然公大学士》,《倘湖遗稿》,清抄本。

的宦海生涯，也相当于一份自白书，澄清自己与魏忠贤阉党的关系。若干年后，集之也写了《五旬自寿》《六十自寿》《七十自寿》《八十自寿》诗词，还写了《自志墓铭》，给历史留存了真实的心声。

八十自寿

来集之

东海波涛响似雷，循环潮汐日千回。扶桑烂死根株长，又拂清虚逼上台。
看取天津似弹弓，两丸日月正当中。何如一发连双翼，后裔无劳更射空。
海门鸿洞沸鳌曹，龙出巢空水落漕。天田正熟玉禾粒，白虎休教混圃苗。
骑虎归来过赤城，淡红一缕晚霞生。白玉宫中诸女伴，是谁朗朗诵黄庭。
天风吹送紫罡车，催嫁人间萼绿华。洗净凡心依法座，莫萌一念谪天涯。[①]

结　语

来集之是萧山长河来氏四房十六世。长河来氏是浙东望族，自南宋以来，进士、举人、贡士层出不穷，诗文、书画、名家人才辈出。来集之的祖辈、父辈、同辈、亲家，皆负有文学盛名，其中曾祖著有《三峰诗文集》《三峰余业》，父著有《徙薪卮言》等书，来集之与曾祖、父亲、子来燕雯皆入祀萧山乡贤祠。来氏家族的女性，包括来集之的妻子，来斯行之妾，又以巾帼尽节负有盛名，入传家谱、县志。

这些科举入仕、文学风骨、忠义节烈的传统、实例，深深地影响了来集之，是来集之成长、入仕、忠明、抗清、隐居、著述的重要成因。来集之的曾孙来汝诚，是进士来燕雯之孙，后来整理了来集之的手稿，为《倘湖遗稿》等。

---

① 〔清〕来集之：《倘湖遗稿》卷三，清抄本。

明至民国，萧山多次纂修县志，来斯行、来集之、来鸿瑨、来杰所著《来氏家乘》人物录入县志众多，来集之亲为清康熙十二年(1673)《萧山县志》写序，称："邑之有志也，归于摭实征信，一以备太史之采辑，一以备贤有司之顾问，一以备后来之居兹土而莅兹土者有所则傚而有所考证，非可取乌有先生亡是公之论，以铺饰楮墨，夸多斗靡也。"

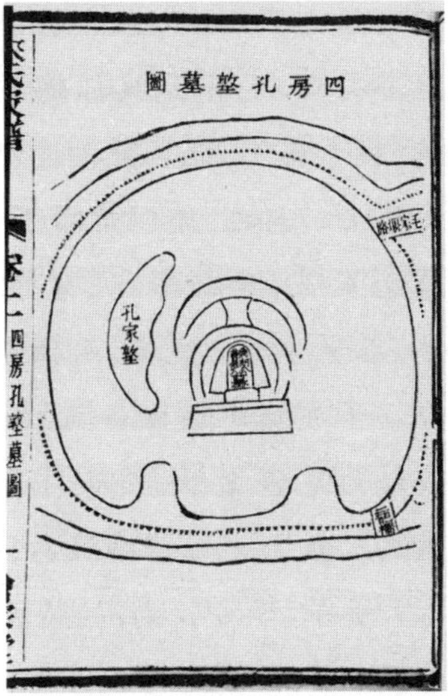

来集之夫妇墓图〔民国11年(1922)《萧山来氏家谱》，萧山档案馆〕

附录1：

倘湖先生自志墓铭

先君初命予名曰伟材，既而以童试屡蹶，改名曰镕，后又迁就今名集之焉。先是名镕时，余量伯父曰："金不镕不成器，字之曰元成。"及迁就今名，而字又巧合，亦数之前定也。然念及孤子不更名之义，不胜惭悼矣。

丁卯年，二十四岁，先君子筑室倘湖之滨，课予兄第二人，不幸竟弃不孝去。哀伤之至，不自知节，病剧几殆，幸泻血一大块如猪肝，卧床月余，杖而后起。庚午游于庠，癸酉食下士之禄。乙亥岁，礼臣上请，以时方孔棘，需材甚急，特设一科，前后两场，糊名易书与大科等，而予裒然冠两浙之多士。

己卯庚辰，由南闱联隽礼闱，成进士。选授皖城司李，皖固岩郡而又残郡也。贼张献忠往来蹂躏几十年，兵民错杂予苦心调剂，于群情颇宜。平贼镇左帅，举十万师奔趋下中江，张其帜曰"勤王"。于时北方虽多故，然未有檄召也，实以与贼交兵，而苦于无饷，遂顺流而东，远近震骇。予走谒江皋，左帅亟称予之政治不去口中，先是镇标楚兵数千防皖，桢干刍茭，抚军置之度外。予委曲陈请而与之，或以此闻于左帅，抑前抚军王，后抚军张，皆性躁而意褊，不受旁人之规谏，而独能俯从予言。予亦竭忠诚以告之，内外军民咸以为危疆支柱，赖有司李。后予离皖三余月，而城果残毁矣，惜哉。

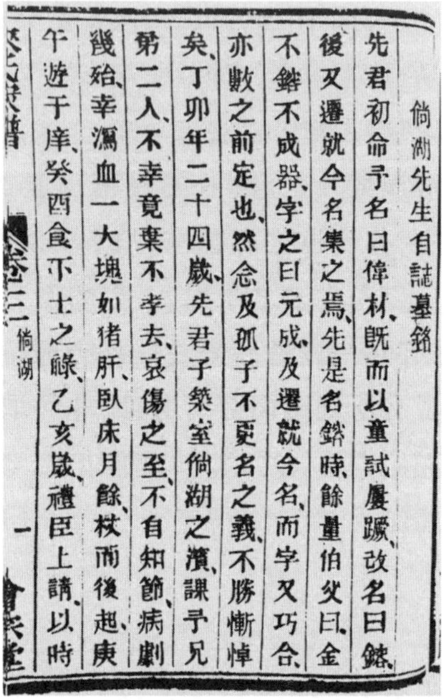
倘湖先生自誌墓銘
先君初命予名曰偉材、既而以童試屢蹶、改名曰鉁、後又遷就今名集之焉、先是名鉁時、餘量伯父曰、金不鉁不成器、字之曰元成、及遷就今名、而字又巧合、亦數之前定也、然念及孤子不更名之義、不勝慚悼矣、丁卯年二十四歲、先君子築室倘湖之濱、課予兄弟二人、不幸竟棄不孝去、哀傷之至、不自知節、病劇幾殆、幸瀉血一大塊如猪肝、臥床月餘、杖而後起、庚午遊于庠、癸酉食廩士之餼、乙亥歲、禮臣上請、以時

倘湖 一

来集之自志墓铭〔民国11年(1922)《萧山来氏家谱》，萧山档案馆〕

壬午，予分校南闱，得戚价八等九人，海内咸推服公明焉，病残之地，予诘已而抚之以仁恩，请蠲请赈，笔秃纸穿，各台允请，而果得之于部。皖城用兵十载，而称一时之休和，荐剡之书凡十四上。马士英督凤时，以黔兵一案，檄予往核，全活甚众。一时虽忤马意，不能不服予之平恕，且凤与皖邻，素知予少有材能。甲申永嘉南渡，予行取至金陵，首以枢垣荐，予抚然，击案数四日，丈夫建功立名自有时，何用渠荐为。考选时，果得枢垣。有进言于马曰：“此人强项非公所得牢笼也。”从而改予枢部。时境危呼吸，非争恋美职之时，后朝臣交荐复予枢垣，兼吏户两垣不数月，晋奉常副卿。

俄而江南可哀，遂乃削发入山，耕课种，训儿孙，负惭林下者又数十年。其间陟岵之哀，断凤之痛，鼓盆之悲，时时尽然伤心。顾余赋质柔弱，少年多病，中岁颇称强壮，迄今犹保残躯，则以钦食起居不敢苟且之故，静退是其素怀。与物无竞，不为事先，因时而应，耽玩经史，不能释手，如蠹鱼之宛转文字，间因而颇有所著，其行世者，大易三种，日《读易隅通》《甲易图亲见》，曰《卦义一得》。春秋二种，曰《春秋志在》，曰《四传权衡》。诗文词赋，半属应酬，所行世有《南行偶笔》《载笔》《倘湖近刻》

《倘湖樵书》，及杂剧之《两纱《秋风》《三叠》而已，其余藏敝匣中，俟后人之删其泛蔓者，详次而存之耳。

家虽清俭，然敝庐足蔽风雨，确出足给妻孥，鹪鹩鼹鼠志愿已足，何所过求哉。所甚负愧者，先君受枉早逝，平生教督严密，而不及见不孝之成名。慈母幸逾中肃，而莅任岩疆竟不及有板兴迎养之事，又值大地创革之时，草间求活，面颜终日，是内有忝于所生，外又忝于所事，用是稍序列其生平，毋令身殁之日，儿辈求名公大人之椽笔，以华词润希之，而益增予之内惭也。

予生于万历甲辰三月十九日亥时，后但增注其卒葬之年月日时于后，与曹恭人合窆之所，藏于幽隧而已，何以文为。志此之时，则乙卯九月也。自铭曰：

偶尔成名，未可言文。危疆仅守，未可言勋。明刑本以积德，谏草取而自焚。身撄朝寄，而理乱之与闻。退卧山泉，而鸟兽之与群。呜呼，精不腾为列星，气不贯乎江潮，英华不发为碧玉醴泉，而松楸郁茂，庶亦长存此数尺之坟。

〔资料来源：民国11年(1922)《萧山来氏家谱》，会宗堂〕

附录2：

明中宪大夫太常寺少卿倘湖来公墓碑铭

公讳集之，字元成，曾祖三峰公，以明嘉靖甲午乡荐，官云南师宗州知州，有文名，而公继之。蚤岁通五经，稍长即能为诗古文辞，而阨于童试。崇祯六年，始以附学改学生。八年，礼臣请特科举天下士，每学取廪食高等者，设两场试，分经义论策，硃其书与乡试埒，而公举第一。贡之南京国子监，遂领南畿己卯乡荐。庚辰，成进士，授南京安庆府推官。时天下多故，贼张献忠破蕲黄，流及旁郡，烽火接安庆。公力挡支柱之，画营储峙，夜率伍伯，进雉堞间，顾兵民杂糅，楚帅防江者，日以蜀茭不即给，汹汹怀乱心，而前后抚军。拥幕府自大，属下鲜所献替，公独竭忠诚以告，阴为调剂，得遂所陈请，以故羁縻之，虽贼三薄城而得以不壤。方是时，二京台省闻公名，争起荐之，章凡十数上，而畿辅踵寇，留不下。

壬午，乡试，充南京同考官，荐戚藩等九人，悉知名士。平贼镇帅宁南侯左良玉，率兵遇贼湖湘间，不利，且饷匮，大掠而东。舳舻衔于江，声言勤王师，所至讙噪不可测。公驾舟见良玉，良玉拥櫑具蹑接，啧啧称公为推官有名，握手深结纳，由是下江悉无恙。既而贼犯关事棘，南京拒贼者，佥议取公为兵科，不果。先是凤督马士英，以招永城贼，募兵黔南，道徽之婺源，兵饥剽食于邮民，民拒且斗，杀伤黔南兵。士英大怒，檄公往治，欲以乱民律掩杀。而公抚谕之，覆言民杀劫人贼，非杀兵，无罪，宜勿问。士英心恨之，而外惮其直，顾无如何也。至是公取召，而士英方以故督入柄政，反言公可用，署以兵科，将欲收之为私人。而公耻不附。遽改兵部，后以他臣荐，仍改兵科，且并进太常寺少卿，而王师已南下矣。

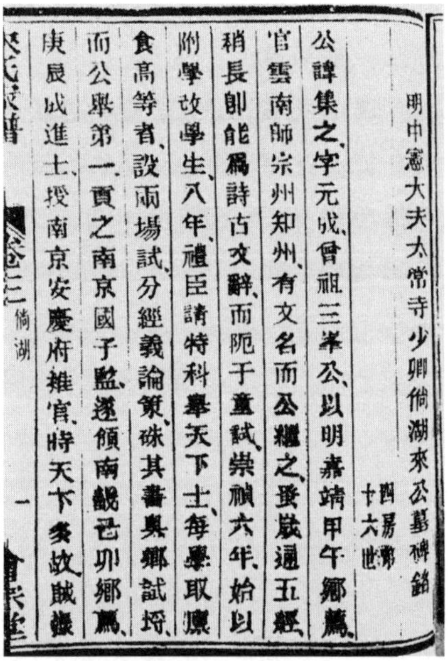
明中憲大夫太常寺少卿倘湖來公墓碑銘
四房第十六世
公諱集之、字元成、曾祖三峯公、以明嘉靖甲午鄉薦、官雲南師宗州知州、有文名而公繼之、發嶽通五經、稍長即能爲詩古文辭、而阨于童試、崇禎六年、始以附學改學生、八年、禮臣請特科舉天下士、每學取廩食高等者、設兩場試、分經義論策、殊其書與鄉試埒、而公舉第一、貢之南京國子監、遂領南畿己卯鄉薦、庚辰成進士、授南京安慶府推官、時天下多故、賊張
倘湖 一

来集之墓碑铭〔民国11年（1922）《萧山来氏家谱》，萧山档案馆〕

初公父舜和公，亦廪食于学，课公及公弟元启于倘湖之滨。公常过念之曰：“此先公授书处也。”至是，屏迹匿湖滨，以著书自娱，购古今载籍储其中，日与客论文，及古今兴衰得失，兼近代掌故，与夫身之所闻见者，燃薪继晷，日娓娓不已，四方请教者，踵趾相错，共称为倘湖先生。明制

轻武士，非若圣朝文武之并重也，即季世用兵，稍稍能自树立，然终限于制，不得遂。方公为推官时，安庆帅，投粮储道以名刺，以为参政与镇将，可平行也。参政实易板，不报。既而参政骤开府，巡抚其地，乃修夙憾，将置帅于法，而公力解之，且荐其才可用。至是帅归命，略地江东，择使拜书币，乞公況临，开辕迎公，餐于堂，执礼甚恭，胪列山海不可识，公知其盈而必覆，遂拂袖归。人咸服公之高识云。

康熙十七年，开博学鸿儒科，储著作顾问之选，抚军以公应，公辞之，且曰："吾年七十余，已妪矣，尚能为成君作衣补耶。"康熙乙卯，公自为志铭，以为他人莫能言，且多谀也。越八年壬戌，公始卒。又三年，其四子燕雯，以己酉举人赴公车门，值余直史馆，□分明史、文苑传，得公名，已起草去。燕雯适诣余，具言龙门之石，先公已自铭之矣，唯是嘉懿未尽，学者将勒文于餐礼之版，比之颜光禄之碑靖节，非先生为文不足重，亦唯先生与先公为忘年交，文章亲昵，足征信勿谀。予曰："诺。"又十年，乃始为此。公所著书目，载《明史·经籍志》，其在经曰《读易隅通》，曰《易图亲见》，曰《卦义一得》，曰《春秋志在》，曰《四传权衡》，在籍曰《倘湖文案》，曰《南行偶笔》，曰《倘湖近刻》，曰《倘湖诗余》，在杂著曰《樵书初编》，曰《樵书二编》，曰《茗余录》。

子六人，皆以文名。其他行实，详府志、县志。铭曰：公功在一方，而名垂四涯，其文可传者，则藏之倘湖之湄。志而铭，公自为之，其遗言轶事，则纪之墓旁之碑，然而迟之迟之以至于今，曰非谀墓辞。

康熙甲戌夏五翰林院检讨同里后学毛奇龄拜。

〔资料来源：民国11年(1922)《萧山来氏家谱》，会宗堂〕

中共早期党员沈定一家世考

沈定一(1883—1928),谱名沈宗焕,字叔衍,又名定一,号玄庐,浙江萧山衙前镇人,祖籍瓜沥镇长巷村,自父亲沈受谦始迁居衙前。生于清光绪癸未九月十二日寅时。

沈定一(1883—1928)

1901年中秀才。1904年任云南广通县知县,自己出资立学堂、办团练、坐堂判事主持公道,深受百姓爱戴。当他离开广通时,当地人建生祠纪念他。1907—1908年先后任武定知州、云南省会巡警总办等职,因帮助中国同盟会发动河口起义,被人告密,被迫赴日留学,在东京加入同盟会。1911年辛亥革命时,组织中华民国学生军团,自任团长,参加光复上海之役。1912年出任浙江省首届议会会员。袁世凯篡权后,在沪组织"公民激进党"反袁,遭通缉,避居日本、南洋。1916年回国任浙江省议会议长。

1919年与戴季陶一起创办并主编《星期评论》周刊,为世人瞩目。1920年5月与陈独秀等在上海发起组织"马克思主义研究会",相继在《劳动界》、《民国日报》等报刊上撰写文章,宣传革命思想,是中国最早传播马克思主义的成员之一。于1920年8月成立上海共产党小组,是中国共产党最早党员之一。陈独秀说过"就是只剩我和沈玄庐两个人也要把共产党成立起来"。沈定一和陈独秀在上海一起指导上海工人运动,参与了中共

（上海发起组）领导下的全国第一个工会组织——上海机器工会的成立大会。还与俞秀松在杭州创建共产党和共青团组织。1921年初陈独秀到达广州，沈定一也到广州创办《劳动与妇女》杂志，任主编。4月沈定一在萧山衙前创办农村小学，发动衙前农民运动，成立了中国第一个有纲领、有章程的农运组织（衙前农民协会），开展抗租减租斗争，这是中国共产党领导的全国最早的农民运动，在中国革命历史上具有重要地位。

1923年8月随孙逸仙博士代表团访俄，12月回国后加入中国国民党。1924年1月在国民党第一次全国代表大会上，被选为候补中央执委。1925年1月出席中共第四次全国代表大会，同年5月出席国民党一届三中全会。其间，作为中共早期党员、国民党一大代表，沈定一发起建立了国民党浙江临时省党部，推动第一次国共合作与国民革命运动在浙江的开展。后反对国共合作，参加“西山会议派”和国民党的“清党”活动。清党过后，因国民党内部派别互相倾轧，辞职退出浙江省党部，回到衙前，试行农村地方自治，建立以村民大会为核心的一套组织机构，推行二五减租，取消苛捐杂税，为全国首创，全省仅此一例。1928年8月28日下午5时，在衙前汽车站遇刺身亡，终年46岁。

沈定一是民国政治人物，也是一名记者，诗人。仅1912年至1928年，沈定一的著述就有500多篇。他创作的长诗《十五娘》是中国现代文学史上第一首白话叙事诗。他被孙中山称为“浙江最有天赋的人”，孙中山手书“天下为公”横幅赠给同盟会员沈定一，今存于广东省博物馆。

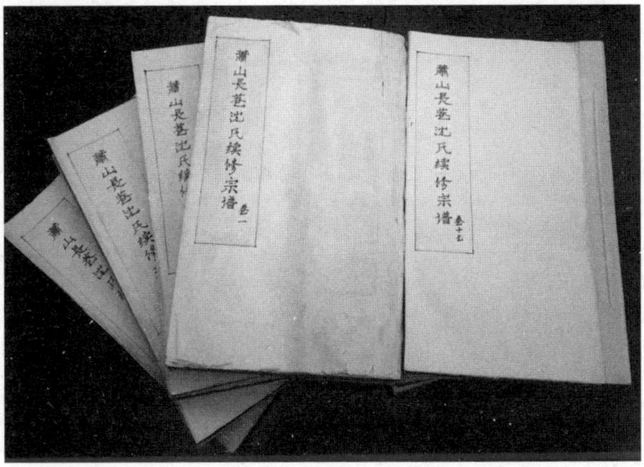

清光绪十九年《萧山长巷沈氏宗谱》（萧山档案馆）

长期以来，学术界对沈定一的研

究处于相对冷清的状态，以沈定一为主题的研究中，出版的著作有3部：中共萧山市党史研究室编《沈玄庐其人》（成都科技大学出版社1994年版）、〔美〕萧邦齐著《血路——革命中国中的沈定一传奇》（江苏人民出版社2010年版）、陶水木编《沈定一集》（国家图书馆出版社2010年版）。学术论文与著作，对沈定一家世的记叙，十分的简略。

萧山沈氏家谱

沈定一所属长巷沈氏，是萧山东部大族。

现萧山瓜沥镇长巷村里，有沈氏宗祠（承裕堂），很有历史。始建于明永乐年间（1403—1424），五开三进，规模宏伟。祠内至今保存有石碑10通、匾2幅、学馆石刻1块、石烛台1座，尤以清乾隆九年（1744）赐进士出身、诰授光禄大夫、经筵讲官、太子太保、文渊阁大学士兼工部尚书海宁籍陈世倌撰文的《萧山沈氏重建祠堂碑记》最为珍贵。

《萧山长巷沈氏宗谱》（承裕堂），始修于明朝永乐六年（1408），第四次修谱于清道光二十一年（1841），第五次修谱于清光绪十九年（1893），绍兴图书馆存40卷，萧山档案馆存手抄本17卷，第六次成谱于2011年，

2011年《萧山长巷沈氏宗谱》（萧山档案馆）

共38卷，内容有序文、赞像、纶音、仕宦、封荫、家传、家训、宗约、典礼、田产、赠言、家塾志略、家学、艺文、碑记、杂记、南岸支世系表、西庄世系表、南庄世系表、北庄世系表、山北世系表、粮长世系表、染店世系表、东溇世系、东溇世系表、门前世系表、溇下世系表、三井世系表、南井勤慎公派、西井云居公派、东井世系表、夹笆世系表、十支虚列世系表、沈氏系图备考等，是一部研究萧山沈氏及其家世的重要文献。萧山档案馆收藏有此谱。

沈定一的祖辈

（一）始祖沈衡（1007—1074）

萧山长巷沈氏始祖。字公持，原籍苏州长巷，吴兴沈氏第七十八世（一世为姬载，字季戴，周文王第十子，受封于沈国，位于今河南平兴县北，后以国为氏，改姓沈），苏州长巷沈氏第四世（一世郕，衡之曾祖）。生于北宋景德丁未年，卒熙宁甲寅六月二十一日，享年68岁。葬萧山开善寺后西山。[1]

沈衡（1007—1074）

北宋景祐元年（1034）进士，先后任台州临海、宁波鄞县、杭州钱塘3县的知县，历泉州、潍州、淄州、婺州4州的通判，升提举司，自校书郎十迁至兵部职方郎。

原配建阳章氏，封县君，生有五子五女。

① 据《萧山长巷沈氏宗谱》（卷三）总系，沈衡生有五子五女；据《萧山长巷沈氏宗谱·赠言》（卷三十五）苏颂写的墓表，沈衡生四子五女。

据《萧山长巷沈氏宗谱·宋兵部尚书职方郎沈公传》记载，沈衡的曾祖沈鄈，祖父沈仁厚，父亲沈侨，世居苏州长巷，是江左的望族。后来，沈衡从苏州长巷迁家于萧山凤凰、吹楼间，即以长巷名其居地，以示不忘其本土。因此，萧山之长巷与苏州之长巷，虽然村名相同，但所属省市相异。

沈衡少年勤学，为人严谨。为官期间，严整守法，尤其精于吏事。所到之处，除邪扶正，治暴安良，民惮其察，不敢有犯。虽未入《宋史·循吏传》，但实有循吏之风范。逝后，北宋文学家、书画家苏轼写《长巷始祖沈公持公赞》云："文武名家，公侯巨族。"北宋宰相、科学家苏颂写《故尚书职方郎中公持公墓表》云："君出白屋，无当世资，藉结发从士子游，以文学起家。禄仕四十年，官五品，历台省，刺藩部，追贲其先。君有子第进士，女皆从士人，亦儒者之荣遇也。又能勤刻，自仕始终一致，不为炎凉，易操人或讥其深峭少恩。而君自信深笃，岂所谓强立不惧者欤。"①

沈衡与北宋名臣沈括（今杭州人）是同宗。到了元代，沈衡的裔孙沈溢，字仲德，行贤八，元诰赠中宪大夫，成为沈氏十大支（南岸支、西庄支、南庄支、北庄支、东井支、粮长支、染店支、东溇支、门前支、溇下支）之肇祖。

至清末，萧山长巷沈氏共出过进士11人（宋代沈衡、沈街、沈笺、沈篆，元代沈泽，明代沈烇晃，清代沈土本、沈元铉、沈文炳、沈成烈、沈受谦）、武进士4人（明代沈至绪、沈镇东、沈如懋、沈奇勋）、举人33人、武举人5人、贡生61人。共有326人告别乡里，在全国各地当了文武官员，如监察御史、知府、知县、教谕、训导，总兵、游击、守备、千总等。宗谱中，有63道圣旨，录入《纶音》，实为显赫。

沈云英（北庄支）、沈受谦（粮长支，沈定一之父）、沈定一（粮长支）是萧山长巷三杰。

---

① 〔宋〕苏颂：《故尚书职方郎君墓表》，《萧山长巷沈氏宗谱·赠言》。

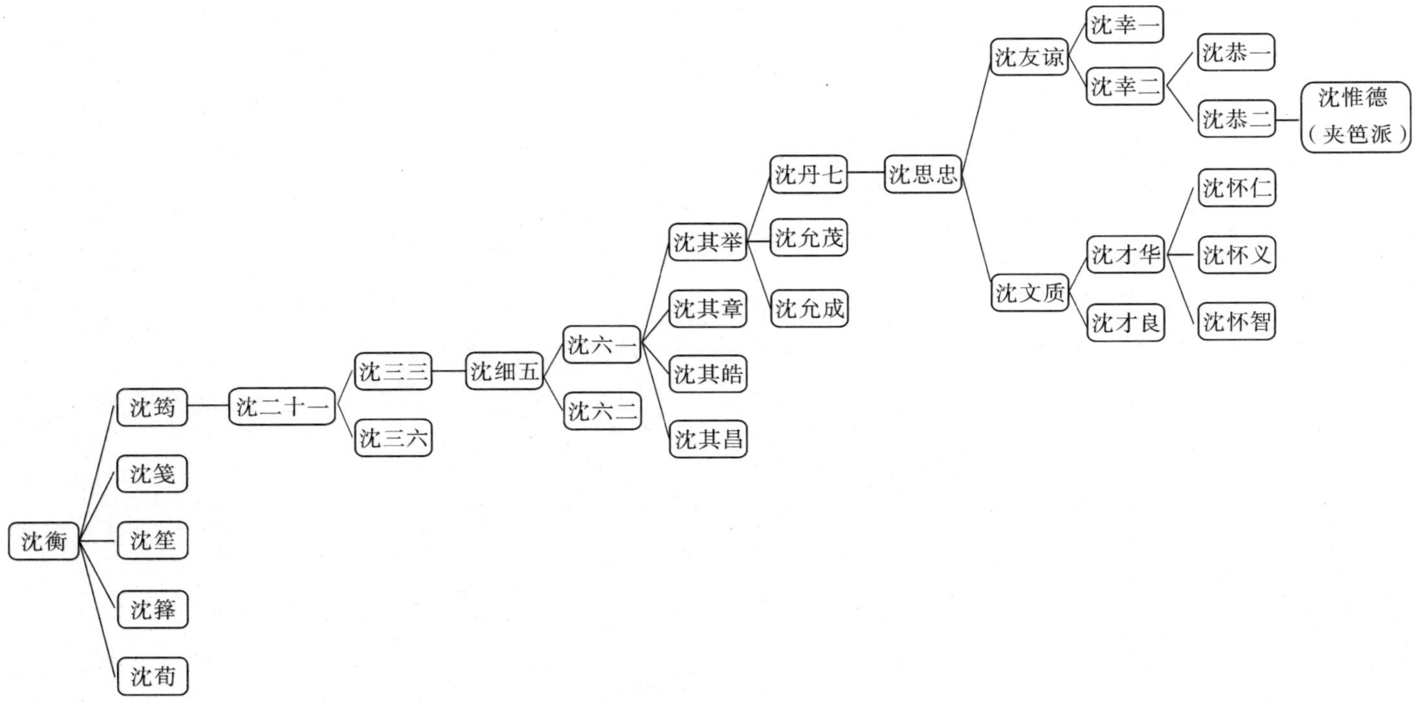
沈衡
沈筠
沈笺
沈笙
沈箨
沈荀
沈二十一
沈三三
沈三六
沈细五
沈六一
沈六二
沈其举
沈其章
沈其皓
沈其昌
沈丹七
沈允茂
沈允成
沈思忠
沈友谅
沈文质
沈幸一
沈幸二
沈才华
沈才良
沈恭一
沈恭二
沈怀仁
沈怀义
沈怀智
沈惟德
（夹笆派）

萧山长巷沈氏发展图

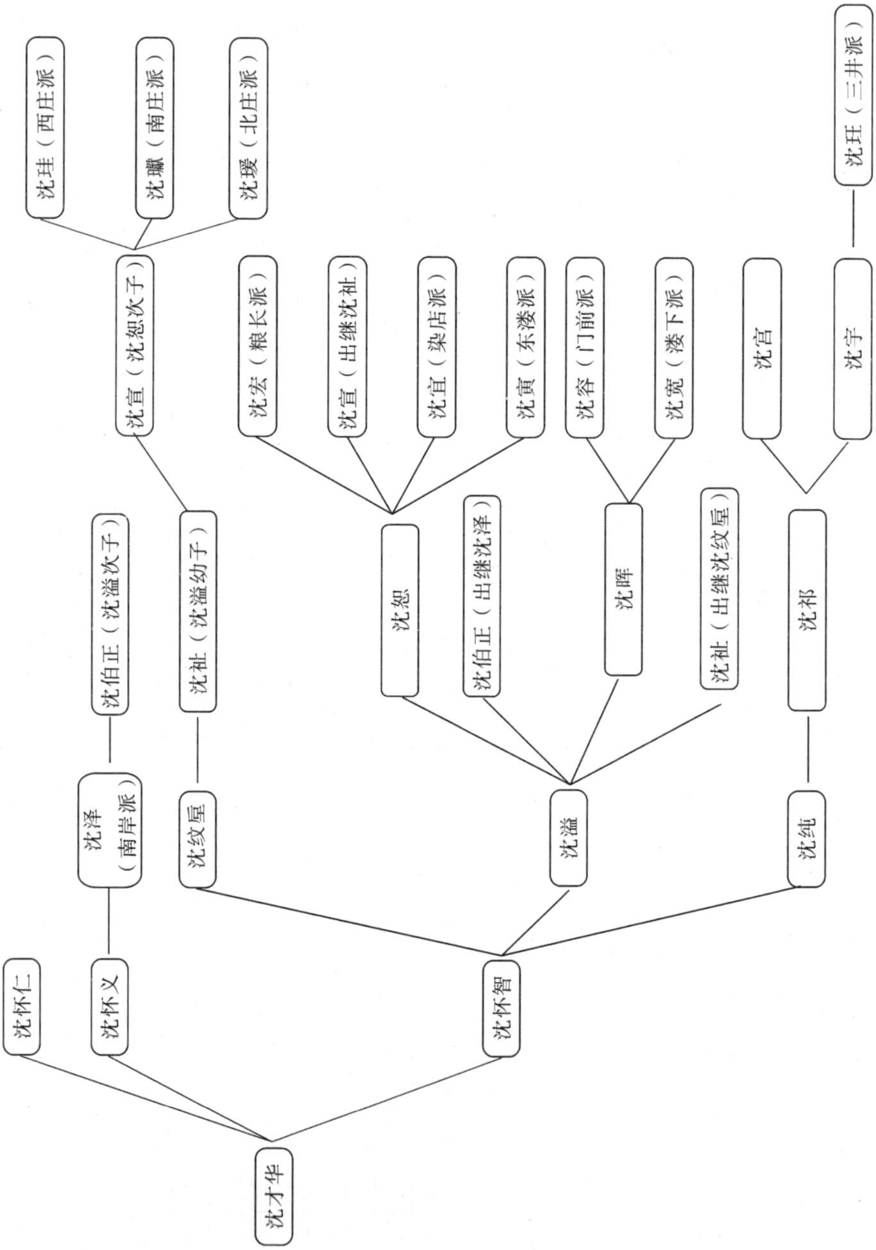

元代沈溢成为萧山长巷沈氏十大支之肇祖

（二）族祖姑沈云英（1624—1660）

引人注目的是，《萧山长巷沈氏宗谱》记载的优秀人物，占篇幅最大的是一名女性，她叫沈云英。除了《家传》《赠言》有翔实载录，另在《长巷沈氏家塾志略》里颂扬沈云英的文章多达52页！一般说来，能够在宗谱里记上一笔的女性已经很了不起，超大量篇幅记载一位女性更是罕见。

沈云英，出自长巷沈氏北庄支二十五世。

少喜骑马射击，耽于书籍，强于记忆，对宋胡安国的《春秋传》颇有研究。父亲沈至绪，是长巷第一个武进士。于崇祯四年（1631）中武进士，官至湖广道州守备。

崇祯十六年（1643），张献忠部队大乱湖广，进攻道州，沈至绪力敌百万之众，战死沙场，其尸体被掠走。随父在军营中的沈云英闻讯后，束发披甲，率十余骑，拼力夺回父尸，遂解道州之危。朝廷赠沈至绪昭武将军，加沈云英为游击将军，代父职为道州守备。其夫贾万策，字对庭，四

女将军沈云英（1624—1660）

川人，故阁部督师标大剿营都司，奉命镇守荆州南门，农民起义军攻陷荆州，贾万策被害。沈云英闻讯后，十分悲痛，扶父柩归乡。

后因家境贫寒，解甲归田的沈云英在长巷家祠设私塾，授徒讲学，教育族中子女。因小病积久，38岁卒，葬萧山龛山父茔之侧。人称长巷沈氏有女将军。

明末清初学者、经学家、文学家毛奇龄写有《明列女沈云英传》《云英将军节孝叙》《明特授游击将军道州守备列女沈氏云英墓志铭》等传述，称沈云英"将军于父为孝，于国为忠，于夫为节，于身为贞。此为女德，又擅女训"。

民国时期，萧山设有云英乡，以示纪念。京剧表演艺术大家程砚秋于1928年主演京剧《沈云英》在北京多场演出。

秋瑾生前曾诗题秦良玉和沈云英曰："古今争传女状头，谁说红颜不封侯？马家妇共沈家女，曾有威名振九州。"

（三）高祖沈魁章（1746—1804）

萧山长巷沈氏粮长支二十九世。字燦文。生于清乾隆丙寅七月初七日午时，卒嘉庆甲子五月二十日申时，终年59岁。

国学生，以曾孙受谦贵，貤封朝议大夫，晋封荣禄大夫。

配陈氏，生清乾隆丁卯十一月二十日辰时，卒乾隆戊戌二月初二日子时，生一子（沈陈鸿早世）一女。继龚氏，生清乾隆戊寅十月二十五日亥时，卒乾隆己亥八月三十日亥时。又继王氏，生乾隆庚辰十月初一戌时，卒道光甲午八月二十九日申时，生六子（景先、景春、景鸿、景照、大义早逝、景丰）一女。陈氏、龚氏、王氏，貤赠封恭人。王氏与沈魁章合葬于凤凰山西北麓三湖港口，陈氏、龚氏葬于山北东山仰东公墓下右旁。

据《萧山长巷沈氏宗谱·朝议大夫燦文沈公传》记载，沈魁章是一个言必信、行必义、秉性清刚、不求闻达之人。他田园自乐，葆其天真。授例为国学生。淑配陈氏、继龚氏无出，又继王氏生养五子，里人称之为五桂。孙辈们更是优秀，人都说是他训教有方。王氏相夫教子，尤以勤俭谨肃而闻名，享年75岁。

(四)曾祖沈景鸿(1788—1871)

萧山长巷沈氏粮长支三十世。字储庵。生于清乾隆戊申九月二十四日卯时，卒同治辛未正月二十日子时，享年84岁。葬长巷吴家溇，坐午向子兼癸丁。

国学生，以孙受谦贵，貤封朝议大夫，晋封荣禄大夫。

配方氏，貤赠封恭人，生清乾隆乙巳九月二十三日子时，卒同治壬戌十月十九日子戊时。生二子(秉铨、秉贤)。

据清光绪《萧山长巷沈氏宗谱·朝议大夫储庵沈公传》记载，沈景鸿年幼聪颖，读书优异，稍长，循例入国子监，惟务敦力，行尚实学，以勤俭自励。有时与二三僮仆，巡行陇亩间，督视耕耘。有时偕其乡之文人墨士，纵论古今，盱衡时事。人皆认为他有天赋。他在兄弟中排第三，父亲逝时，他16岁，小弟11岁，幼弟2岁，他十分懂礼数，照应家人客人，深受大家肯定。中年时，不乐仕进，接舆避世，箕子佯狂。左邻右舍都羡慕他养心寡欲、安步当车。暮年身体强健，白发童颜，有飘飘欲仙之状。方氏贤德勤勉，有敬姜之遗风，享年78岁。

(五)祖父沈秉铨(1808—1861)

萧山长巷沈氏粮长支三十一世。字夔廷，号锡亭。生清嘉庆戊辰二月十七日卯时，卒咸丰辛酉十一月初六日巳时，终年54岁。夫妻合葬洛思峰下。

国学生，鸿胪寺序班，恤世职云骑尉，恩骑尉世袭，复以次子受谦贵，诰封朝议大夫。

配余氏，诰封恭人，生嘉庆甲子十二月初二子时，卒同治己巳十一月十一日子时。生三子(受震、受谦、受恒)二女。

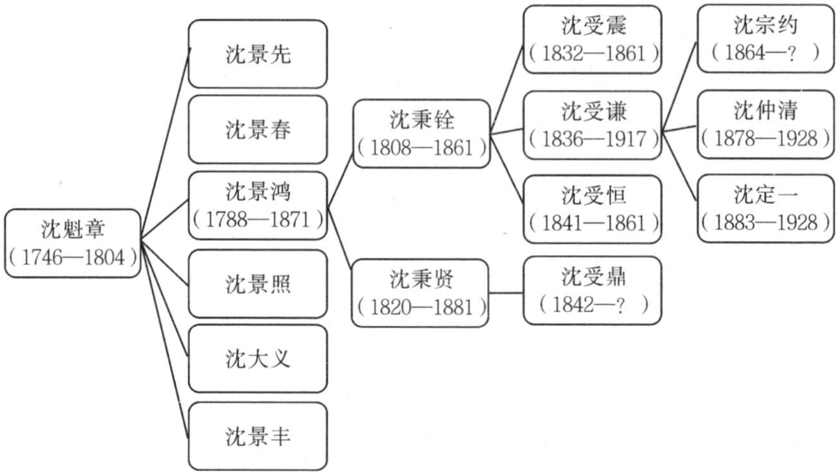

沈定一的高祖(第二十九世)至沈定一(第三十三世)男性直系图

据清光绪《萧山长巷沈氏宗谱·朝议大夫鸿胪寺序班锡亭公传》记载,沈秉铨少年好学,应童子试,在郡县屡得冠军。后为国学生。因父亲景鸿以不乐仕进为由,佯狂不理生产。故秉铨辍学回家,料理事务。有事母子扛着,不惊动大家。弟弟秉贤,出嗣其叔父景春,家境较好,对自己的亲生父母、亲哥也比较关照。不久,秉铨授鸿胪寺序班。鸿胪寺是掌管朝会、筵席、祭祀赞相礼仪的机构,序班是清朝从九品官员,典侍班、齐班、纠仪及传赞等事。

清咸丰十一年(1861)六月,太平军打到浙江,浙东郡县同时沦陷。秉铨号召里中强劲有力者,教他们抵御暴徒侵犯的方法。他振臂高呼,率众子弟与暴徒巷战,持续了许久,终因力量悬殊,又无外援,力竭而死。

他的长子受震,同时殉难。幼子受恒、次女沈凤庭,同年同月去世。

朝廷给予秉铨、受震,恩恤世职云骑尉,恩骑尉世袭,罔替。

沈秉铨中年时,曾患目疾,几乎失明,后遇良医痊愈,遂乐于善义。凡有病患者,他都出资诊治,毫不吝啬,在当地口碑极好。配余氏,名门淑媛,德言容功,自丈夫、长子、幼子、次女同年同月去世后,她坚强地活着,并勉励次子受谦读书备考。果然,丈夫死的第二年,次子受谦中举人，第七年又中进士，成为萧山长巷村最后一个进士，十分荣耀。余氏含辛茹苦数十年，66岁终。

沈定一从未见过他的祖父母。

（六）祖叔沈秉贤（1820—1881）

萧山长巷沈氏粮长支三十一世，沈定一的曾祖父沈景鸿之子、曾祖叔沈景春之继子。字竹庄。生清嘉庆庚辰二月二十六日亥时，卒光绪辛巳六月十六日未时，享年62岁。

议叙从九品，以侄受谦贵，貤封奉政大夫。

配孙氏，貤封宜人，生有四子（受鼎、望均、受晋、望森）一女。娶叶氏，生一子（受泰）。继高氏，貤封宜人。

沈秉铨与孙氏、叶氏葬凤凰山西面。

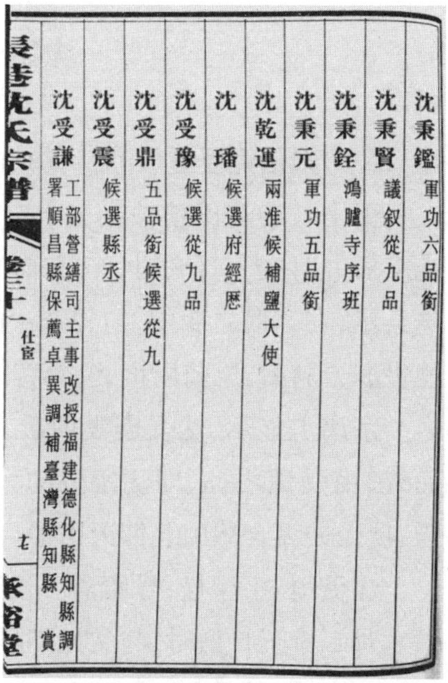
沈秉鑑 軍功六品銜
沈秉賢 議叙從九品
沈秉銓 鴻臚寺序班
沈秉元 軍功五品銜
沈乾運 兩淮候補鹽大使
沈璠 候選府經歷
沈受豫 候選從九品
沈受鼎 五品銜候選從九
沈受震 候選縣丞
沈受謙 工部營繕司主事改授福建德化縣知縣調署順昌縣保薦卓異調補臺灣縣知縣賞
仕宦
七

沈定一家族中的沈秉鑑、沈秉贤、沈秉铨、沈受豫、沈受鼎、沈受震、沈受谦等列入宗谱仕宦表

据清光绪《萧山长巷沈氏宗谱·奉政大夫竹庄沈公传》记载，秉贤出继给伯父景春为嗣。他为人刚正，对亲生父母非常孝顺，遇父母生病，一边汤药侍候，丝毫不敢怠慢。对继父母亦尽孝尽心。与兄秉铨十分友爱，乐做善事。乡邻有贫困者，他给予资助，有争涉讼者，力为排解，即倾囊赔垫，毫不吝啬。

清咸丰十一年，太平军打到浙东一带，所到之处，纵火抢掠。他与兄秉铨募捐兴办乡团，施粥救济饥民，施棺埋葬倒毙的路人。兄秉铨、亲侄受震与暴徒展开巷战，不幸同时殉难。秉贤为他们收尸安葬，并命亲侄受谦至乡僻处暂避贼锋，读书守制。说“我兄以义殉后，必有报”，对受谦成名抱有非常大的愿望，辛勤督导，视同亲儿子一样。时张夏神殿已毁坏许久，秉贤又募捐重建庙宇。种种善举，乡人念之。

秉贤之子：①受鼎，军功五品，生有凤沼（下殇，即8—11岁间死）、伯益（下殇）、凤琛（中殇，即12—15岁间死）三子一女；②望均，下殇；③受晋，国学生，生有独子小斋（下殇）；④望森，下殇；⑤受泰，下殇。

沈景鸿之下，秉贤一脉，至孙辈无后绝嗣。秉铨一脉，比较繁衍，其子受谦、孙宗焕（定一），为沈氏杰出人物。

沈定一的父辈

（一）亲伯沈受震（1832—1861）、**叔沈受恒**（1841—1861）、**姑沈凤庭**

萧山长巷沈氏粮长支三十二世。沈受震，字望宗，号云仙。生清道光壬辰九月初十日亥时，卒咸丰辛酉十一月初六日未时，终年30岁。候选县丞，在辛酉之变中，与父亲一同抵抗太平军，父子同时殉难。朝廷予恤世职云骑尉，恩骑尉世袭，罔替。

宗谱上显示，沈受震妻项氏，生有一子（凤池），独子袭云骑尉，无后而终，由受谦之孙，即沈定一的大哥沈宗约之次子章甫，出继凤池。受震、项氏夫妻合葬山北仰天田螺。

沈受恒，字望松，号庸斋。生道光辛丑十月二十六日巳时，卒咸丰辛酉六月二十五日酉时，与父兄相隔19日去世，终年20岁，尚未婚娶。

沈凤庭，是受震、受恒的小妹。听说哥哥殉难，她绝食而死，与兄沈受恒合葬航坞山望牛石下。

（二）堂叔沈受鼎（1842—?）

萧山长巷沈氏粮长支三十二世，沈定一的曾祖沈景鸿之孙，其父沈秉贤。字凝斋，号芝轩。生道光壬寅十一月二十日未时，卒无考。

军功五品，不论双单月，候选从九品，委办台湾府台湾、凤山二县，清赋事。

配应氏，例赠孺人，生三子（凤沼、伯益、凤琛，均早逝）一女。侧王氏，无出。副徐氏，生一女。施氏，无考。

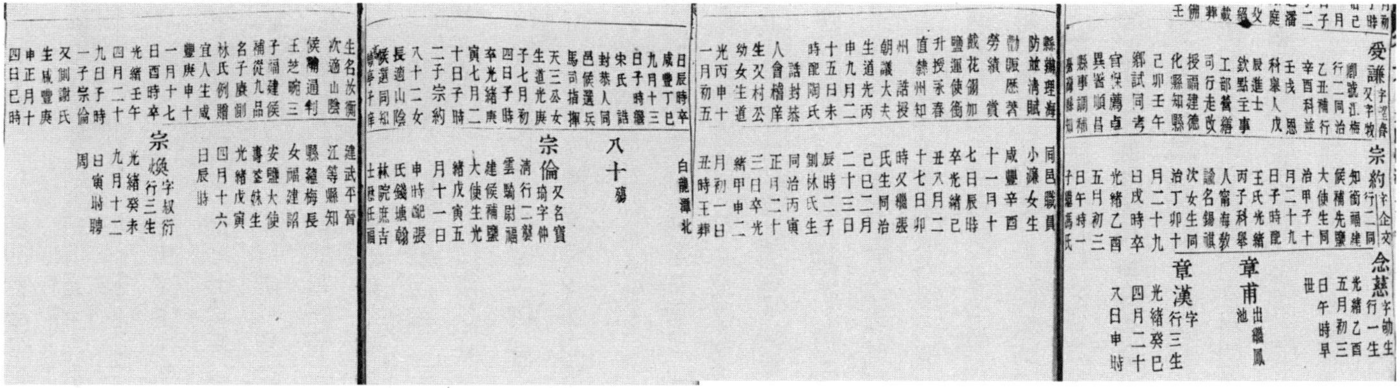

沈受谦及子宗约、八十、宗伦、宗焕〔清光绪十九年《萧山长巷沈氏宗谱》，萧山档案馆〕

宗谱上显示，沈受鼎一脉，至儿辈无后绝嗣。

(三)父亲沈受谦(1836—1917)

萧山长巷沈氏粮长支三十二世。字望春，又字牧卿，号江梅。生清道光丙申九月二十五日未时。同治元年(1862)中举人，同治七年(1868)中进士，殿试二甲第二十六名(同治七年戊辰科洪钧榜，第一甲3名、第二甲127名、第三甲140名)。钦点主事工部营缮司行走，改授福建德化县知县。光绪五年(1879)、光绪八年(1882)，任乡试同考官，保荐杰出之人。署顺昌县事，调补台湾县知县，办理海防并清赋劝赈，历著劳绩，赏戴花翎，加盐运使衔，升授永春知州、直隶州知州，诰授朝议大夫。于民国6年(1917)逝世，享年82岁。葬洛思山之阳五龙江口，沈定一题墓碑曰“大乎父之墓”，墓在“文化大革命”中被毁。

沈受谦是沈定一家族中第二个任职台湾的官员，前一个是受谦的堂弟受鼎。

清光绪十年(1884)，沈受谦接替胡培滋，任台湾府台湾县知县，在那里留下了不少事迹。

沈受谦(1836—1917)

台湾的赤嵌楼，是有历史意义的名胜古迹。始建于明永乐年间，荷兰人攻入台湾时建的，后来郑成功攻入台湾，以此楼为指挥所，收复了失地。清同治元年(1862)，赤嵌楼毁于大地震。光绪年间，时为台湾知县的沈受谦，为了振兴文教，先后在赤嵌楼的原址修建了蓬壶书院、文昌阁、五子祠、大士殿、海神庙等建筑，即今日的赤嵌楼。莲壶书院成为清代府城规模最大之书院，与海东、崇文两书院，合称“府城三大书院”。这些闽南式的阁楼高大雄伟，建材来自印度尼西亚爪哇岛，并以糯米汁、糖浆、砂与牡蛎壳之混合物为灰浆砌成，十分牢固。至今莲壶书院、文昌阁仍悬有沈受谦所题的匾额，阁内展示了古代科举考试的图文资料和实物。

沈受谦进士碑(沈定一故居前)

清光绪十六年(1890)，沈受谦致仕回乡，朝廷授“光禄大夫”衔，位居一品官阶。他衣锦荣归，遂在衙前大兴土木，于原“进士第”东侧，营建厅堂连亘、椽瓦鳞次的庞大“光禄第”府宅，同时广置田产，开设钱庄、药铺，积家财巨万，为当地豪绅首富，名震浙东。

沈受谦为人刚正不阿，能接受新事物、新思潮。不只居官时慎勤厥

沈受谦书写的文昌阁匾额至今高高悬挂(台湾赤嵌楼)

职，年老致仕回乡家居，亦留心时政，关心国家大事。

清光绪三十一年（1905）七月，浙江发起了抵制英国侵略者掠夺苏杭甬铁路筑路权的斗争，沈受谦任过朝廷的工部主事，深明路权的利害关系，毅然在杭州召集同乡会，带头发动萧绍士绅认股20余万元（约占总股金的五分之一），并命儿子沈定一以股东代表身份，参与浙江铁路公司工作。浙江的保路运动失败后，浙江爱国人士又以保路名义与清政府展开斗争，沈定一被浙江保路会推荐为代表之一，与其他爱国士绅一起赴京交涉。沈定一在京耽搁时日，虽不能解决路权问题，但沈定一乘机结识了光复会、同盟会等革命组织的不少志士。后来，沈受谦又不惜耗费家财支持儿子追随孙中山，参加革命活动，直至反对袁世凯复辟帝制，积极资助儿子的倒袁运动。

在沈定一在《我做"人"的父亲》一文里，有说到这样一件事：民国3年（1914），他因"二次革命"失败被袁世凯通缉而亡命日本，有一个替袁世凯做浙江将军的朱瑞，差人到他的家里调查他，并且对他父亲沈受谦说："老封翁如果招得剑侯先生回家，中央不但不记憾（恨），而且还要借重……究竟通缉令于身份上、门第上是过意不去的。"沈受谦当时回答说："剑侯是一个'人'，他有他的主义。我老了！你们要通缉他尽管通缉，不管我的事。"[①]可见沈谦是一个很支持革命、支持沈定一的开明绅士。

沈受谦先后娶了4位妻妾：

配陶氏（1836—1857），诰封恭人。会稽（绍兴）庠生，又村公幼女，生道光丙申十一初五日辰时，卒咸丰丁巳九月十三日子时。

继宋氏（1840—1890），诰封恭人。同邑候选兵马司指挥天三公女，生道光庚子七月初四日子时，卒光绪庚寅七月二十日子时，葬航坞山望牛石下。生二子：宗约、八十（殇），二女：长女適山阴（绍兴）候选同知萼亭子，庠生，名汝衡；次女适山阴候选补通判王芝畹子，福建候补从九品、名子赓。

① 陶水木编：《沈定一集》，国家图书馆出版社，2010年。

侧林氏(1860—1882),例赠宜人。生咸丰庚申十一月十七日酉时,卒光绪壬午四月二十九日子时,林厝凤凰山罗家庵基。生一子:宗伦。

又侧谢氏(1860—?),沈定一的生母。生咸丰庚申正月十四日巳时,生一子(宗焕,即沈定一)。

(四)母亲谢氏(1860—1928)

沈定的母亲谢氏,是沈受谦的第四位夫人,福建人傅太姒所生。沈定一出生在他父亲的任所——福建省延平府顺昌县署,时谢氏24岁,沈受谦48岁。

沈定一的母亲

谢氏是沈受谦最宠爱的一个夫人,也是最后的一位夫人,比沈受谦小24岁。

沈定一是沈受谦的第三个儿子,也是最小的一个儿子,最受沈受谦的宠爱。

沈定一集父母宠爱于一身,特别是谢氏,对他百依百顺。

沈定一天性聪慧,父母先后给他请了3个私塾教师,都因不能胜任而告辞。沈定一19岁那年考中秀才,21岁时,谢氏为了他有机会施展抱负,出资1万元给定一捐了个七品官衔,被分到云南楚云府广通县当知县。他所到之处,耗费家资,为民服务,人称青天大老爷。后来,又动用家资资助辛亥革命和五四运动。又回家乡创办衙前农村小学、龙泉阅书报社、农民协会、农村宿舍等等,都是用父母的钱财,可谓大公无私。父母对此毫无怨言,也说明非常的开明、支持革命。

孙中山手书“天下为公”横幅赠给同盟会员沈定一(广东省博物馆收藏)

沈定一的兄弟

(一)大哥沈宗约(1864—?)

萧山长巷沈氏粮长支三十三世。字企文。生同治甲子十月二十九日子时,比沈定一大19岁。同知衔福建候补先盐大使

配王氏,光绪丙子科举人宁海教谕名锡祺次女,生同治丁卯十月二十九日戌时,卒光绪乙酉五月初三日午时,生一子(沈念慈)。葬白龙潭北。

继冯氏,同邑职员小濂女,生咸丰辛酉十一月十七日辰时,卒光绪己丑八月二十七日卯时。

又继张氏,生同治己巳二月二十三日辰时,生二子:沈章甫(出继凤池)、沈章汉。

侧林氏,生同治丙寅正月二十三日,卒光绪甲申二月初一日丑时。

新谱记载,全家定居台湾,具体情况不详。

(二)二哥沈宗伦(沈仲清)(1878—1928)

萧山长巷沈氏粮长支三十三世。又名宝琦,字仲清。生光绪戊寅五月十一日申时,比沈定一大5岁。袭云骑尉,福建候补盐大使。1924年加入国民党,1928年病逝,比沈定一早逝1个月,终年51岁。

配张氏,钱塘翰林院庶吉士、福建武平、晋江等县知县蕴梅长女,福建诏安盐大使寿筌妹,生光绪戊寅四月十六日辰时。

沈仲清墓(萧山衙前凤凰山)

沈仲清有三子:沈柒一、沈天民、沈新民,女儿有沈淑贞、沈孝贞等。

沈柒一,生宣统元年四月八日,1979年逝。生二子:大方(1937—今,居萧山衙前)、大匡(1939—1981)。

沈新民,迁居台湾台中市。

沈仲清墓,位于衙前第一公墓场(凤凰山)。碑正面上方有青天白日徽,碑文曰"沈仲清先生墓",背面碑文:"沈公宗伦,字仲清,萧山江梅先生次子。曾任福建惠安。孙旌。钱粮积契,得民心。辛亥榣童殁。饰物助军。需荣生、需母以立。十三年入中国国民党,历任二区党部及一□部执行官员。以平生忠厚之诚□□于党。十七年七月三日病逝。五十一岁。同志重之,民众怙之为之葬桂。第一公墓场。"现墓迁至李成虎墓西。

在那个时代,沈家拥有良田数万亩,富甲一方。沈定一有官不做,用家产做经费追随孙中山干大革命。作为兄长,沈仲清曾劝沈定一干革命为民不能毁家,革命可以分很多方式,像实业救国等,沈定一没听。后来兄弟分家。沈定一几乎花光了所有家产"为国为民"。正如沈定一1928

年7月20日写给张静江、蔡元培、蒋介石、戴季陶的信函中说:"定一以革命毁家,新丁兄丧,奉老母居乡,将馨毕生之力以从事于乡村自治。个人之权利幸福无所图,灾祥生死不在念。虽前者被共产党污报所中伤,近今遭同地中流言所袭击。但义之所在苟利党国,即老母亦许其出万死而为之。"结果,一个多月后,沈定一被刺杀,几十年后,墓被炸,死无一地,沈仲清的墓尚存。

沈定一的妻与子

(一)妻周锦朝与子剑龙(1899—1950)

周锦朝,为萧山坎山大户周家之长女。非常贤德,乐于助人,在衙前、坎山一带口碑极佳。1898年,14岁的周锦朝与16岁的沈定一结婚。生一子一女:沈剑龙、沈剑花。

沈剑龙是沈定一的长子。一位英俊大少爷,风流大才子,琴棋书画样样行。衙前农民运动的组织者之一李成虎的肖像,就是沈剑龙画的。当时沈定一从上海赶回衙前,亲自为牺牲的李成虎办丧事,并按照农村习俗,叫沈剑龙为其作画。现在这幅画还保存着,成了历史见证。

沈剑龙(1899—1950)

沈剑龙的第一位妻子是杨之华(1901—1973),中国妇女活动家。先后参加了中共第四次、第五次、第六次全国代表大会,继向警予之后担任中央妇女部第二任部长。中华人民共和国成立后,历任全国妇联国际联络部部长、全国妇联副主席、全国总工会女工部部长、中央监察委员会委员、候补常委等职。

杨之华人生道路上的第一个引路人，就是沈定一，可以说没有沈定一就没有历史上的杨之华。

杨之华（1901—1973）

杨之华，又名杏花、文君、杜宁，萧山坎山三岔路村人，距离衙前沈家10多华里。两家既是门当户对，俩人也是自由恋爱。

1921年1月26日，沈剑龙与杨之华在萧山衙前举行文明结婚。1921年11月5日，杨之华生下女儿沈晓光。

1924年7月，瞿秋白的妻子王剑虹在上海病逝。4个月后的11月7日，杨之华与瞿秋白在上海结婚。

1924年11月27日、28日、29日，上海《民国日报》（邵力子主编）连续3天署名启事：

杨之华沈剑龙启事：自1924年11月18日起，我们正式脱离恋爱的关系。

瞿秋白杨之华启事：自1924年11月18日起，我们正式结合恋爱的关系。

沈剑龙瞿秋白启事：自1924年11月18日起，我们正式结合朋友的关系。

沈剑龙与杨之华的女儿沈晓光，1925年春被杨之华接到上海，改名为瞿独伊。1928—1941年在莫斯科生活。1941年随母回国，却被新疆军阀盛世才囚禁。1946年7月11日释放去延安，到新华社工作。1946年8月20日入党。1950年3月丈夫李何（1962年去世）被派任莫斯科第一批记者。1957年回国到中国农业科学院工作。1978年重回新华社工作。1982年离休，居北京（家谱中写居美国，误）。瞿独伊与李何生有一个女儿：李晓云，居北京。

沈剑龙的第二位妻子是浙江乌镇人王会真（中共一大代表李达的妻

子王会悟的妹妹)，民国早期公派法国的留学生，“四清”时在乌镇病世。生有一子：沈大雄，居萧山坎山养老院，已病逝。沈大雄有三子(月根、青松、阿根)二女(雅雅、英英)。

沈剑龙的第三任妻子是杭州人梁定珍，毕业于国立艺术专科学校(中国美术学院前身)，1990年在杭州去世。生一子：沈鹤年，居杭州(家谱中写居深圳，误)。

据沈鹤年称，父亲沈剑龙晚年生活一般，1950年患伤寒病逝于萧山。

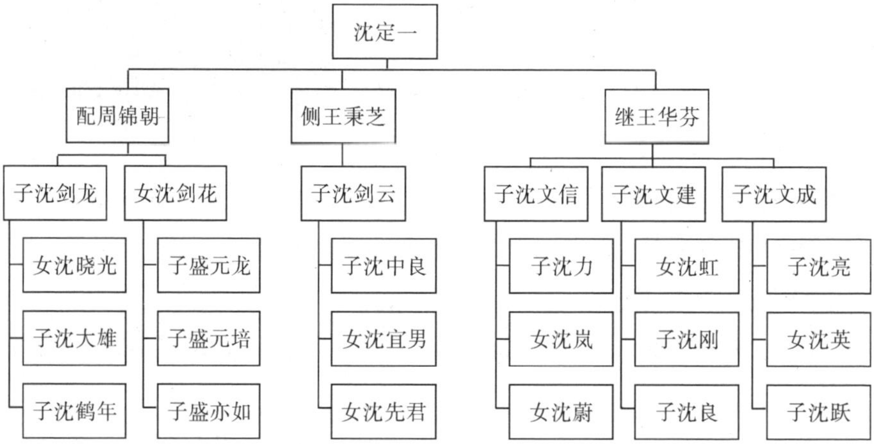

沈定一的三位夫人及其后代情况图

(二)妾王秉芝与子剑云(1918—1996)[1]

王秉芝，是沈定一母亲的贴身丫头，后指给沈定一为妾。她生一子：沈剑云。剑云与剑龙相差20岁。

沈剑云之妻陈桐声，生一子(沈中良)二女(沈宜男、沈先君)。中良，现居衙前沈定一故居，其妻莫雅美，生一子(沈红卫)。

1993年美国人萧邦齐到萧山，应沈剑云、沈中良父子的邀请，专门对沈定一进行了研究。萧邦齐与沈剑云、沈中良父子进行了诸多交流，由此完成了《血路——革命中国中的沈定一传奇》著作。

① 《萧山长巷沈氏宗谱》记载，沈定一的侧室傅氏，生一子沈剑云。误。

(三)贤内助王华芬与子

王华芬,沈定一的最后一个妻妾,比沈定一的大儿子沈剑龙年龄还小。1905年出生在浙江余姚的一户西医之家。1920年进杭州女子师范学校读书,1922年加入共青团。1923年转学到绍兴女子师范学校。

1924年,王华芬没有参加即将举行的毕业考试,应邀到沈定一私立的衙前农村小学校任教,同年5月加入中国国民党。据说,在衙前与沈定一十分投缘,两情相悦。

1925年8月,沈定一带王华芬到广州参加国民党的一届二中全会,并在那里正式宣布沈定一与王华芬结婚,时沈定一43岁,王华芬21岁。

王华芬无疑是沈定一的贤内助,俩人志同道合、夫唱妇合。沈定一向右转的时候,王华芬也随即向右转。1925年7月,追随沈定一参加国民党右派的西山会议派,1926年初被任命为西山会议派中央妇女部部长,1927年初发起成立衙前妇女协会,任会长。"四一二"反革命政变后,参与萧山县党部工作,任执行委员。1928年参加衙前乡村自治活动,兼区党部执委和东乡自治会妇女协会代表、衙前乡村师资训练所负责人等。

1928年8月沈定一被刺身亡后,王华芬出任衙前乡乡长和农会会长,并将沈定一创办的衙前农村小学改名为定一小学,得到了浙江省政府拨给的1300亩荒沙地和500元公债票作为办校基金,1931年她任定一小学校长。1939年2月到重庆,先后在重庆师范附小、重庆国立女子师范附小、李家沱工业区公立小学任教。抗战胜利后回到衙前,恢复定一小学,仍任校长,还办起了定一乡乡校。后因不堪当局完粮纳税的重负,毅然停办了学校,并将大部分沙地分给了一批佃户和李成虎的儿子李张保,将留下的100多亩熟地,由其儿子牵头组建成西沙集体农场,王华芬也搬到农场去过那清闲的田园生活去了。1954年因历史问题被判处有期徒刑15年。刑满后留场工作。后因年老到萧山新湾镇其妹家中生活。1985年因病逝世。

王华芬始终对沈定一怀着崇敬的感情。不论是沈定一参加西山会议派，或者是后来出任清党委员会主任委员，她总认为沈定一是主持正义的，沈定一的言行是正确的，她甚至也不承认自己有什么罪行。她的3个子女都走上了革命道路，在中华人民共和国成立初期，曾声明与反动家庭划清界线，脱离关系。她泰然处之。

沈定一与王华芬共生3子：

长子沈文信，1944年就读于浙江大学数学系。1949年1月后，先后在苏北军区文工团、苏南军区文工团、高等军事学院文工团、中国人民解放军军乐团、黑龙江省安达市文工团、安达市评剧团、五常县二中、五常县民意公社、五常县电大工作站、江苏省淮阴教育学院工作，1988年5月离休。有一子（沈力）二女（沈岚、沈蔚）。

次子沈文建，中国科学院长春应用化学研究所研究员（已离休），有一女（沈虹）二子（沈刚、沈良）。

幼子沈文成，曾参加抗美援朝，转业后到宁夏银川拖拉机修配厂，任厂长（已去世），有二子（沈亮、沈跃）一女（沈英）。

沈文信1951年获三等功证书

沈定一的家世特征

（一）祖上有英豪

《萧山长巷沈氏宗谱》记载长巷沈氏共出过进士11人、武进士4人、举人33人、武举人5人、贡生61人，共有326人告别乡里，在全国各地当了文武官员。第二十五世的沈云英,是最出色的女将军。她的父亲沈至绪是明朝武进士,在镇守道州时血染沙场,年仅20岁的她,率军夺回父尸,守卫父营,解道州之危,朝廷赠沈至绪昭武将军,加沈云英游击将军。女将军解甲归田后设私塾讲学,并以“先讲武德后教武艺,报国防身,见义勇为”为要旨。今长巷沈氏宗祠内保存着“云英将军讲学处”石碑1块,《四库全书》存有毛奇龄撰写的沈云英墓志铭,足以见证。

长巷沈氏求学报国、见义勇为的传统,在沈定一的祖辈有所体现。

他的高祖沈魁章、曾祖沈景鸿、祖父沈秉铨都是国学生,其夫人都比较贤德。

沈定一行书

祖父沈秉铨得了一个从九品官职,却在保家卫国中与子沈受震同时殉难,朝廷给予秉铨、受震,恤世职云骑尉,恩骑尉世袭。沈定一的祖母余氏,自丈夫、长子、幼子、次女(闻兄殉难,绝食而死)同年同月去世后,她坚强地活着,支持次子受谦努读书进取,受谦终于成为萧山长巷的最后一个进士。

沈定一的祖叔沈秉贤乐做善事,不时资助邻里乡亲或者过路饥民,还募捐兴办乡团,重建张夏神殿,他看见兄秉铨、侄受震不幸同时殉难,尽力为他们收尸安葬,对侄受谦视同自己亲儿子一样对待。

可惜,沈秉贤一脉,至孙辈无后绝嗣。秉铨一脉,比较繁衍,其子受谦、孙宗焕(定一),成为沈氏杰出人物。

(二)父亲是能官

沈定一的父辈,有2人到过台湾任职。一个是堂叔沈受鼎(沈秉贤之子),到过台湾、凤山二县任职,清赋事。另一个是父亲沈受谦,因进士钦点主事工部营缮司行走,改任福建德化县知县,后任台湾县知县,办理海防并清赋劝赈,历著劳绩,赏戴花翎,加盐运使衔,升授永春知州、直隶州知州,诰授朝议大夫。至今台湾的名胜古迹,留有沈受谦的事迹与笔墨,如他修建的莲壶书院是清代府城规模最大的书院，他修建的文昌阁至今悬挂着他题写的匾额。

沈受谦是一个清朝能官，为官20多年，有政绩，善经商，积蓄了大量的钱财，这为沈定一今后的革命提供了强有力的财力支持。

沈受谦还是一个爱国绅士。致仕回乡后，大力支持浙江保路运动，如在杭州召集同乡会，发动萧绍士绅认股20余万元(约占总股金的五分之一)，并命儿子沈定一以股东代表身份参与浙江铁路公司工作。之后，不惜耗费家财支持儿子追随孙中山，参加革命活动。可以说，没有沈爱谦的大力支持，包括财力上、精神上的支持，就没有革命先驱沈定一。

沈受谦先后娶了4位妻妾，这种妻妾成群的大家庭，对沈定一也有一定的影响，好在定一是沈受谦最小的一个儿子，最受沈受谦的宠爱，他所做的一切革命活动，父母都给予了无私的支持。这说明沈定一父母是非常开明的，否则不会舍全家之财力给沈定一去革命。

(三)定一以革命毁家

沈定一萧山长巷沈氏粮长支三十三世。他的大哥沈宗约，是清朝同知衔福建候补先盐大使，后全家定居台湾。他的二哥沈宗伦(沈仲清)，袭云骑尉，当过福建候补盐大使，与沈定一同一年加入国民党、同一年去世。

在那个时代，沈家是拥有良田数万亩、富甲一方的大户。沈定一不经商，当官也不为发财，做的全是毁家为民的事。如初到云南广通县任知县，自己出钱办学堂，说服当地的百姓送子女到学堂读书，他甚至自己出钱请教书先生 ，提供学生食宿，还给学生零花钱，而在此之前当地的百姓还不知道什么是读书，感到非常害怕，真不相信天下竟会有这样的好事，如遇债务纠纷，无法解放，沈定一还自掏腰包给他们了结，老百姓真把他当作青天大老爷了。当他离开广通的时候，当地人士还立了一个祠堂纪念他。坐堂判事主持公道，深受百姓爱戴。当他离开广通时，当地人建生祠纪念他。

在萧山衙前，他独资创办了衙前农村小学，先后邀请浙江第一师范学校的进步师生刘大白、宣中华、徐白民、唐公宪、杨之华等人担任教师。

还在衙前创立了中国第一个农民协会，组织和领导了中国现代最早的农民运动。当他培养出来的农民运动组织者之一、佃农李成虎牺牲的时候，他又从上海赶回家乡，亲自出资安葬李成虎，并为李成虎竖了墓碑，建了墓道，在纪念牌坊上亲书楹联：正面是“中国革命史上的农人，这位要推头一个；四山乱葬堆里之坟墓，此外更无第二支”，背面是“吃苦在我，成功在人”。

在沈定一死后，他的夫人王爱芬把沈定一创办的衙前农村小学改名为定一小学，并任定一小学校长，为定一小学争取了大量经费，在中华人民共和国前夕，还把大部分私有沙地分给一批佃户和李成虎的儿子李张保，可谓继承定一的愿望，把兴教育、帮助贫苦农民当作己任。

沈定一用家产做经费追随孙中山干大革命，父母无悔。但作为兄长，沈仲清曾劝沈定一，干革命为民不能毁家，革命可以分很多方式，像实业救国等。沈定一没听。后来兄弟分家，沈定一几乎花光了所有家产“为国为民”。

沈定一于1928年7月给国民党政要写信云：“定一以革命毁家，新丁兄丧，奉老母居乡，将馨毕生之力以从事于乡村自治。个人之权利幸福无所图，灾祥生死不在念。虽前者被共产党污报所中伤，近今遭同地中流言所袭击。但义之所在苟利党国，即老母亦许其出万死而为之。”结果，一个多月后，沈定一被刺杀。

1928年8月28日下午5时，沈定一在衙前汽车站遇刺身亡，终年46岁。9月，国民党要员戴季陶、张静江等组成“沈定一先生治丧委员会”，以国葬仪式安葬，省政府专拨8000元建造坟墓。11月1日，沈定一遗体安葬于萧山衙前凤凰山北麓，张静江书写墓碑曰“沈定一先生之墓”，另在沈定一被害处建立纪

沈定一纪念碑（1953年圮）

念碑，碑前立有与真人同高的铜像一座，戴季陶亲题“沈定一先生被难处”。1935年，柳亚子游浙东，看到曾经一起创办南社的诗友沈定一纪念碑，不禁题诗一首：“一塔巍然踞道旁，玄庐才气不寻常。恩仇牛李成何事，化鹤归来费忖量。”

沈定一的死，至今是一宗悬案。有人说是蒋介石所杀，因为沈定一所属国民党西山会议派，想推翻蒋介石。有人说是共产党所杀，因为沈定一在他人生最后几年因故逆转，反对国共合作。有人说是地主、土豪劣绅所杀，因为沈定一组织农民抗税减租，遭到地主、土豪劣绅的憎恨。萧山人、中共浙江党组织的创始人之一、中共三大代表、国务院参事室参事徐梅坤，在《九旬记旧——徐梅坤生平自述》（光明日报出版社1985年版）指出沈定一为将介石所杀：“1928年蒋介石通过何应钦派刺客杀了沈玄庐。国民党反动派曾造谣说，沈的死，是共产党为报复而干的。显然这是别有用心的阴谋勾当。”

沈定一故居

作家诗人郁达夫家世考

郁达夫（1896—1945）

郁达夫（1896—1945），谱名荫生，字斐然，考名文。浙江富阳满家弄（今达夫弄）为出生地。1913年随长兄郁曼陀留学日本。1921年出版小说集《沉沦》，与郭沫若、成仿吾等发起成立创造社。回国后从事新文学创作，主编《创造季刊》《洪水》等文学刊物，并先后在北京大学、武昌大学、中山大学等校任教。1928年与鲁迅合编《奔流》杂志，致力于外国文学的翻译介绍。1930年参加中国左翼作家联盟。1933年加入宋庆龄、蔡元培主持的中国民权保障同盟。抗日战争时期在新加坡主编《星洲日报》文艺副刊，积极从事抗日救亡宣传工作。新加坡陷落后流亡苏门答腊，暗中保护和营救不少抗日分子、印度尼西亚群众和华侨，1945年9月17日被日本宪兵秘密杀害于武吉相宜附近的丹戎革岱的荒野中，终年50岁。1952年被中央人民政府追认为革命烈士。

郁达夫早期小说大都表现五四青年的爱国情绪、社会遭遇和内心忧郁，对封建道德礼教作大胆挑战，情调伤感激愤。20世纪30年代后转以散文、游记创作为主，文风趋于清隽洒脱，所作旧体诗词成就也很高。一生写诗作词600余首，著有《达夫全集》7卷、《忏余集》《达夫散文集》《达夫日记集》等，有《郁达夫全集》行世。曾言“我不是一个战士，只是一个作家”,最终从文人到抗日战士的转变。夏衍先生评价“达夫是一个伟大的爱国者,爱国是他毕生的精神支柱”。胡愈之先生称“在中国现代文学史上,将永远铭刻着郁达夫的名字。在中国人民反法西斯战争胜利的纪念碑上,也永远铭刻着郁达夫烈士的名字”[①]。

中外学者研究郁达夫的论著极多,但由于富阳郁氏没有创修家谱,郁达夫的祖先世系在很长一段时间无法厘清,有关论著涉及郁达夫的家世,也多是祖父与父亲及其配氏的生卒简表,以及父早卒而母持家的记事。1988年始有学者披露民国36年(1947)《萧邑郁氏宗谱》(文盛堂)记载有富阳郁氏第一世至第十九世郁达夫兄弟的内容。郁达夫兄弟的后代闻讯亲往萧山郁家山下村寻根,看望族人,宗亲交流绵延。笔者即据此谱考论郁达夫的家世及其特征。

富阳派郁氏入《萧邑郁氏宗谱》的时间

杭州市萧山区,距离杭州市余杭区约35公里,距离杭州市富阳区约40公里。萧山郁氏始迁地郁家山下,位于萧山城南20公里。

郁家山下村先后于清嘉庆十六年(1811)、道光二十七年(1847)、光绪七年(1881)、民国3年(1914)、民国36年(1947)5次编修《萧邑郁氏宗谱》。

除了首部宗谱未存于世,其他的保存完好,其中道光年间(4卷)、光绪年间(4卷)宗谱保存人皆为萧山城区居民申某,民国3年(1914)(6卷)、民国36年(1947)(8卷)宗谱保存地皆在萧山郁家山下村。

民国年间的2次修谱,记载有富阳派郁氏的世系,谱中“经纬图”上,清晰地标有“富阳派”3个字,“行传”则记录富阳派第一世至第十九世,合计120余名男性的个人信息,其中郁曼陀、郁养吾、郁达夫3兄弟,分属第

---

① 胡愈之:《郁达夫:爱国主义者和反法西斯的文化战士——在纪念郁达夫烈士遇难四十周年座谈会上的讲话》,原载《人民日报》1985年8月30日。

十九世礼字辈，排行第二、第四、第十一。

而清朝的3次修谱，均没有载入富阳派郁氏的世系。

（一）第一次修谱

清嘉庆十六年(1811)。族长郁仕超，房长郁仕圣，主要撰写人为第十三世的郁相，字乾林，因“自始祖迄今未成宗谱，今春，乾林公独兴义举，纠族众以理宗祧，捐家资以为倡，率十四世之家谱用告厥成，正本清源之事，非乾林公孰能哉”[①]。富邑星桥庠生何承天写《萧邑郁氏宗谱序》。

此次修谱，富阳派郁氏未入谱。

（二）第二次修谱

道光二十七年(1847)。第十四世的郁锦沾，字近川，名郁胜，国学生，撰《萧然郁氏修辑家乘序》：“我族之支派较之前而愈盛而愈繁，于是我等同志者，安发、启良、如松、志奇、国望、瑞鳳、国相、祖望、祥豪、兆贵、大章、正昌、思洪、兆明、宰隆、万全，乃道光丁未之岁，邀集诸师而为之。”[②]晚生诸邑傅镐写《郁氏同人志》。

清道光二十七年《萧邑郁氏宗谱》

此次修谱，富阳派郁氏未入谱。

（三）第三次修谱

光绪七年(1881)。族长郁

① 〔清〕徐位朋：《乾林公家传》，《萧邑郁氏宗谱》，民国36年(1947)。

② 〔清〕郁锦沾：《萧然郁氏修辑家乘序》，《萧邑郁氏宗谱》，民国36年(1947)。

睿元,房长郁锦棠,因“辛酉秋,粤杨入境,族姓流离,惨遭兵燹,而是谱犹赖以存者殆,亦先人呵护之灵乎,迄今祠中燕会丱角,垂髫观者如堵墙,孰为某家子,孰为某家孙,几几乎不可辨识”,“必续是谱而增修之,所为绵延于绝续之,交俾后来有志者,不至无从稽考也。”[①]同族孝廉郁昌耿撰《萧邑郁氏宗谱序》。富阳派郁氏未入谱。

此次修谱,族人郁昆(约1839—1880)刚去世不久,翰林院编修林国柱《郁漱山公配韩太夫人传赞》以及《漱山公像赞》收入该谱。郁昆,字漱山,居萧山县城郁家弄,属清咸丰年间从郁家山下迁出的分支,是萧山郁氏历史上唯一的进士,清同治十年(1871)探花(殿试一甲第三名),初授翰林院编修,先后出任顺天乡试同考官、广东乡试副考官、提督湖北学政,官至翰林院侍读,惜42岁卒。为该谱写序的族人郁昌耿,亦为萧山城区人,光绪元年(1875)举人,其妻陈氏是清殉难烈妇,胞妹郁瑛姑、郁璜姑是清殉难烈妇。除此之外,萧山郁家山下郁氏没有出过举人、进士、贡生以及七品以上官员。

(四)第四次修谱

民国3年(1914)。族长郁大海,房长郁祖林,富阳派郁氏首次入谱。

郡庠生周秉彝在《萧邑郁氏宗谱序》说明了萧邑郁氏的来源以及富阳派郁氏入该谱的缘由:“考郁氏始祖授姓之源委,始姓姬,继姓周,其后郁贡公为鲁相子孙,因以郁为氏,传至绵公,任宋节度使,因权奸误国,宋室南迁,建都于浙江临安,公遂解组率昆季子侄,归隐于余杭梁朱焉,不数传而子孙繁衍,迁派不一。绵公之子祺公,祺公之子文游公,文游公之次郎明笙

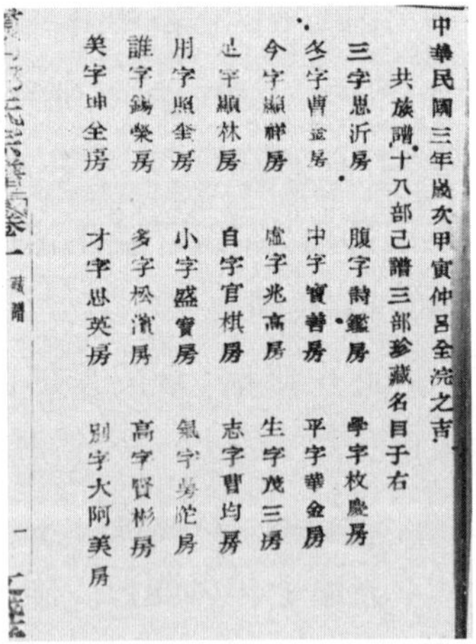
中華民國三年歲次甲寅仲吕全浣之吉
共族譜十八部已譜三部珍藏名目于右
三字思沂房 腹字詩鑑房 學字枚慶房
冬字曹[illegible]房 中字寶善房 平字華金房
今字顯祥房 盧字兆高房 生字茂三房
止字顯林房 自字官棋房 志字曹均房
用字照奎房 小字盛寶房 氣字曼陀房
誰字錫槃房 多字松濱房 高字賢彬房
美字坤全房 才字恩英房 別字大阿美房

民国3年(1914)藏谱名单中的气字曼陀房

① 〔清〕郁昌耿:《萧邑郁氏宗谱序》,《萧邑郁氏宗谱》,民国36年(1947)。

公，偕昆仲辈，贸易浙东萧邑之上南乡，见夫十五都四图之燕窝山，地理山脉均属灵秀，乃与祖弟明管公、明箢公，择而居之，更名其山为郁家山，可知明笙公为郁氏开基之鼻祖。其他分派迁居者，均载谱系，惟祺公之长郎文遨公一派，徙居富阳，迄今一十有九世，从未有创稿接谱者，查其支派，系与文游公、文进公、文迈公同父昆弟，其为懿亲嫡派无疑。今闻郁氏续辑宗谱，彼即投稿接印，虽各自为一房，要皆本于一祖也。此谱一成，而卜居星散，面目不相识者，一阅是谱皆晓然，于尊卑亲疏 而称谓之不淆，且循流溯源而知共于一本，郁氏尊祖，收族之大义，庶几世世子孙，勿替引之。”[①]

此次修谱，富阳派郁氏之所以入谱，是因为富阳派郁氏与萧山郁氏同属一祖，祖先皆是南宋节度使郁绵，因忤权臣率全家避乱于余杭梁朱（良渚），郁绵的长子郁祺生四子：郁文遨、郁文游、郁文进、郁文迈，富阳派郁氏奉郁文游为第一世，萧山郁氏奉郁文遨、郁文进、郁文迈为第一世，他们为同父兄弟。可能是富阳派郁氏散居富阳的缘故，之前没有创建宗祠和家谱，此次受邀加入《萧邑郁氏宗谱》也是在情理之中。富阳派郁氏载入第一至第十九世共120余名男性，其中郁达夫兄弟三人是第十九世，分属礼字辈第二、第四、第十一。

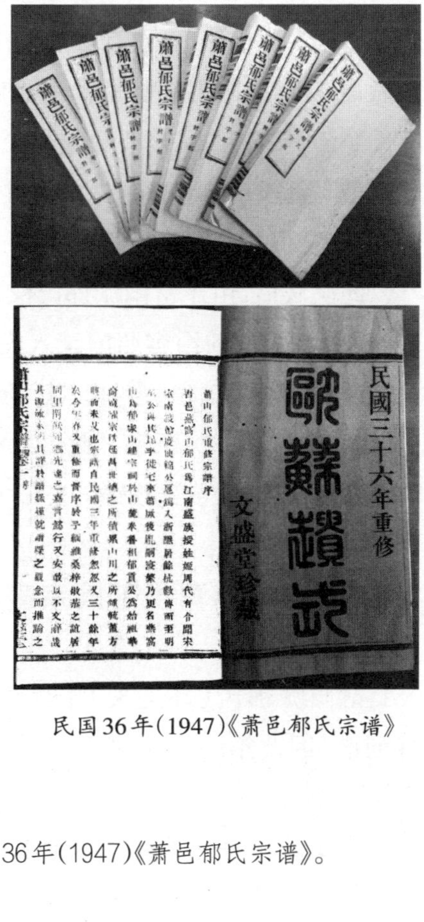

民国36年（1947）《萧邑郁氏宗谱》

此谱印制21部，以“×字×房”名目依次排列，将各部名目的第一个

① 周秉彝：《萧邑郁氏宗谱序》，民国36年（1947）《萧邑郁氏宗谱》。

字符串联起来，即二十一字："三、冬、今、足、用、谁、笑、腹、中、虚、自、小、多、才、学、平、生、志、气、高、别"。如第一部为"三字思沂房"，第二部为"冬字曹金房"，郁达夫的大哥郁曼陀分到的第十九部为"气字曼陀房"。

这是富阳派郁氏唯一的一次参与修谱。

（五）第五次修谱

民国36年（1947）。族长郁锡金，房长郁思枨，绍兴县修志馆馆长萧山董柏庢撰《萧邑郁氏重修宗谱序》，入谱的有第一至第二十一世的郁氏，其中第二十世28人，第二十一世4人。

此次修谱，富阳派郁氏没有参与。当时，郁达夫的母亲陆氏、长兄郁曼陀已经去世，郁达夫失踪，子女散落国内外。据蒋毅、陈亚兰调查，"郁家山下曾派与富阳郁氏同房的蓬手郁炳生去富阳联系。当时达夫的二哥养吾说：'目前家人国内四散，有的还在国外，难以召集起来，这次修谱无法做进，只有下次再补上了，'因而郁达夫的祖母戴氏卒于1923年、母亲陆氏卒于1937年、兄长郁曼陀卒于1939年、郁达夫卒于1945年，在1947年修谱时都没有入谱。原入谱的企曾公三子，长子郁华、次子郁浩、幼子郁文，都是根据民国三年版重录"。[①]

此次修谱，由于富阳派郁氏没有增丁入谱，故也没有分到宗谱，民国3年（1914）入谱的内容照旧录入民国36年（1947）的谱中。谱中的行第为："万、启、平、江、瑄、琴、悦、长、会、元、昌、铨、桂、馥、兰、芳、诗、书、礼、乐、孝、友、传、家"24个字。此谱共8卷，至今保存完好。

富阳郁氏、余杭良渚镇勾庄郁宅村郁氏尚未发现有宗谱存世。

入《萧邑郁氏宗谱》富阳派郁氏的世系

富阳派郁氏（郁达夫）于民国3年（1914）首次入谱，在此之前没有创谱，因此第一世至第十三世的记载极为简要，生卒葬失考，有的

---

① 蒋毅、陈亚兰：《郁达夫祖籍考》，《浙江学刊》1988年第6期。

没有名字，只有排序，自乾隆时期的第十四世郁大镛（郁达夫的太高祖）下传至民国时期的第十九世郁达夫这一脉较为详细。

如第一世郁文遨，配高氏，生一子，生卒葬俱失。[①]

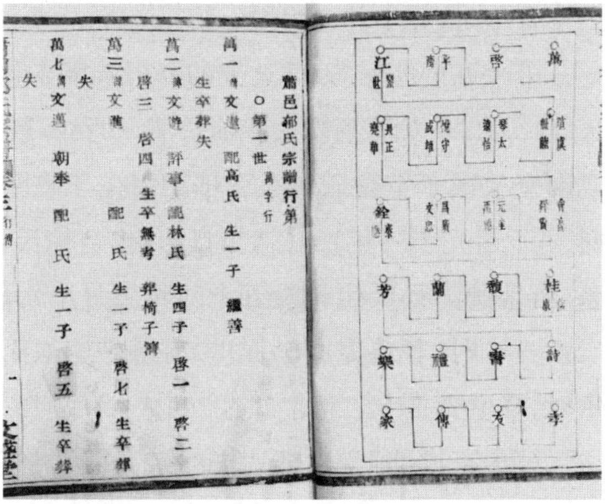

蕭邑郁氏宗譜行第
○第一世
萬一 文遨 配高氏 生一子 繼善
生卒葬失
萬二 文游 諱事 配林氏 生四子 啓一 啓二
啓三 啓四 生卒無考 葬椅子灣
萬三 文進 配 氏 生一子 啓七 生卒葬
失
萬七 文邁 朝奉 配 氏 生一子 啓五 生卒葬
失

郁氏第一世郁文遨、郁文遨、郁文游、郁文进、郁文迈兄弟

第二世郁继善，宋深医术，其砭焫之妙，得之凤阳刘伯渊，伯渊得之太师窦文正，公故学有渊源，为时所重，子孙皆以医仕，配赵氏，生二子，生卒葬俱失。[②]

第三世郁仁富（郁继善长子），配赵氏，生二子，生卒葬俱失。[③]

第四世郁义安（郁仁富长子），迁居富邑城内满家弄，配何氏，生三子，生卒葬俱失。[④]

第十四世郁大镛（郁达夫的太高祖），配邵氏，继孙氏，生二子：嗣海、嗣奎，二女：长女嫁惠民六庄孙炳发，幼女嫁本邑恩波四庄徐永源。郁大镛生于乾隆十八年癸酉十二月十六日午时，卒道光六年丙戌十二月十六日申时，葬东山断垅坑民田内，及长子长媳合墓，有墓碑。劭氏生乾隆二十二年，卒乾隆四十九年七月二十七日巳时，葬本城小北门祖坟侧西首。孙氏生乾隆二十七年壬午十一月十一日寅时，卒嘉庆十年乙丑七月

① 民国3年（1914）《萧邑郁氏宗谱》（文盛堂）第三卷《行传》。

② 民国3年（1914）《萧邑郁氏宗谱》（文盛堂）第三卷《行传》。

③ 民国3年（1914）《萧邑郁氏宗谱》（文盛堂）第三卷《行传》。

④ 民国3年（1914）《萧邑郁氏宗谱》（文盛堂）第三卷《行传》。

二十日午时,葬小井合坞里。[1]

第十五世郁嗣海(郁达夫的高祖),字克念,号立星。配小井下台门孙氏,生二女,长女嫁惠民大庄陆长清,幼女嫁惠民七庄劭亮如。侧室徐氏,以嗣奎公次子宝鑫兼承祧。郁嗣海生于乾隆五十四年四月二十二日午时,卒于道光十三年二月初二日申时,与徐氏合葬东山断垅民田内,附父墓,有墓碑。孙氏生乾隆五十四年二月十六日丑时,卒咸丰元年十二月十六日申时,葬鸡笼山早样里,有墓碑。徐氏生嘉庆十五年八月十一日寅时,卒道光二十二年十二月二十一日戌时。[2]

第十五世郁嗣奎(郁达夫的亲高祖),字贵洲,号秋帆,拔贡,配小井木牌楼孙氏,继本城南门俞氏,生三子:天龙、宝鑫兼承嗣海公祧、蔚琴,一女嫁惠民庄毛湾里孙。郁嗣奎生乾隆五十七年十一月初四寅时,卒道光十四年七月初十日,葬东山汪家村上面。孙氏生乾隆六十年七月初七日午叶,卒嘉庆十八年七月二十日酉时。俞氏生乾隆五十九年十二月十二日酉时,卒同治元年四月十四日申时,葬谢家溪犁头尖。[3]

第十八世郁企曾(郁达夫的父亲),字士贤,号省斋,配本城庠生童厅泉长女童氏,继小井陆园里庠生陆岗峰幼女陆氏,生三子:莲生、浩生、荫生,一女嫁环山庆护十一庄叶阿贤。郁企曾生同治二年六月二十

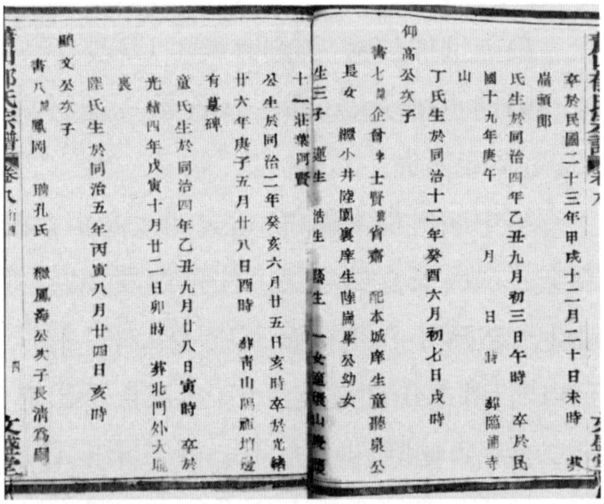
卒於民國二十三年甲戌十二月二十日未時 葬
嶺頭郎
氏生於同治四年乙丑九月初三日午時 卒於民
國十九年庚午 月 日 時 葬臨浦寺
山
丁氏生於同治十二年癸酉六月初七日戌時
仰高公次子
書七 企曾 士賢 省齋 配本城庠生童聽泉公
長女 繼小井陸園裏庠生陸崗峯公幼女
生三子 蓮生 浩生 蔭生 一女
十一莊葉阿賢
公生於同治二年癸亥六月廿五日亥時卒於光緒
廿六年庚子五月廿八日酉時 葬青山
有墓碑
童氏生於同治四年乙丑九月廿八日寅時 卒於
光緒四年戊寅十月廿二日卯時 葬北門外
裏
陸氏生於同治五年丙寅八月廿四日亥時
顯文公次子
書八 鳳岡 孔氏

《萧邑郁氏宗谱》中的郁达夫父亲郁企曾(书七)

① 民国3年(1914)《萧邑郁氏宗谱》(文盛堂)第四卷《行传》。
② 民国3年(1914)《萧邑郁氏宗谱》(文盛堂)第五卷《行传》。
③ 民国3年(1914)《萧邑郁氏宗谱》(文盛堂)第六卷《行传》。

五日亥时,卒光绪二十六年五月二十八日酉时,葬青山坞祖坟旁,有墓碑。童氏生同治四年九月二十八日寅时,卒光绪四年十月二十二日卯时,葬北门外大垅里。陆氏生同治五年八月二十日亥时。①

第十九世郁莲生(郁达夫的大哥),字庆云,号曼陀,考名华。大清邑庠生,于宣统二年考试留学生,特授七品小京官,应补考试法政举人,发礼部录用。光复后,奉大总统特授京师高等审判厅推事员,以民国二年又奉大总统令谕,派赴日本考察司法部事务。配本城市心巷何子亨幼女何氏,继安徽陈氏。郁莲生生于光绪十年七月十六日巳时。何氏生光绪八年正月二十四日午时,卒光绪三十一年十月二十三日戌时,葬谢家溪梨头尖。陈氏生光绪十九年。②

第十九世郁浩生(郁达夫的二哥),一名振浩,考名彦超,字卓然,又字养吾。宣统三年由陆军学堂毕业。光复后,充任绍兴游击队哨官。后入北京预备学堂 ,又奉大总统令谕,回杭兼理浙江全省讲武学堂事务。配场口小园邑庠生李福贤之女李氏。郁浩生生光绪十七年七月初三日卯时。李氏生光绪十五年六月二十日寅时。③

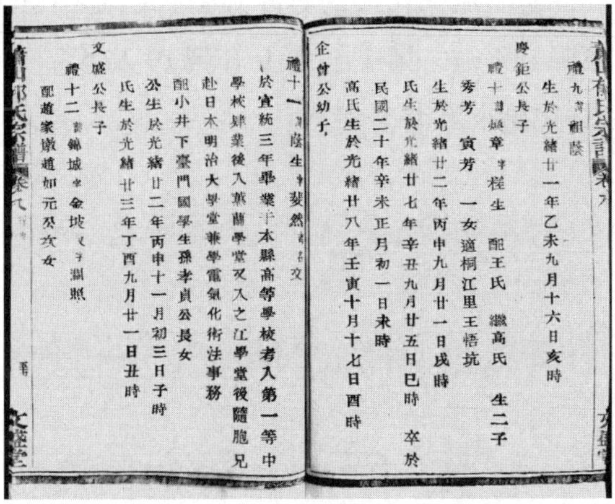
禮九 祖蔭
生於光緒廿一年乙未九月十六日亥時
慶鉅公長子
禮十 煥章 桂生 配王氏 繼高氏 生二子
秀芳 寅芳 一女適桐江里王悟抗
生於光緒廿二年丙申九月廿一日戌時
氏生於光緒廿七年辛丑九月廿五日巳時 卒於
民國二十年辛未正月初一日未時
高氏生於光緒廿八年壬寅十月十七日酉時
企曾公幼子
禮十一 蔭生 斐然 文
於宣統三年畢業于本縣高等學校考入第一等中
學校肄業後入蕙蘭學堂又入之江學堂後隨胞兄
赴日本明治大學堂兼學電氣化術法事務
配小井下臺門國學生孫孝貞公長女
公生於光緒廿二年丙申十一月初三日子時
氏生於光緒廿三年丁酉九月廿一日丑時
文盛公長子
禮十二 錦城 金坡 淵照
配趙家墩趙如元公次女

《萧邑郁氏宗谱》中的郁达夫(礼十一,郁荫生)

第十九世郁荫生 (郁达夫),字斐然,考名文。于宣统三年毕业于本县高等学校,考入第一等中学肄业,后入惠兰学堂,又入之江学堂。后随

① 民国3年(1914)《萧邑郁氏宗谱》(文盛堂)第六卷《行传》。

② 民国3年(1914)《萧邑郁氏宗谱》(文盛堂)第六卷《行传》。

③ 民国3年(1914)《萧邑郁氏宗谱》(文盛堂)第六卷《行传》。

胞兄赴日本明治大学堂兼学电气化术法事务。配小井下台门国学生孙孝贞长女孙氏。郁达夫生光绪二十二年十一月初三日子时。孙氏生光绪二十三年九月二十一日丑时。[1]

其他入谱的富阳郁氏内容,全部附录于文后,在此不一一罗列。

从《萧邑郁氏宗谱》看郁达夫家世特征

富阳派郁氏入谱内容十分简略,没有人物传记、像赞,从世系中分析其家族特征,大致有如下几点:

(一)人口有升有降,洪杨之乱致人口锐减

富阳派郁氏入谱男性120余人,其中第十五世最多,21人,第十六世下降到14人,第十七世上升到19人,第十八世下降到8人,第十九世7人,比第十五世少14人。

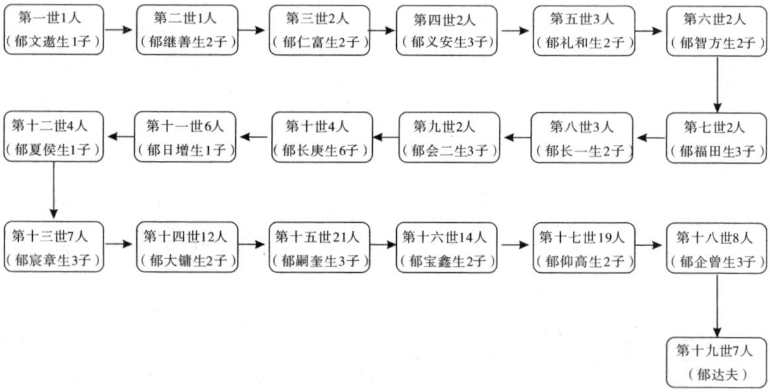

富阳郁氏(郁达夫)第一世至第十九世男性发展(世系)图

究其原因,清乾隆、嘉庆时期,经济发展,社会平稳,导致人口激增。清咸丰末期至同治初期,太平军与清军的战争,对富阳祸害极大。太平天国运动又称“洪杨之乱”,富阳是重灾区。《富阳县志》记载,原新城县

---

① 民国3年(1914)《萧邑郁氏宗谱》(文盛堂)第6卷《行传》。

（今富阳区新登镇）人口，洪杨之乱前的咸丰八年（1858）有16834户80196人，洪杨之乱后的同治二年（1863）为4815户12073人，同治三年（1864）为4308户10643人，比咸丰八年减少12526户69553人[①]，"迨至（同治）二年（1863）正月，上江败贼下窜，最后为花旗贼，遇屋即火，逢村便屠。又以乡村无可掠食，见民之有肥胖者，即杀以为粮。由是瓜删草剃，村落尽成灰烬，黎民无复孑遗矣。按粤寇之祸，江南各乡遗民尚剩十之二三，江北则五十之一二，以南方收复尚迟六阅月，此六月中，日死民当以万计"[②]。可见富春江以南地区人口损失率至少达60%，江北地区土著所剩不多，可能仅占当地人口的5%左右。

《萧邑郁氏宗谱》记载，富阳派第十七世郁建周（1844—?），是郁达夫的亲祖叔，郁宝鑫次子，生道光二十四年八月初三日卯时，卒正月二十八日卯时，葬失考。贼匪时死难，卒于何时，未详，正月二十八日卯时为虚拟，由抽签得之。这里的"贼匪"，就是指太平军。同时期的还有12名郁氏男性卒时无考，卒于何地无考，下落不明，导致卒时"由抽签得之"的怪现象。

家族不发达，财力不丰盈，多寡妻无妾室，也是子嗣繁衍缓慢的一个因素。

（二）十五世始出贡生，数百年无举人进士

富阳派郁氏除第二世郁继善是名医、第十九世郁达夫兄弟是名士以外，基本上没有出过什么名人仕宦，仅在第十五世出了二个贡生，一个是郁培芳，一个是郁嗣奎（郁达夫的亲高祖），但都未写明职业。

科举时代，挑选府、州、县生员（秀才）成绩或资格优异者，升入京师的国子监读书，称为贡生。清代贡生有六种：岁贡、恩贡、优贡、拔贡、副贡、例贡，前五种是正途出身，称五贡，例贡指通过捐款取得贡生资格的。贡生与贡士不同，举人经会试而被录取者称贡士，贡士经过殿试录取者称进士。也就是说，贡生比秀才高一个档次，比举人低一个档次，

① 《富阳县志·人口》，浙江人民出版社，1993年，第163页。

② 清光绪二十三年（1897）《富阳县志·兵事》，卷十四。

比贡士低两个档次，比进士低三年档次。贡生为地方层面的高级知识阶层，经过朝考合格，可以充任知县、儒学训导等职。郁达夫的亲高祖郁嗣奎作为贡生是否通过朝考合格，充任儒学训导等职，在宗谱中没有记载。

一般说来，家族中有科举高中、做官者，宗谱是有记载的。如萧山城区郁家河头（郁家弄）郁氏是从郁家山下分迁出来的，有进士第三名郁昆（字漱山），官至翰林院侍读，虽然郁家河头（郁家弄）分支另有《西河郁氏宗谱》，但郁家山下《萧邑郁氏宗谱》载有《郁漱山公配韩太夫人传赞》《漱山公像赞》，郁昆的探花匾、翰林匾后来也保存在郁家山下郁氏家庙里。

从《萧邑郁氏宗谱》看，从第四世至第十八世的数百年间，富阳郁氏没有出现过举人、进士、九品以上官员。郁达夫的亲高祖郁嗣奎是拔贡，曾祖郁宝鑫、父亲郁企曾连秀才都不是，加上郁氏是小姓氏，人口不多，杂居在富阳城内，太平天国后又四散逃迁，郁氏家族在富阳根本谈不上名门望族。郁氏读书、经商、行医、农作兼而有之，均为维持生计。郁达夫的父亲郁企曾，就是一个典型代表，早年为私塾教师兼行中医，后任地方庄书，经办某村庄房屋田地的登记、过户和报税手续[①]，因劳累过度，39岁病卒。

（三）有继室无侧室，家族没有发迹兴盛过

谱中的120多名男性，有继室（再娶）的19名，大多为原配早逝无出，再娶生儿传宗接代。如郁达夫的亲高祖郁嗣奎，原配孙氏19岁卒，继俞氏生有三子一女。郁达夫的曾祖郁宝鑫，原配高氏22岁卒，继唐氏生有二子二女，34岁卒；续屠氏47岁卒。郁达夫的父亲郁企曾，原配童氏，15岁卒，继陆氏生有三子一女，即郁达夫三兄弟一个姐姐。

富阳郁氏第一世至第十八世仅有一名男性有侧室，为原配无子而纳妾，妾又无出，只好过继。即郁达夫的高祖郁嗣海，原配孙氏生

① 郁云：《郁达夫传》，福建人民出版社，1984年4月，第3页。

有二女，无子。郁嗣海纳侧室徐氏，以郁达夫亲高祖郁嗣奎的次子郁宝鑫兼承祧，即郁宝鑫兼做郁嗣海与徐氏、郁嗣奎与俞氏的儿子，徐氏33岁卒，得以与郁嗣海合葬，而原配孙氏63岁卒，未得与郁嗣海合葬。

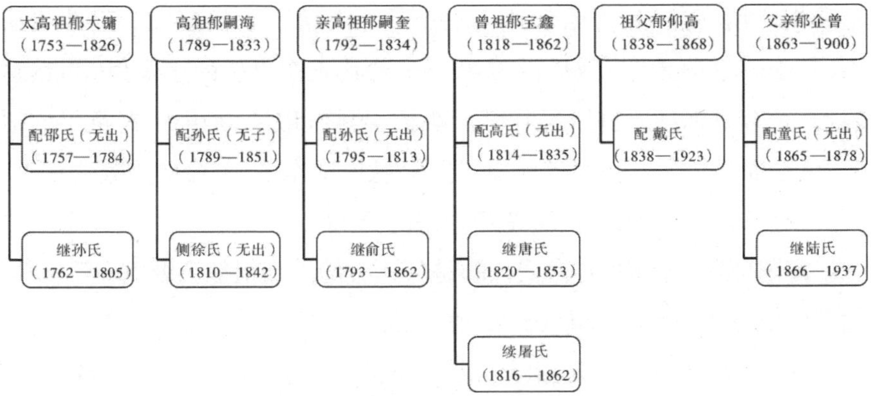

郁达夫太高祖（第十四世）至郁达夫父亲（第十八世）配氏图

注：郁嗣奎之子郁宝鑫兼承郁嗣海祧

有妻无妾，与妻妾成群相比，后者需要财才支撑，子嗣繁衍也快些。在一夫多妻制的封建社会，妻妾的多少是权力、财富的象征。虽然郁氏宗谱没有记载职业、财富等内容，但从普遍一夫一妻、有继室少侧室的婚配看，可见其家族的社会地位并不高。

据郁达夫自传之一《悲剧的出生》、郁达夫之子郁云《郁达夫传》记载：郁达夫出生在一个不曾发迹过的破落乡绅家里，儿时的记忆便是饥饿，对饥饿的恐怖时时紧逼着他，“郁家的境遇，早在太平天国前后就每况愈下。太平军进城时，郁企曾的一个叔叔，因不堪贫困，参加了李秀成部出征，下落不明。当郁达夫作为企曾第四个孩子诞生时，境况已很窘迫，尽管母乳不足，却无力雇用奶妈。郁达夫由于从小营养不足，体弱多病，在他未满一周岁时，便因杂食过量，闹过一年多的肠胃病，给全家增添了不少麻烦。郁企曾则因担负一家生活重担，积劳成疾，于一九〇〇年（清光绪二十六年）六月逝世，终年三十八岁”[①]，“在这里总算是悲剧的序幕结束了，此后便只是孤儿寡母的正剧的上场”[②]，“一家六口生活，全靠陆氏在满洲弄口摆设炒货摊，以及几亩祖传薄田收入来维持，不足之数，惟赖借贷。当郁企曾去世的第二年，郁达夫的姐姐郁凤珍就因无力抚养，送给环山（富阳乡间）叶有耀（幼名阿贤）为童养媳。所有这些，都给郁达夫幼小的心灵留下了伤痕”[③]。郁达夫认为，在中日战争中“战败后的国民——尤其是初出生的小国民，当然是畸形，是有恐怖狂，是神经质的”。饥饿、恐怖、敏感，是郁达夫童年的记忆，也是郁达夫文学作品的流露，还是他勤学、奋进、革命的因素之一。

（四）高祖至父亲四代均短寿，女有长寿者

富阳郁氏男性中，寿命最长的是郁达夫的太高祖郁人镛，享年74岁，配邵氏28岁卒，无子，继孙氏生二子二女，44岁卒。

郁达夫的高祖、曾祖、祖父、父亲分别是43岁、45岁、31岁、39岁卒，均系寿短，去世早。

女有寿短者，如郁达夫的高祖原配孙氏19岁卒，曾祖原配高氏22岁卒、继室唐氏34岁卒、续屠氏47岁卒，父亲原配童氏15岁卒。

女有寿长者，如郁达夫的高祖继室俞氏70岁卒，祖父原配戴氏86岁卒，父亲继室陆氏（郁达夫的生母）72岁因日军入侵躲避山中冻饿而死。

在封建社会，重男轻女，妻死，可继、可续，妻无子，可纳妾，而夫死改嫁者少，大都坚贞守节到老死。这样，家庭的担子就压在女人身上。如郁达夫的祖母戴氏，年轻守寡，独立抚养2个年幼的儿子，不想小儿子郁建周10多岁在洪杨之乱中失踪，大儿子郁企曾39岁病卒。失去2个儿子后，戴氏终日念经拜佛，郁达夫的母亲陆氏为挑起一家生活重担，常奔走于城乡之间。郁达夫7岁的姐姐郁凤珍因为家里无力抚养，送出去给别

---

① 郁云：《郁达夫传·家庭和童年》，福建人民出版社，1984年4月，第3页。

② 郁达夫：《郁达夫·悲剧的出生》，文汇出版社，2001年1月，第346页。

③ 郁云：《郁达夫传·家庭和童年》，福建人民出版社，1984年4月，第3—4页。

人当童养媳，可见郁达夫家境的困窘。郁达夫自传之一《悲剧的出生》记载："守了数十年寡的祖母，也已将人生看穿了，自我有记忆以来，总只看见她在动着那张没有牙齿的扁嘴念佛念经。自父亲死后，母亲要身兼父职了，入秋以后，老是不在家里；上乡间去收租谷是她，将谷托人去砻成米也是她，雇了船，连柴带米，一道运回城里来也是她。"[①]陆氏坚贞、持家，含辛茹苦把郁达夫三兄弟哺育成优秀才俊、革命志士，她是值得永远被尊敬与怀念的伟大的母亲。

（五）十四世始购坟地，郁孙两家结义联姻

修家谱、修家庙、修祖坟，是家族"三修"大事。萧山郁氏第二世郁明笙于宋末元初迁居郁家山下，建宗祠于山麓，后又有多次修建。富阳郁氏没有创建过宗祠和家谱，归入萧山郁家山下郁氏宗祠和宗谱。清嘉庆十四年（1809），郁达夫的太高祖郁大镛在富阳购买了一块坟地，成为了祖坟。

郁达夫祖上与小井的孙家是世交。第十三世郁宸章与小井的孙天佑少年结义，永世交好。第十四世郁大镛的继配是小井的孙氏，孙氏生二子嗣海、嗣奎。第十五世郁嗣海原配小井的孙氏，郁嗣奎原配小井的孙氏。第十八世郁企曾继配小井的陆氏，即郁达夫的母亲。第十九世郁达夫原配孙氏。数代郁氏先后配小井的孙氏和陆氏，说明郁氏与小井的孙氏结义、联姻非同一般。

第十四世郁大镛和小井的孙绍华，为继承父辈遗愿，在富阳屠山十一庄石阜岭之西，向柴永年、柴嘉尚买得一块坟地，土名荆竹山，计三亩四分五厘。双方订立合同议信契约，以子孙相传，有据可考，该文书的代笔人是郁达夫的高祖郁嗣海。《萧邑郁氏宗谱》第一卷附录了这份合同议信。其文如下：

立合同议信孙绍华、郁大镛等。今爰绍父天佑公与大父宸章公，从少年结义一生情同手足，胜若同胞。二公终年遗训，绍弟兄与大弟兄遵先人

---

① 郁达夫：《郁达夫·悲剧的出生》，文汇出版社，2001年1月，第348页。

遗教,心同义合。不忍二先君墓设两处,心存孝义,会同觅吉,安葬一处,始全遗命。幸觅得屠山十一庄石阜岭之西,土名荆竹山。先后凭中契买柴永年、柴嘉尚等岁字三千四百五十八号共山税三亩四分五厘,筑造坟茔,栽培荫木。于乾隆己酉年十一月十四丙申日,扶二公灵柩到山,丙申时合穴安葬,竖立祭台完固,即于是年,公同另置桐邑定安乡,土名水竹坞中,屠开义等某字号坟山八分,户立定安乡,串名孙大镛户完粮,筑造坟茔。于嘉庆辛酉年十二月初一日,扶郁母张氏安人并亡室孙母徐氏安人之灵柩,辰时合穴安葬,竖立祭台完固。二处坟墓虽全,路遥窎远,思无祭产难期久远,更虑子孙流传年久,疏淡不诚似。以公捐己资,置买近坟岁字号田地余山,设立祭祀簿二本,载明字号、亩分、祭品、纸绽、规条,粮分二姓各户完纳。其二处坟山禁止永远无许再葬,以图久远。是议之后,二姓后裔恪守诚敬,轮流值祭,遵前人遗议。坟山荫山木,则许栽培,毋许攀枝砍伐祭产。有志者公捐续置,光前裕后,无许变卖。如有违背议以及不诚有误祭祀者,执议鸣究。二处坟墓,恐年久低剉,值祭之人公派倩工修筑,均毋观望。恐后无凭,立此合同议信六纸,孙、郁二姓各执三纸分存,祭簿执一本,轮流值祭,永远存照。

嘉庆十四年二月　日立合同议信

孙绍华

郁大镛

同侄　孙树木

树霖

郁嗣馨

嗣丰

见议　汪燕天

代书　郁嗣海

以上俱有押

自清乾隆后期,郁、孙两家结义,郁宸章与孙天佑逝后合穴安葬,清嘉庆初期，郁、孙两家订立合同议信，两家关系更加密切了。联婚使两家亲上加亲，共修祖坟，轮流值祭，成为传统。至郁达夫时，也得奉母命从日本回国与小井的孙氏订亲、完婚，这是两家亲上加亲的心愿，也算是旧式包办婚姻。

郁达夫兄弟及其妻子儿女的续记

郁达夫三兄弟：郁达夫（左）、郁曼陀（中）、郁养吾（右）

郁达夫的父亲郁企曾6岁丧父，郁达夫5岁丧父，当时家中，除了他的祖母戴氏和母亲陆氏以外，还有兄弟3人、姐姐1人。姐姐郁凤珍（1894—1920），幼名阿凤，时7岁，因家中无力抚养，在郁企曾去世的第二年就送给了富阳乡间的叶有耀当童养媳，终年27岁。陆氏操持家务，在满洲弄摆设炒货摊，用几亩祖传的薄田出租换取谷物，供养郁达夫三兄弟上学，造就了郁氏三杰。

（一）长兄郁曼陀及妻子儿女

郁华（1884—1939），谱名莲生，字庆云，号曼陀，幼名廉生，考名华。16岁应童子试，府、道均列榜首，补博士弟子员。22岁考取浙江省首批官费留学生，就读日本早稻田大学师范科，继入东京法政大学专修法律。回国后，应清廷留学生考试及格，奖给举人衔，成为一个七品小京官。历任京师高等审判厅、大理院推事、最高法院东北分院刑庭庭长、上海江苏高等法院第二分院刑庭庭长，兼任东吴大学、法政大学等教授。因正义执法，严惩汉奸，1939年被日伪特务暗杀，终年56岁。1952年被中央人民政府追认为革命烈士。

民国初年曾加入“南社”，精于诗画，著有《静远堂诗画集》《郁曼陀陈碧岑诗抄》《刑法总则》《判例》等。

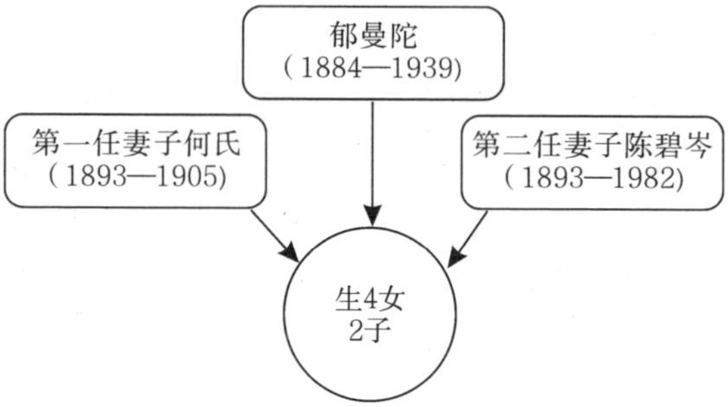

郁华原配何氏（1893—1905），富阳人，24岁卒。续娶陈碧岑（1893—1982），安徽泗县人，清宣统三年（1911）与郁华结婚，民国2年（1913）随夫及郁达夫赴日本，入东京锦秋高等女校读书，次年随夫回国。抗日战争时期，参加红十字会上海分会，支持前线工作。中华人民共和国成立后，从事社会公益活动。

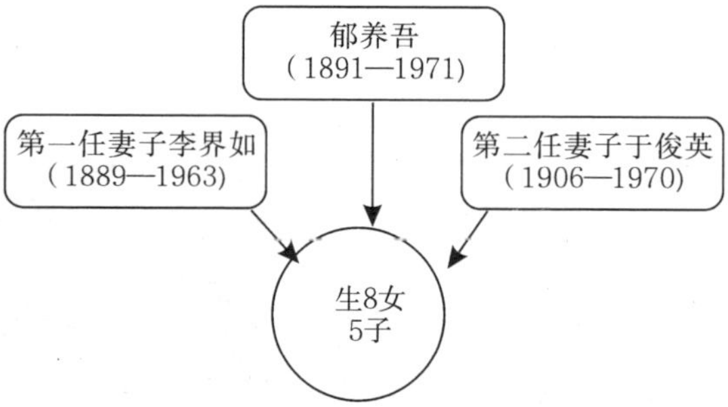

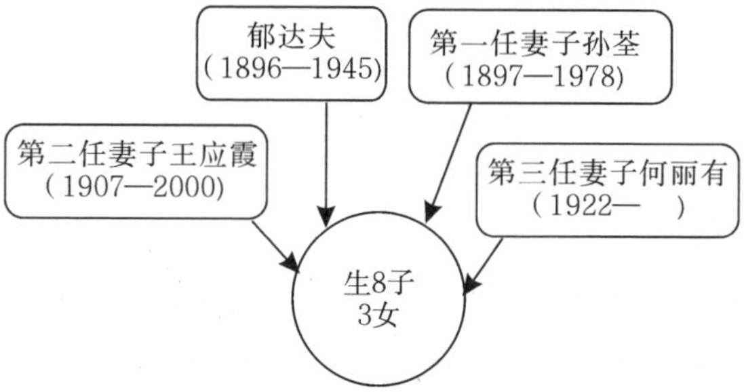

郁华与陈碧岑，共生4女2子：长女郁风、长子郁兴民、次女郁隽民、三女郁怡民、幼女郁晓民、幼子郁兴治。长女郁风（1916—2007）是著名画家，中华人民共和国成立前任《救亡日报》美术记者、香港《耕耘》杂志主编，中华人民共和国成立后任中国美术馆展览部主任、中国美术家协会书记处书记、常务理事，中国画《春风吹又生》获1982年法国春季沙龙金奖。次女郁隽民（1924—　）是高级记者，曾任英文《人民中国》《北京周报》《中国日报》（英文版）编辑，擅长美术评论，1998年获国务院新闻出版事业突出贡献奖和中国新闻摄影学会学术活动突出贡献奖。

（二）二哥郁浩及妻子儿女

郁浩（1891—1971），谱名浩生，一名振浩，考名彦超，字卓然，又字养吾。清末杭州陆军小学堂毕业，在杭州标统底下的旁系驻防军担任相当于排长的职务。民国8年（1919）毕业于国立北京医学专业学校，后在中华民国海军部及天津纱厂任医。1927年后回家乡行医，以外科见长，接诊贫苦病者不收或少收医金。享年81岁。

郁浩第一任妻子是李界如（1889—1963），第二任妻子是于俊英（1906—1970）。共生8女5子：长女郁静民、长子郁仁民、次子郁醒民、次女郁鸿民、三子郁拯民、四子郁环民、三女郁祥民、四女郁化民、五女郁新民、六女郁秀民、七女郁侠民、八女郁森民、五子郁耆生。

（三）郁达夫及妻子儿女

郁达夫（1896—1945），少小聪明，9岁题诗惊四座。清宣统元年（1909）毕业于富阳县立高等小学堂，后就读于嘉兴、杭州等地。民国2年（1913）跟随长兄郁曼陀留学日本。因为郁达夫5岁丧父，长兄郁曼陀比郁达夫大12岁，长兄如父，对郁达夫影响很大，携带达夫赴日留学更是改变了郁达夫的人生道路。初到日本时，郁达夫在东京第一高等学校预科读一部（文科），后遵长兄意改读三部（医科），后又遵自己意愿改回文科，在名古屋第八高等学校三部攻读法学部，最后获东京帝国大学（今东京大学）经济学士学位，其间与郭沫若、成仿吾结识并创办新文学刊物，后成为一代文豪。因1937年日军入侵，母亲陆氏躲避山中冻饿而死，长兄郁曼陀1939年被日伪特务暗杀，郁达夫义愤填膺，公开表示要为母为兄复仇、抗战到底的决心，以笔抗战，终被日军暗杀，葬身海外，年仅50岁。

郁达夫第一任妻子是孙荃（1897—1978），富阳人，幼入私塾，聪慧善学，深得塾师赏识。1920年郁达夫奉母命与孙荃完婚。孙荃享年82岁。生二子二女：长子郁龙儿（早夭）、长女郁黎民、次子郁天民、次女郁正民。长女郁黎民（（1925— ）原名洁民，幼名文儿，1944年毕业于浙西第一师范，后随丈夫邹陔笙到湖南桂阳一中教书，是郁达夫研究学会客籍会员。次子郁天民（1926—1987）幼名阿熊，1951年毕业于上海东吴大学法学院，先后在浙江省高级人民法院、省司法厅、富阳县文化馆、广播电视局、文化局工作，1984年后任富阳县政协副主席兼文史资料委员会主任，1986年兼任郁达夫研究学会副会长，编著有《郁达夫诗词抄》《郁达夫风雨说》等。次女郁正民（1927—2004）幼名胖妞，1952年毕业于北京医科大学药学系，1958年毕业北京师范大学生化研究生，后任河南师范大学生化系教授。

郁达夫第二任妻子是王映霞（1907—2000），名旭，杭州人，浙江省立女子师范毕业后，在温州十中（今之温州中学）附设幼稚园（幼儿园）工作。1928年郁达夫与王映霞结婚，1940年离婚，映霞享年94岁。生五子：郁飞、郁静子（早夭）、郁云、郁亮（早夭）、郁荀。长子郁飞（1928—2014）幼名阳春，早年跟随父亲辗转上海、杭州、福建、南洋，回国后先后就读于上海暨南大学、浙江大学，在人生最好的年华里被卷入十年动乱，平反后调到浙江文艺出版社工作，先后出版了《郁达夫全集》十二卷，译著有《瞬息京华》《海誓山盟》《拿破仑传》等。次子郁云（1931—　）幼名殿春，东吴大学毕业后，在上海红星轴承厂工作，著有《郁达夫传》。幼子郁荀（1936—　）幼名建春，华东水利学院生毕业后，在昆明大学任教。

郁达夫第三任妻子何丽有（1922—　），印度尼西亚华侨，广东籍，本名陈莲有。1943年郁达夫在印度尼西亚苏门答腊与陈莲有结婚。生一子一女：儿子郁大雅（1944—　），现居香港；女儿郁美兰（1945—　），1970年毕业于北京石油学院，现在南京侨联工作。

郁达夫三兄弟是富阳郁氏兴旺的一代，郁曼陀有6个子女，郁浩有13个子女，郁达夫有11个子女。在郁达夫的孙辈中，郁峻峰（郁天民之子，1971年生）从事郁达夫的研究，编辑《郁达夫文集·日记卷》《郁达夫文集·书信卷》《郁达夫手迹》等书。

结　语

郁达夫是现代作家、诗人、革命烈士。现存民国36年（1947）《萧邑郁氏宗谱》记载有郁达夫所在富阳郁氏的世系，从中了解到郁达夫的家世概况。富阳郁氏第一世与萧山郁氏第一世是同父昆弟，第二世自余杭分迁至萧山郁家山下，第四世自余杭分迁至富阳城内满家弄，至第十九世郁达夫这一代之前，富阳郁氏从来没有发迹兴盛过，数百年没有出过举人、进士、九品以上官员，郁氏读书、经商、行医、农作兼而有之，均为维持生计，人口不多，杂居在富阳城内，加上洪杨之乱四散逃迁，其家族在富阳未聚成名门望族。郁达夫的高祖、曾祖、祖父、父亲均寿短，高祖、曾祖、父亲的原配均早逝无出，继室传宗接代、当家守节。郁达夫父亲6岁丧父，郁达夫5岁丧父，祖母戴氏守寡了数十年，终日念经念佛，全家生活仅靠母亲陆氏摆炒货摊和几亩祖传薄田收入维持。郁达夫三兄弟开始兴旺起来，长兄郁曼陀是日本留学生，享有举人衔，是一名七品小京官，1939年被日伪特务暗杀时为上海江苏高等法院第二分院刑庭庭长，后被追认为革命烈士。二哥郁养吾医校毕业，行医有德，1971年卒。郁达夫生有11个子女，子孙从事郁达夫研究的有之。

附录：

《萧邑郁氏宗谱》中富阳郁氏第一世至第十九世郁达夫兄弟的内容

第一世（1人）

郁文遨，万一，配高氏，生一子：郁继善。

第二世（1人）

郁继善，启一。宋深医术，其砭焫之妙，得之凤阳刘伯渊，伯渊得之太师窦文正，公故学有渊源，为时所重，子孙皆以医仕。配赵氏，敕封夫人，生二子：仁富、仁贵。

第三世(2人)

郁仁富,平一,配赵氏,生二子:江一、江三。

郁仁贵,平二,配李氏。

第四世(2人)

郁义安,江一,郁仁富长子,迁居富邑城内满家弄,配何氏,生三子:礼和、礼信(瑄四)、瑄五。

郁江三,郁仁富次子,配氏无考。

第五世(3人)

郁礼和,瑄三,郁义安长子,配陆氏,生二子:智方、琴二十二。

郁礼信,瑄四,郁义安次子,配氏无考。

郁瑄四,郁义安三子,配氏无考。

第六世(2人)

郁智方,琴十六,配王氏,生二子:福在、福田。

琴二十二,配王氏。

第七世(2人)

郁福在,悦四,郁智方长子,配史氏。

郁福田,悦九,郁智方次子,配应氏,生三子:长一、长四、长七。

第八世(3人)

郁长一,郁福田长子,配杨氏,生二子:会二、会十。

郁长四,郁福田次子,生卒葬失。

郁长七,郁福田幼子,生卒葬失。

第九世(2人)

郁会二,郁福田次子,生三子:长康、长庚、元七。

郁会十,郁福田幼子,配叶氏,生一子:元八。

第十世(4人)

郁长康,元二,郁会二长子,配黄氏。

郁长庚,元五,郁会二次子,配俞氏,生六子:苍明、橘泉、昆山、继山、尧卿、日增。

郁元七,郁会二幼子,生卒葬失。

郁元十,郁会十之子,生卒葬失。

第十一世(6人)

郁苍明,昌二,郁长庚长子,字清一,庠生,配张氏,生一子:殷侯。

郁橘泉,昌十三,郁长庚次子,字宁一,配张氏。

郁昆山,昌二十一,郁长庚三子,配叶氏,生一子:文侯。

郁继山,昌二十三,郁长庚四子,字胜四,配周氏,继陈氏,生一子:廷文。

郁尧卿,昌二十七,郁长庚五子,字智五,配周氏,继赵氏。

郁日增,昌三十,郁长庚幼子,配胡氏,生一子:夏侯。

第十二世(4人)

郁殷侯,铨一,郁苍明之子,旧行和十八,配叶氏,继陈氏,生二子:祥龄、广龄。

郁夏侯,铨三,郁日增之子,旧行和十九,配叶氏,继何氏,生一子:宸章。

郁文侯,铨五,郁昆山之子,旧行和二十,配沈氏,生二子:鼎隆、鼎钰。

郁廷文,铨六,郁继山之子,旧行和二十一,配马氏,生二子:鼎华、鼎琏。

第十三世(7人)

郁祥龄,桂一,郁殷侯长子,旧行干二十八,配李氏。生二子:大沧、大葵。

郁广龄,桂二,郁殷侯次子,旧行干三十一,配喻氏,生四子:大斌、大聚、大建、大智。

郁鼎隆,桂三,郁文侯长子,配杨氏,生一子:大有。

郁鼎华,桂四,郁廷文长子,配吕氏,生一子:大政。

郁宸章,桂五,郁夏侯之子,旧行干三十四,配张氏,生三子:大祥、大镛、大鹏。郁宸章生三月二十八日子时,卒正月二十日巳时,葬屠山十一庄石阜岭之西,土名荆竹山,有墓碑。张氏生八月三十日,卒四月二十四日酉时,葬桐庐定安乡,土名马浦水竹坞,与徐氏并孙姓墓合穴,有墓碑。这里首次出现生卒时辰,但具体年份失考。

郁鼎钰，桂六，郁文侯次子，配孙氏。

郁鼎琏，桂七，郁廷文次子，配郑氏，生一子：大潮。

第十四世（12人）

郁大沧，馥一，郁祥龄长子，配郑氏，生六子：宝斌、宝文、嗣良、培因、培丰、培恒。

郁大斌，馥二，郁广龄长子，生卒葬失。

郁大葵，馥三，郁祥龄次子，配何氏，生四子：培贤、培云、培芬、培芝。

郁大聚，馥四，郁广龄次子，生卒葬失。

郁大有，馥五，郁鼎隆之子，配喻氏，继包氏，生二子：洪溪、洪鑫。

郁大建，馥六，郁广龄三子，配氏无考。

郁大智，馥七，郁广龄幼子，配唐氏，生一子：培芳。

郁大祥，馥八，郁宸章长子，配王氏，继徐氏，生四子：嗣馨、嗣懋、嗣珍、嗣瀛。

郁大政，馥九，郁鼎华之子，配喻氏。

郁大潮，馥十，郁鼎琏之子，配臧氏。

郁大镛，馥十七，郁宸章次子，配邵氏，继孙氏，生二子：嗣海、嗣奎，二女：长女嫁惠民六庄孙炳发，幼女嫁本邑恩波四庄徐永源。郁大镛生于乾隆十八年癸酉十二月十六日午时，卒道光六年丙戌十二月十六日申时，葬东山断垄坑民田内，及长子长媳合墓，有墓碑。劭氏生乾隆二十二年，卒乾隆四十九年七月二十七日巳时，葬本城小北门祖坟侧西首。孙氏生乾隆二十七年壬午十一月十一日寅时，卒嘉庆十年乙丑七月二十日午时，葬小井合坞里。

郁大鹏，馥二十一，郁宸章幼子，邑庠生，配何氏，生二子：嗣丰、嗣美。郁大鹏生乾隆二十七年五月十二日午时，卒乾隆五十二年七月初一日，与何氏合葬千家村荒地里。

第十五世（21人）

郁宝斌，兰一，郁大沧长子，配陆氏，生一子：锡恒。葬王家墩。

郁宝文，兰二，郁大沧次子，配王氏鹏，生一子：维高，一女嫁赵家墩赵洪德。郁宝文生康熙五十四年十月初七日子时，卒乾隆五十二年丁未八月十六日未时。王氏于康熙五十六年五月十二日卯时，卒乾隆五十一年二月十一日酉时。俱葬王家大葵郁家坟。

郁培贤，兰三，郁大葵长子，生卒失考。

郁嗣良，兰三，郁大沧三子，生卒失考。

郁洪溪，兰五，郁大有长子，生卒失考。

郁培云，兰六，郁大葵次子，字双鼎，配韩氏，生二子：鸿先、阿七。

郁培因，兰七，郁大沧四子，生卒失考。

郁培芳，兰七，郁大智之子，廪贡生，配许氏，生一子：寿朋。

郁洪鑫，兰九，郁大有次子，生卒失考。

郁培丰，兰十，郁大沧五子，生卒失考。

郁培恒，兰十一，郁大沧幼子，生卒失考。

郁培芬，兰十二，郁大葵三子，生卒失考。

郁培芝，兰十三，郁大葵幼子，生卒失考。

郁嗣馨，兰十八，郁大祥长子，配俞氏，生一子：显浚，一女嫁本城曹显扬。郁嗣馨生乾隆四十六年九月十六日辰时，卒道光十八年十一月二十四日未时，葬大垄里鞋底丘。俞氏生乾隆四十六年九月十三日子时，卒道光二十一年九月壬子日子时。

郁嗣丰，兰十九，郁大鹏长子，配潘氏，继高氏，生一子：廖书，一女嫁东门外下埠头董家董如坤，螟蛉(义子)：景芬，江南陈家桥陈姓。郁嗣丰生乾隆四十七年十一月十二日戌时，卒道光三十年十月十五日巳时。潘氏生乾隆四十五年八月二十五日申时，卒嘉庆二十年八月二十四日酉时。高氏生嘉庆四年十月五日酉时，卒同治二年癸亥正月二十六日。

郁嗣美，兰二十，郁大鹏次子，配楼氏，生一子：景元，一女。郁嗣美生乾隆五十二年五月初二寅时，卒嘉庆二十五年八月十六日戌时，与楼氏合葬北门大垄里。楼氏生乾隆五十三年七月十一日未时，卒道光十六年十一月十五日午时。

郁嗣海，兰二十三，郁大镛长子，字克念，号立星。配小井下台门孙氏,生二女,长女嫁惠民大庄陆长清,幼女嫁惠民七庄劭亮如。侧室徐氏,以嗣奎公次子宝鑫兼承祧。郁嗣海生于乾隆五十四年四月二十二日午时,卒于道光十三年二月初二日申时,与徐氏合葬东山断垄民田内,附父墓,有墓碑。孙氏生乾隆五十四年二月十六日丑时,卒咸丰元年十二月十六日申时,葬鸡笼山早样里,有墓碑。徐氏生嘉庆十五年八月十一日寅时,卒道光二十二年十二月二十一日戌时。

郁嗣懋,兰二十五,郁大祥次子,配金氏,生三子:显仁、宏干、显才殇,一女。郁嗣懋生乾隆五十六年七月十三日亥时,卒道光十三年十月初四日丑时。金氏生嘉庆二年正月初七日子时,卒同治元年壬戌三月十二日丑时。

郁嗣奎,兰二十六,郁大镛的次子,字贵洲,号秋帆,拔贡,配小井木牌楼孙氏,继本城南门俞氏,生三子:天龙、宝鑫兼承嗣海公祧、蔚琴,一女嫁惠民庄毛湾里孙。郁嗣奎生乾隆五十七年十一月初四寅时,卒道光十四年七月初十日,葬东山汪家村上面。孙氏生乾隆六十年七月初七日午叶,卒嘉庆十八年七月二十日酉时。俞氏生乾隆五十九年十二月十二日酉时,卒同治元年四月十四日申时,葬谢家溪犁头尖。

郁嗣珍,兰三十一,郁大祥三子,生嘉庆三年戊午四月二十日记亥时,卒道光五年十一月二十七日申时。

郁嗣瀛,兰三十七,郁大祥幼子,配陆氏,生一子:显松。嗣瀛生嘉庆七年四月初八日子时,卒无考。陆氏生嘉庆十二年三月初三日辰时,卒无考。

第十六世(14人)

郁锡恒,芳一,郁宝斌之子,生一子:占能。

郁维高,芳二,郁宝文之子,配赵氏,生二子:永春、永福,四女:长女嫁上灵桥汤天浩,次女嫁张铺里姜增良,三女嫁相府桥陈玉成,幼女嫁里汪村汪师美。郁维高生乾隆二十五年二月初四日午时,卒道光七年七月十一日辰时,葬王家墩郁家坟。赵氏生乾隆二十八年三月初六日寅时,卒道光十一年正月二十八日午时,葬王家塘。

郁鸿先，芳七，郁培云长子，配曹氏，生二子：大潮殇、小潮。生卒俱失。

郁阿七，芳九，郁培云次子，生二子：佳林、宝雷。生卒俱失。

郁显松，芳十，郁嗣瀛之五，配徐氏，生二子：炳楠、炳炎，生卒俱失。

郁寿朋，芳十二，郁培芳之子，配张氏，继王氏，生二子：孝先、补先。生卒俱失。

郁显浚，芳十三，郁嗣馨之五，配马氏，生六子：镐京、德顺、德荣、德庆、德尊、八金。郁显浚生嘉庆十九年二月初一日未时，卒咸丰五年正月二十九日寅时。马氏生嘉庆二十二年六月二十三日，卒同治元年八月初二日，与郁显浚合葬鞋底丘。

郁显仁，芳十四，郁嗣懋长子，配金氏，继沈氏，生一子：炳来。郁显仁生嘉庆十九年八月初一日巳时，卒同治元年正月二十八日子时。金氏生道光二年二月二十三日寅时，卒咸丰五年十二月二十三日戌时，葬大垄里。沈氏生嘉庆二十三年四月初七酉时，卒光绪七年正月二十七日寅时，与郁显仁合葬大垄里。

郁天龙，芳十七，郁嗣奎长子，生嘉庆二十一年八月二十六日子时，卒某年六月二十八日亥时，葬失。

郁宝鑫，芳十九，郁嗣奎次子，兼承郁嗣海祧，字宝珍字，号品三，配本城小北门高家高张林之侄女高氏，继本城东门唐氏，生二子：仰高、建周，二女：长女嫁善政七庄李廷植，幼女嫁本邑谢家溪何汝生，续本邑谢家溪屠氏。郁宝鑫生于嘉庆二十三年五月十五午时，卒同治元年五月十二日未时，葬本城大北门大垄里，与唐氏既祧子仰高合穴，有墓碑。高氏生嘉庆十九年八月十六日酉时，卒道光十五年六月三十日申时，葬本城小北门裘家地。唐氏生嘉庆二十五年十一月二十二日卯时，卒咸丰三年七月十六日辰时。屠氏于嘉庆二十一年四月二十一日戌时，卒同治元年四月二十二日申时，葬谢家溪梨头尖。

郁景芬，芳二十，郁嗣丰螟蛉子（义子），字阿大，配高氏，生一子：涣文。郁景芬生嘉庆二十五年正月十四日戌时，卒失。高氏生道光元年六月二十七日午时，卒同治四年十月初五日辰时。

郁宏干，芳二十一，郁嗣懋次子，生道光元年四月十二日亥时，其他失考。

郁蔚琴，芳二十三，郁嗣奎幼子，字冬元，配里山大树下夏氏。郁蔚琴生道光二年九月二十五日未时，卒咸丰八年八月初八日戌时，葬本城小北门祖坟东首，夏氏生嘉庆二十三年十月十六日子时，卒光绪十二年七月初六戌时，葬谢家溪犁头尖。

郁麐书，芳三十六，郁嗣古之子，配汤氏，生一女嫁本城东门徐景熙。公生道光十二年七月初二日辰时，卒光绪十一年六月十五日酉时。汤氏生道光十七年三月十一日寅时，卒失。

第十七世(19人)

郁占能，诗一，郁锡恒之子，配氏失考，继戴氏，生一女嫁萧邑方家里。生卒失考，俱葬王家墩。

郁永春，诗二，郁维高长子，配杨园墈吕氏，继里汪村汪氏，生一子：文盛，二女：长女嫁小源张家墈陈广远，幼女嫁王家塘吕阿许。郁永春生嘉庆十一年三月十六日寅时，卒咸丰五年十一月初八日午时，葬西坞里。吕氏生嘉庆八年六月十八日未时，卒道光十七年四月二十一日子时，葬王家墩。汪氏生嘉庆二十三年六月十二日子时，卒同治元年五月二十八日未时，葬张家墈环桥头。

郁永福，诗三，郁维高次子，配吕氏，生一子：文金。生嘉庆十六年九月初五日午时，卒同治六年十月二十日辰时。吕氏生卒失。俱葬张家墩环桥头。

郁炳楠，诗十，郁显松长子，生道光十三年九月二十三日酉时，卒咸丰元年十月十三日巳时，葬鞋底丘。

郁仰高，诗十六，郁宝鑫长子，字对山，配鸡笼山里戴昌凤公长女戴氏，生二子：应龙殇、企曾，一女嫁本城北门五庄张兰生。郁仰高生道光十八年十月初四日子时，卒同治七年六月二十九日戌时，葬本城大北门外大坴里右首，附父母墓，有墓碑。戴氏生道光十八年正月二十七日丑时。

郁镐京，诗十七，郁显浚长子，配王氏，继戴氏，螟蛉（义子）一子：士梁。郁镐京生道光十九年正月二十六日亥时，卒光绪六年十二月二十一日未时，葬大北门鞋底丘。王氏生正月初十日午时，卒九月十一日戌时，具体年份失。戴氏生道光十五年三月初九日酉时，卒光绪十二年八月十二日申时，葬北门鞋底丘。

郁德顺，诗二十，郁显浚次子，生卒失考。

郁炳炎，诗二十一，郁显松次子，生道光二十一年十二月十七日卯时，卒失。

郁德荣，诗二十四，郁显浚三子，生卒失考。

郁佳林，诗二十五，郁阿七长子，生道光二十四年五月，其他失考。

郁建周，诗二十六，郁宝鑫次子，生道光二十四年八月初三日卯时，卒正月二十八日卯时，葬失。贼匪时死难，卒于何时，未详，正月二十八日卯时为虚拟，由抽签得之。

郁孝先，诗二十八，郁寿朋长子，生卒失考。

郁小朝，诗三十三，郁鸿先次子，配绍兴袁氏，生一子：文标。郁小朝生道光二十六年十一月初五戌时，袁氏生咸丰七年，卒光绪三十四年正月二十八日子时，葬坝郎，向东南。

郁德庆，诗三十四，郁显浚四子，生卒失考。

郁补先，诗三十五，郁寿朋次子，生卒失考。

郁焕文，诗三十七，郁景芬之子，配萧邑赫山湖里西沙郑启交公幼女郑氏，生三子：金标出继江南陈家桥陈姓、春泉出继本城何家何姓、土根。三女：长女嫁徐家坞楼观荣，次女嫁杨庆庙青浦弄赵廷浩，幼女嫁马陆坞陆鸿兴。郁焕文生道光二十二年十二月二十日寅时，郑氏生咸丰八年四月初四辰时。

郁宝雷，诗三十八，郁阿七次子，生道光二十八年八月，其他失考。

郁德尊，诗三十九，郁显浚五子，生卒失考。

郁八金，诗四十二，郁显浚幼子，生道光三十年正月二十六日丑时，其他失考。

第十八世(8人)

郁文盛,书二,郁永春之子,后改名宪章,字祖德,乡大宾,配董氏,继杭州太平门外严家弄王坤林长女王氏,生一子:锦城,三女:长女嫁杨园擞吕尚贵长子顺霖,次女嫁灵桥镇优贡举人朱寿保之侄、邑庠生寿传长子、国学生寿铄,幼女嫁羊家埭羊锡楷长子瑞宗。郁文盛生道光二十九年十二月初一亥时,卒民国二年七月十四日丑时,葬高浦,与培芳公合穴,向东北,有墓碑。董氏生道光二十九年十一月二十一日子时,卒同治二年六月十七日申时,葬西坞里。王氏生同治七年十月十八日未时。

郁文金,书四,郁永福之子,配张氏。生咸丰七年六月十四日申时,卒同治三年十月初十日卯时,葬西坞里蔡家山。

郁企曾,书七,郁仰高次子,字士贤,号省斋,配本城庠生童厅泉长女童氏,继小井陆园里庠生陆岗峰幼女陆氏,生三子:莲生、浩生、荫生,一女嫁环山庆护十一庄叶阿贤。郁企曾生同治二年六月二十五日亥时,卒光绪二十六年五月二十八日酉时,葬青山坞祖坟旁,有墓碑。童氏生同治四年九月二十八日寅时,卒光绪四年十月二十二日卯时,葬北门外大垄里。陆氏生同治五年八月二十日亥时 。

郁士梁,书十二,郁镐京螟蛉(义子)子,杭州方志方姓,配绍兴陡亹王启发次女王氏,生一子:祖荫。郁士梁生同治十二年,卒光绪三十一年七月初一日戌时,葬大岭头,向东南。王氏生光绪三年十一月二十二日辰时。

郁金标,书二十五,郁焕文长子,出继江南陈家桥陈姓,配下埠头董家董关林长女董氏,生二子:有生、潮生,五女:长女嫁小井栗坞华,次女嫁徐家坞阿涛。郁金标生光绪二年十二月初八午时。董氏生光绪四年十二月初八日子时。

郁文标,书三十八,郁小朝之子,配松江府×氏,生光绪八年十二月十三日寅时。

郁春泉,书四十九,郁焕文次子,出继本城何家何姓,配清明桥里下高关全长女高氏,生一女。郁春泉生光绪十七年正月十三日巳时,高氏生光绪二十二年十月十九日巳时。

郁土根，书六十五，郁焕文幼子，生光绪二十六年三月初九日戌时。

第十九世(7人)

郁莲生，诗二，郁企曾长子，字庆云，号曼陀，考名华。大清邑庠生，于宣统二年考试留学生，特授七品小京官，应补考试法政举人，发礼部录用。光复后，奉大总统特授京师高等审判厅推事员，以民国二年又奉大总统令谕，派赴日本考察司法部事务。配本城市心巷何子亨幼女何氏，继安徽陈氏。郁莲生生于光绪十年七月十六日巳时。何氏生光绪八年正月二十四日午时，卒光绪三十一年十月二十三日戌时，葬谢家溪梨头尖。陈氏生光绪十九年。

郁浩生，礼四，郁企曾次子 ，一名振浩，考名彦超，字卓然，又字养吾。宣统三年由陆军学堂毕业。光复后，充任绍兴游击队哨官。后入北京预备学堂 ，又奉大总统令谕，回杭兼理浙江全省讲武学堂事务。配场口小园邑庠生李福贤之女李氏。郁浩生生光绪十七年七月初三日卯时。李氏生光绪十五年六月二十日寅时。

郁祖荫，礼九，郁士梁之子，生光绪二十一年九月十六日亥时，其他失考。

郁荫生，礼十一，郁企曾幼子 ，字斐然，考名文。于宣统三年毕业于本县高等学校，考入第一等中学肄业，后入惠兰学堂，又入之江学堂。后随胞兄赴日本明治大学堂兼学电气化术法事务。配小井下台门国学生孙孝贞长女孙氏。郁达夫生光绪二十二年十一月初三日子时。孙氏生光绪二十三年九月二十一日丑时。

郁锦城，诗十二，郁文盛长子，字金坡，又字关照，配赵家墩赵如元次女赵氏。郁锦城生光绪二十三年二月二十日戌时，赵氏生光绪二十五年八月二十六日丑时。

郁有生，礼十七，郁金标长子，生光绪二十六年八月十九日未时。

郁潮生，礼三十三，郁金标幼子，生宣统元年二月二十四日巳时。

（资料来源：民国36年(1947)《萧邑郁氏宗谱》，文盛堂）

郁达夫祖籍考辨

1988年，始现萧山人蒋毅、陈亚兰《郁达夫祖籍考》、吴桑梓《郁达夫祖籍采访记》的文章，先后载于《湘湖》《浙江学刊》等刊物，披露民国36年(1947)《萧邑郁氏宗谱》记载有富阳郁氏第一世至第十九世郁达夫兄弟的内容，提出郁达夫的祖籍在萧山的说法。新加坡《联合早报》副刊亦登载《郁达夫祖籍在萧山》的文章。郁达夫兄弟的后代闻讯，亲往萧山郁家山下村寻根，看望族人，翻阅郁氏宗谱，宗亲交流绵延。

1992年，富阳人蒋增福《郁达夫祖籍新说》一文冷言相驳，他认为郁氏第四世从萧山迁至富阳“距今已有三四百年了，通常说的三代开外定籍贯，那么，郁达夫的祖籍无疑是富阳了”，同时他又非常的肯定，“只是有一点确证无疑，在富阳的郁达夫祖上是从萧山郁家山迁来的”，并推测自从有了出人头地的郁达夫三兄弟才有了富阳郁氏被载入萧山郁氏宗谱，之前富阳郁氏去过萧山郁家山下认族而不被承认，等等。接着，蒋毅、陈亚兰《重申郁达夫祖籍——与蒋增福先生商榷》，对蒋增福的观点逐一驳回，认为蒋增福把祖籍与籍贯混为一谈，新说之结论实属荒唐。但蒋增福《郁达夫祖籍新说》除了首刊于《郁达夫研究通讯》，为多种报刊如《中国现代文学研究丛刊》(1994年第3期)转载以外，还收入蒋增福《郁达夫家族女性》(花城出版社2004年版)一书，2015年8月8日《富阳日服》之“富阳史话”栏目复载蒋增福《郁达夫祖籍说》文章。

时至今日，除了上述几篇文章以外，尚未发现其他出版物对郁达夫祖籍及其家族世系的专文考论。2006年12月浙江大学出版社出版的

《郁达夫研究资料索引(1915—2005)》也未见此类专文。

《辞海》(第六版彩图本)称:祖籍,即原籍,是祖先居住占籍的地方。籍贯,是祖辈居住或个人出生的地方。家世,是家庭的世系。笔者依据《萧邑郁氏宗谱》就郁达夫的祖籍、家世进行考论,分别撰有《作家诗人郁达夫家世考》(原载《浙江方志》2015年第3期)、《郁达夫祖籍新探》(《上海地方志》2015年第5期)的文章,敬请专家学者们赐教。

《萧邑郁氏宗谱》与郁达夫家族

萧山,古为余暨县,三国吴黄武初年(222)改名永兴县,唐天宝元年(742)改名萧山县,1988年称萧山市,2001年至今称杭州市萧山区,距离余杭约35公里,距离富阳约40公里。余杭,秦置县,隋时于余杭置杭州,后移治于钱塘县,宋时改名仁和县,民国元年钱塘县、仁和县合并为杭县,1961年恢复余杭县,1994年称余杭市,2001年称杭州市余杭区。富阳,秦为富春县,三国吴黄武五年(226)析置新城县(后称新登县),东晋太元十九年(394)改名富阳县,1994年称富阳市,2015年称杭州市富阳区。

萧山郁氏始迁地郁家山下,位于萧山城南20公里,南宋属新义乡,元属十五都,清嘉庆年间属浦南乡,民国《萧山县志稿》始载有郁家山下村名,仍属浦南乡,1961年属永兴桥人民公社,1969年属浦南人民公社,1971年属永兴人民公社,1984年属永兴乡,1992年至今属戴村镇,2015年全村1400人。

郁家山下村先后于清嘉庆十六年(1811)、道光二十七年(1847)、光绪七年(1881)、民国3年(1914)、民国36年(1947)5次编修《萧邑郁氏宗谱》,前3次修谱以郁家山下郁氏为主,后2次加入富阳派郁氏,在谱中"经纬图"标有"富阳派"3个字。

民国3年(1914)《萧邑郁氏宗谱》,入谱的富阳派第一世至第十九世郁达夫兄弟,合计120余名男性。郁达夫的天祖始购有一块坟地,是为祖坟。郁达夫的高祖、曾祖、祖父、父亲均系寿短，多寡妻无妾室，人口发展不快，杂居在富阳城内，祖上数百年没有出过举人、进士、九品以上官员，在富阳谈不上名门望族，至民国3年(1914)，仍然没有创建宗祠和宗谱。时萧山郁家山下重修《萧邑郁氏宗谱》，富阳郁氏应邀参与。这是富阳郁氏首次参与修谱，也是唯一的一次参与修谱。在谱中，郁达夫兄弟三人是第十九世，分属礼字辈第二、第四、第十一，郁达夫的大哥郁曼陀分到一部宗谱。

民国36年(1947)，萧山郁家山下续修《萧邑郁氏宗谱》，这次修谱，富阳郁氏没有参与。当时，郁达夫的二哥郁养吾对前来联络的郁家山下村民说："目前家人国内四散,有的还在国外,难以召集起来,这次修谱无法做进,只有下次再补上了。"[①]由于没有续谱，郁达夫的祖母戴氏卒于1923年、母亲陆氏卒于1937年、兄长郁曼陀卒于1939年、郁达夫卒于1945年，在这次修谱时均没有入谱，郁达夫所在的富阳派郁氏也没有分到宗谱，但民国3年入谱的内容照旧录入了民国36年的宗谱中。此谱至今保存完好。

郁达夫祖籍的关键问题及其探析

自从20世纪80年代末蒋毅、陈亚兰披露《萧邑郁氏宗谱》记载有富阳郁氏第一世至第十九世郁达夫兄弟的内容之后，郁达夫祖籍是萧山的说法问世并引起了一点争议，但谁也没有质疑富阳郁氏是自第四世从萧山郁家山下迁居富阳城内满家弄的，因为在《萧邑郁氏宗谱》的世系(经纬图、行传)中清清楚楚写道：第四世义安迁居富邑城内满家弄。

问题是：富阳郁氏入《萧邑郁氏宗谱》，写明第四世郁义安迁居富邑城内满家弄，就等于是从萧山迁至富阳的吗？

事实是：《萧邑郁氏宗谱》没有写明第四世郁义安是从萧山迁至富邑

① 蒋毅、陈亚兰：《郁达夫祖籍考》，《浙江学刊》1988年第6期。

城内满家弄，而写明了萧山郁氏迁入、迁出的事由：第二世郁明笙是从余杭迁至萧邑郁家山下，原因是郁明笙“贸易至萧山，卜居于此，为郁家山下不迁之始祖”，同迁的还有祖弟郁明篢、郁明箢。此后，由于人口繁衍，又不断有迁出的，如郁明篢“分居萧山郁家河头”，郁明箢“卜居郁家山下为里山房之始祖”，第三世平四（郁明笘之子）“卜居于此为郁家山下后房之始祖”，郁清齐（郁明箢之子）“移居萧山所前”，第五世瑄十八（郁明笙之孙）“移居萧山郁家河头”，第七世悦三十八（郁明笙之来孙）生四子，其中第一子、第三子“移居杭城沙田头”。

富阳郁氏是否迁入萧山又迁出萧山，是郁达夫祖籍萧山说成立与否的关键问题，如果根本就没有迁入过萧山，就谈不上郁达夫祖籍在萧山。

那么，富阳郁氏到底是从何地迁入富阳的？从谱序中可以找到线索：

萧邑郁氏宗谱序

渊明曰：同流分派，人异世殊，寻绎斯言，则知谱之不可不修也明矣。穷考郁氏始祖授姓之源委，始姓姬，继姓周，其后郁贡公为鲁相子孙，因以郁为氏，传至绵公，任宋节度使，因权奸误国，宋室南迁，建都于浙江临安，公遂解组率昆季子侄，归隐于余杭梁朱焉，不数传而子孙繁衍，迁派不一。绵公之子祺公，祺公之子文游公，文游公之次郎明笙公，偕昆仲辈，贸易浙东萧邑之上南乡，见夫十五都四图之燕窝山，地理山脉均属灵秀，乃与祖弟明笘公、明箢公，择而居之，更名其山为郁家山，可知明笙公为郁氏开基之鼻祖。其他分派迁居者，均载谱系，惟祺公之长郎文遨公一派，徒居富阳，迄今一十有九世，从未有创稿接谱者，查其支派，系与文游公、文进公、文迈公同父昆弟，其为懿亲嫡派无疑。今闻郁氏续辑宗谱，彼即投稿接印，虽各自为一房，要皆本于一祖也。此谱一成，而卜居星散，面目不相识者，一阅是谱皆晓然，于尊卑亲踈而称谓之不淆，且循流溯源而知共于一本，郁氏尊祖，收族之大义，庶几世世子孙，勿替引之。是岁夏五月，谱牒告成，请韩子钦生君，持宗谱之全稿委予为序，予曰美哉盛事，其后文盛堂之子孙，必郁郁乎文哉。谨此序。

中华民国三年岁次甲寅仲夏天贶前四日
郡庠生周秉彝谨著[1]

上述谱序提供了如下信息：郁姓的来源、家族的迁徙、萧山郁家山下郁氏之开基鼻祖、富阳郁氏之发展以及加入萧山郁氏宗谱之缘由等。

从序中不难看出富阳郁氏并不是从余杭迁入萧邑郁家山下再从萧山迁出至富邑城内满家弄，而是直接从余杭迁入富邑城内满家弄。

宗谱记载，萧山郁氏是春秋鲁相国郁贡的后裔。南宋时，节度使郁绵随宋室南迁至浙江临安（今杭州），后率兄弟子侄归隐余杭梁朱（良渚）。在《萧邑郁氏宗谱大宗图》中，郁绵的父亲是郁琜是吏部尚书，郁绵的长兄郁绶是庆阳刺史，郁绶之子郁袍是举人，郁绵之子郁祺是进士。郁绶、郁绵两亲兄弟，一个是庆阳刺史，一个是节度使，郁袍、郁祺两堂兄弟，一个是举人，一个是进士，可谓家世显赫。当然，上述显赫的家世还需要进一步的考证。

萧邑郁氏第一世、富邑郁氏第一世，均是郁祺之子。郁祺生四子：郁文遨、郁文游、郁文进、郁文迈。萧邑郁氏均是郁文游、郁文进、郁文迈的后裔，奉郁文游、郁文进、郁文迈为第一世，郁文游之子郁明笙（第二世）偕兄弟辈贸易至萧山，见萧山的十五都之燕窝山[2]环境优美，乃择而居之，更名燕窝山为郁家山，为萧山郁家山下郁氏开基之鼻祖，随迁的还有祖弟郁明筥（郁文进之子）、郁明筦（郁文迈之子）。

《萧邑郁氏宗谱·凡例》明确："凡子孙有迁居于外，立业成家者，必详书其所迁之地，庶几世远族疏得有所考。"

---

① 民国36年(1947)《萧邑郁氏宗谱》（文盛堂）第1卷。

② 燕窝山位于浦阳江南岸，发脉于诸暨门前山。山势平缓，由南而北绵延，形状像一只燕子窝。永兴河自南流经山前，往北注入浦阳江。元朝时，郁明笙经商路过此地，见这里地势宽平，龙脉峥嵘，便卜居山之东麓。之后，子孙繁衍，遂成村落，故名其为郁家山，其村为郁家山下。

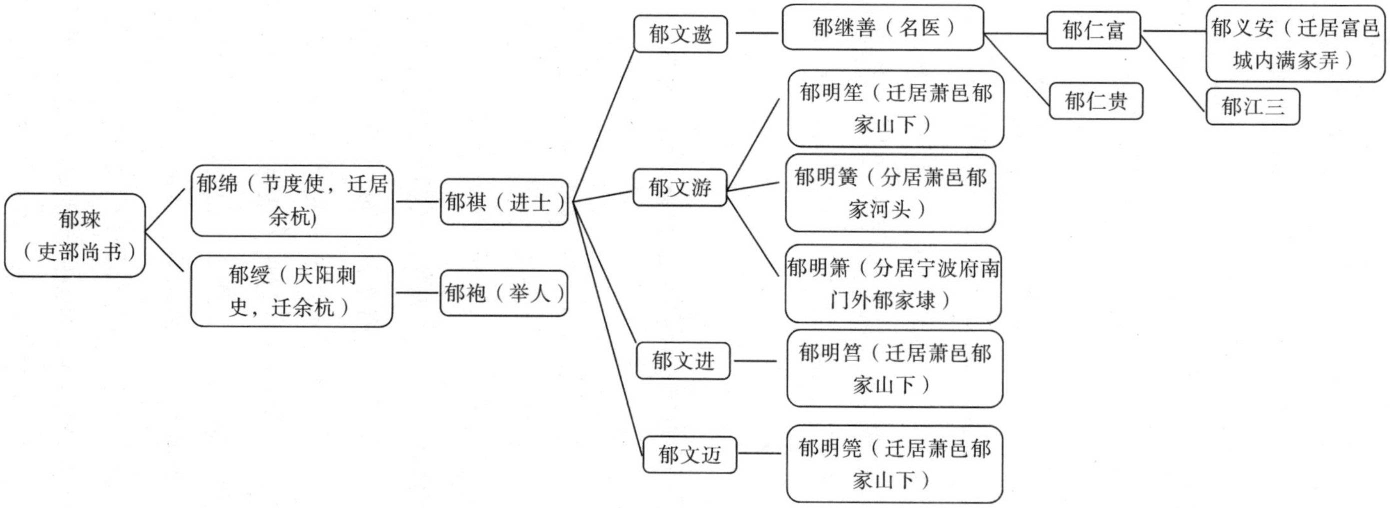

萧山郁氏与富阳郁氏迁居图

该谱记载:富阳郁氏是郁文遨的后裔,奉郁文遨为第一世,第二世郁继善是名医,第四世郁义安迁居富阳城内满家弄,为富阳郁氏开基之鼻祖。该谱经纬图、行传均没有记载富阳郁氏第一世、第二世、第三世、第四世迁居过萧山,但写明第四世郁义安迁居富阳城内满家弄,应该是从余杭迁居富阳而不是从萧山迁居富阳。

既然富阳郁氏没有迁入过萧山,却归入萧山郁氏宗谱,是因为郁祺之长子郁文遨一派,迁居富阳后,至民国3年(1914)已发展19世,而从来没有创稿接谱,文遨一派,系与文游、文进、文迈同父昆弟,其为懿亲嫡派无疑,故闻郁家山下续辑宗谱,即应邀投稿接印,虽各自为一房,皆本于一祖,此谱一成,即使分居各地,互不相识,一看宗谱便知是宗亲,

正所谓宗谱为血缘关系之证书,近百年之后,凭借此谱而得知富阳郁氏的发展世系以及郁达夫的家世概况,宗谱的作用以及修谱时的初衷最终得到了充分的证实。

民间的说辞与学者的说辞的误区

萧山郁家山下老辈人说,民国3年(1914)郁氏重修宗谱时,族长郁大海特意安排了几个人去富阳通知郁达夫的家人,郁达夫的二哥郁养吾还亲自送银洋到郁家山下资助修谱,当天住宿在郁施贵家中。宗谱修成后,郁家山下又派人送宗谱到富阳,郁达夫的母亲摆起香案跪接,郑重收藏。

民国36年(1947)郁家山下再次修谱时,派郁炳生等人去富阳联系,因郁达夫的母亲陆氏、长兄郁曼陀已经去世,郁达夫失踪,子女散落国内外,郁养吾称难以召集起来,说这次修谱无法做进,只有下次再补上了。故民国36年(1947)版的宗谱是对民国3年(1914)版宗谱富阳郁氏内容的重录。富阳郁氏没有增丁入谱,故也没有分到宗谱。

之前,有村上人说郁达夫就是郁家山下的人,学者说成了郁达夫的祖籍就是萧山。这次(2015年2月)在借阅、研究《萧邑郁氏宗谱》的过程中,我又特意问了正在开展新一轮续谱的郁吾德老人(72岁,郁家山下)

莫艳梅与郁家山下村修谱老人合影(2015年2月3日,萧山郁家山下郁氏家庙)

三个问题:郁达夫祖上到底迁居过萧山没有?他们是从萧山迁去富阳的还是直接从余杭迁去富阳的?为什么郁家山下村口新立了“达夫故里”的石碑?郁吾德老人答:他们没有迁居过萧山,第四世义安应该是从余杭迁去富阳的,郁达夫归入我们郁家山下郁氏宗谱,可以说就是归入了我们郁家山下郁氏宗祠,就是我们这里的人了,写“达夫故里”自然没有错,也是一种纪念的形式。

这种民间说辞似乎无可厚非。

蒋增福《郁达夫祖籍新说》《郁达夫家族女性》的说辞有几处值得商榷:

蒋增福称“郁家山郁族数传至第四世,其中一支郁义安公,携妻小到富阳经商,后安家在富阳城满舟弄”[1]。这一说辞是不确切的,郁义安并

---

① 蒋增福:《郁达夫家族女性·郁氏家族世系表》,花城出版社,2004年4月,第339页。

不是从郁家山下迁至富阳。据宗谱凡例规定，凡有迁出的，必详书其所迁之地，而谱中并没有记载富阳郁氏迁入萧山又迁出萧山。

蒋增福称"民国36年(1847)，萧山郁家山第四次重修家谱时，通知富阳郁家重新接根(宗)续谱，郁母派二子郁养吾亲往，郁达夫三兄弟才得以入谱"[①]。这又不对，应该是民国3年(1914)续谱，郁母派二子郁养吾亲往，民国36年(1947)富阳郁氏并没有续谱接谱，郁母也已过世10年了，不可能再派二子养吾亲往。

蒋增福称"从第四世郁义安公到二十世郁达夫这一代"[②]，且好几处都写郁达夫是第二十世。是不对的，郁达夫是第十九世而不是第二十世。

蒋增福推测："自从有了郁曼陀他们三兄弟，才有了富阳郁家被载入《萧邑郁氏宗谱》的延续"[③]，之前不被认族的原因，"或者是因为第四世的郁义安到富阳从商之故——因为中国的封建传统是唯农为本，读书为上，商人则被看作是一种不光彩的职业"[④]。这一推测更是不靠谱，萧山郁氏第二世郁明筌也是贸易经商而至郁家山下安家的，谈不上看不起也是商人的富阳郁氏，曾经打官司找宗亲法官郁曼陀申冤也是情理所在，郁曼陀也伸出了援手，派人审清了案子。富阳郁氏自第一世至第十八世未出过进士、举人，第十九世郁曼陀三兄弟出人头地，是富阳郁氏的骄傲，也是萧山郁氏的骄傲。

萧山郁氏出人头地的也不乏其人，如郁家山下第三次修谱的传赞族

---

① 蒋增福:《郁达夫家族女性·郁氏家族世系表》，花城出版社，2004年4月，第339页。

② 蒋增福:《郁达夫家族女性·郁氏家族世系表》，花城出版社，2004年4月，第339页。

③ 蒋增福:《郁达夫家族女性·郁达夫祖籍新说》，花城出版社，2004年4月，第337页。

④ 蒋增福:《郁达夫家族女性·郁达夫祖籍新说》，花城出版社，2004年4月，第331页。

人郁崑，就是清同治年间的探花、翰林院侍读，为此次宗谱写序的族人郁昌耿，是清光绪年间的举人。因此，郁家山下邀请富阳郁氏入谱，不是因为郁曼陀三兄弟出人头地而巴结之，而是富阳郁氏人口少、未建宗祠、未创宗谱、本于一祖之故。

蒋增福还称"《萧邑郁氏宗谱》中只记大镛公一支，对大祥和大鹏这两支并没有详细记载下来"，"不完全记载郁氏富阳支脉的全貌"[①]。估计蒋增福老师是没有亲眼看过《萧邑郁氏宗谱》的缘故（其文章引用的家谱内容，多转引自蒋毅、陈亚兰《郁达夫祖籍考》文章引用的家谱内容），事实上该谱对大祥、大镛、大鹏都有记载，详细与否，取决于富阳郁氏提供资料的丰缺，不是萧山郁氏有意为之。蒋毅、陈亚兰在《重申郁达夫祖籍——与蒋增福先生商榷》中指出蒋增福的某些结论实属荒唐，是有一定道理的。

结　语

富阳郁氏第一世与萧山郁氏第一世是同父昆弟，第二世自余杭分迁至萧山郁家山下，第四世自余杭分迁至富阳城内满家弄，发展到郁达夫这一代，已有十九世。宗谱的记载、民间的说辞与笔者的观点不冲突：郁达夫祖上没有迁居过萧山，民间心理上的郁达夫故里是萧山。地理上的郁达夫祖籍是富阳虽然也没有错，但蒋增福《郁达夫祖籍新说》的一些说辞值得商榷。

① 蒋增福：《郁达夫家族女性·郁达夫祖籍新说》，花城出版社，2004年4月，第335页。

2016年11月5日《萧邑郁氏宗谱》圆谱大会

2015年12月30日郁家山下村第二届传统年糕节

银行家金润泉家世考

金润泉（1878—1954）

金润泉（1878—1954），名百顺，字润泉，浙江萧山蜀山街道金西村人。幼年时家境清贫，读书不多。清光绪十八年（1892），15岁的金润泉外出谋业，先后到杭州干泰钱庄、同兴钱庄、裕源钱庄、宝泰钱庄打工，勤学好进，踏实能干，从学徒升至副经理。清光绪三十五年（1909），经全浙铁路公司总理汤寿潜、北京日商正金银行中方经理陈静斋（中国银行副总裁陈威、浙江省政府主席陈仪之父）荐举，32岁的金润泉出任大清银行浙江分行经理，被清政府封为三品官衔，成为继胡庆余堂胡雪岩之后浙江省第二个红顶商人。辛亥革命后，大清银行改为中国银行，金润泉出任中国银行总行营业部主任。民国时期，长期担任中国银行浙江分行经理（后改称行长），历任杭州市商会常务委员（后为代主席、理事长）、杭州市银行业同业公会主席（后改称理事长）、两浙商业银行董事长、中国物产保险股份有限公司董事、中国人寿保险股份公司董事、救国公债劝募委员会浙江公会副主任、四行贴放会主任委员、第三战区经济委员会副主任委员、浙江工商联合会理事长等。由商而绅而富。独资开设了杭州顺昌银行（后改称润昌钱庄），由长子金观贤任经理，组建浙江建业商业储蓄银行，由金观贤任总经理，创办鑫大贸易公司，由幼子金维贤任总经理，开设杭州新民地产公司，估计当时拥有价值约100万元的动产和不动产，是浙江的百万富翁。民国35年(1946)、民国37年(1948)，2次入选行宪国民大会代表。中华人民共和国成立，留任中国银行董事和浙江杭州分行行长、杭州市工商联合会副主席。1951年，分行撤销，改任总行赴外稽核。1954年因病逝于上海居所，享年77岁。

金润泉从钱庄学徒到中国银行分行行长，从清末到新中国的40多年中，尽管历经改朝换代，始终保持着中国银行(前身是大清银行)浙江分行行长之职，位居浙江工商界和地方士绅的显要，人称不倒翁。与民国“国舅”宋子文的关系也不一般。浙江省档案馆藏有宋子文给金润泉的三封信，言辞谦逊又客气，可见两人私交匪浅，如1935年4月15日写信云：“润泉吾兄大鉴：西泠薄游，备荷款接，濒行，复承厚贶多珍，无任纫感。弟于昨日下午安抵沪上，堪纾注念，专此布谢，承颂近绥。弟宋子文。”

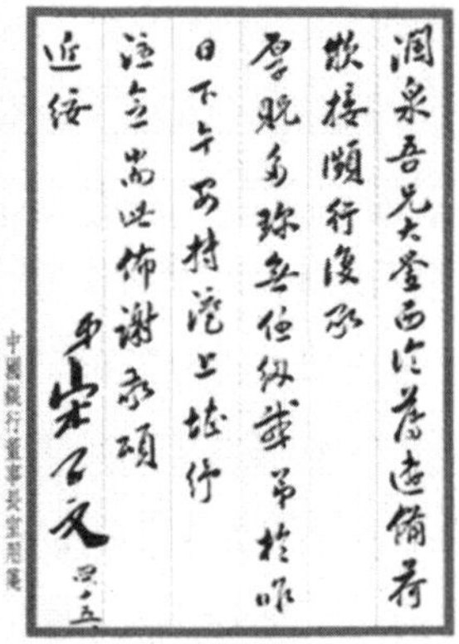
润泉吾兄大鉴西泠薄游备荷
款接濒行复承
厚贶多珍无任纫感弟于昨
日下午安抵沪上堪纾
注念专此布谢承颂
近绥 弟宋子文
中國銀行董事長室用箋

宋子文手迹

金润泉是我国早期银行家、浙商先驱，在20世纪上半叶红极一时，但对于今人却十分陌生。他的后代均不在浙江萧山。应其后代的邀请，虽然有仲向平、申俭的《银行家金润泉传》《金融钜子金润泉》①二书问世，但对金润泉的家世记叙比较简略。

1964年程居源《金润泉生平概述》(《浙江文史资料选辑》第九辑)，近

---

① 仲向平、申俭：《银行家金润泉传》，中国文化艺术出版社，2008年1月；申俭：《金融钜子金润泉》，浙江大学出版社，2014年7月。

2万字，分为“从钱庄学徒到中国银行分行行长”、“趋附北洋军阀扩展社会地位”、“凭借地位敛钱置产”、“同国民党反动派的进一步结合”、“依附宋子文扩充私人资本”、“抗战时期对各方面的周旋”、“抗战胜利后大搞投机活动”、“腐朽本质的最后暴露”8个部分，是对金润泉一生活动事迹的汇述，感情色彩显然与仲向平、申俭二位的应邀之作有些不同。

1964年《浙江文史资料选辑》

考证金润泉的家世，对研究金润泉本人及其金融观大有补益。主要资料来源有民国20年（1931）《绍兴渔临关金氏宗谱》（庆延堂），共16册，多藏于美国，国内浙江图书馆古籍部孤山馆舍亦藏有此谱。

渔临关金氏宗谱

民国20年（1931）《绍兴渔临关金氏宗谱》，由金润泉出资创修，时金润泉54岁。

渔临关，旧为山阴县（后为绍兴县，今为绍兴市柯桥区）、萧山县（今杭州市萧山区）合辖之境，以西小江为界，西小江以西属萧山，以东属山阴。2003年绍兴之杨汛桥镇渔临关村并入联社村，2005年萧山之所前镇渔临关村并入金临湖村，渔临关村自此成为了历史地名。

据陈昌淦《渔临金氏宗谱序》、金乙麟《创修宗谱序》记载：金氏原姓刘，源于周康公十一世中山靖王刘胜，至第五十七世刘从鉴，为吴越王钱武肃侍郎，迁都转运司，始去卯刀改刘为金，遂以金为氏。自第六十七世金乐诚于元至正年间迁居渔临关，为渔临关金氏第一世，历元明清民国四朝，发展到二十二世。因旧谱失传，年代久远，昭穆难稽，于是，第十八世金乙麒、金乙麟、金百顺倡议修谱，由族长金成洽督谱，房长金礼培（金润泉的亲伯）监谱，金百顺任经费（总理），金乙麒协理，金乙麟编纂，金成洽、金礼培、金雅文、金百顺、金乙麒、金乙麟、金乙鹏调查，另有缮录、校对、会计、文牍、庶务等，分工合作，历时5年完成，合计开支三千洋元（金润泉、金有章合捐）。

民国20年(1931)《绍兴渔临关金氏宗谱》(浙江图书馆)

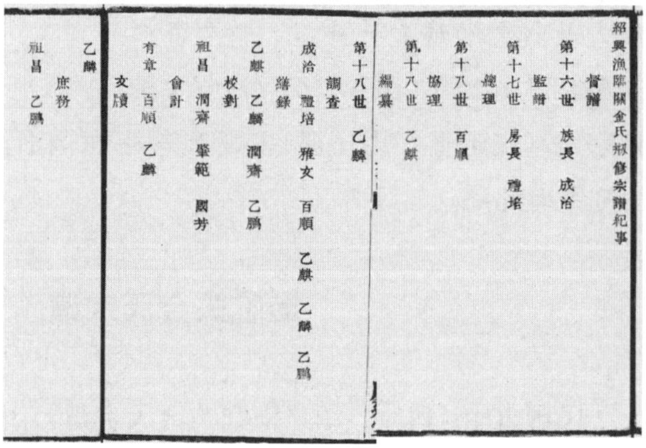

紹興漁臨關金氏剏修宗譜紀事
督譜
第十六世　族長　成洽
監譜
第十七世　房長　禮培
總理
第十八世　百順
協理
第十八世　乙麒
編纂
第十八世　乙麟
調查
成洽　禮培　雅文　百順　乙麒　乙麟　乙鵬
繕錄
乙麒　乙麟　潤齋　乙鵬
校對
祖昌　潤齋　肇範　國芳
會計
有章　百順　乙麟
文牘
乙麟
庶務
祖昌　乙鵬

民国20年(1931)《绍兴渔临关金氏宗谱》编修班子名录

修撰者情况：金乙麟，私立浙江法政专门学校法律科毕业，浙江律师，浙江第三届省议会议员，法律股审查员，历任绍兴西区平粜委员、选举调查员、延寿第一校暨绍萧联合校校长，时任渔临联合村村长。金乙麒，庠生，清末知县、知府，官四品衔，民国后先后任中国银行行员及漳厦铁路宜南税务等差。出资人之一，金有章，监生，例捐州同，清朝议大夫，清奉政大夫宝岩公之独子，兼承兰斋公、梅亭公、荣斋公、品高公、顺之公祧，他承祧的诸多家父，皆死于洪杨之乱。

宗谱分为序文、图、像赞、传纪、规例、排行、旧考、类集几大部分。因创谱较晚，第一世至第十四世的记载极为简要，大多生卒失考，自乾隆时期的第十五世起较为详细。

谱内有金润泉父亲的像赞，父亲、伯父的传纪，所在本奇公房之世系等，是研究金润泉家世的重要文献。

金润泉的祖辈

（一）始祖金乐诚

绍兴渔临关金氏第一世。字克文，号端斋，又号承一、诚一。生卒无考，享年89岁。既然宗谱没有记载生卒年份，89岁之年龄，可能是代代口传而来。

金乐诚是元代浙东提举盐运使。元顺帝至正十一年(1351)，他奉诏编丁籍修黄河，因怜悯百姓颠沛流离之苦，多匿而不报，致违忤旨意，被罚戍守北直户沟桥。次子愿代父补军，得到许可。

于是，金乐诚携带长子、幼子，卜居渔临关，隐居乐业，不问时事，是为渔临关之金氏始祖。

配顾氏，生卒无考，享年81岁。与金乐诚合葬本村孙家衖落地梅花。生有三子：金肇、金开、金启。

长子金肇，生二子：金德源、金德隆。金德源生五子，长子金伯忠，生二子：金本良、金本奇；次子金伯琼，生三子：金本宽、金本初、金本谦；三子金伯溶，生一子：鑫本兴；四子金伯正，生一子：金本祯；幼子金伯承，无子。金德隆，无考。

次子金开，生二子：金仕明、金善动。金仕明之独子金伯和，生一子：金昕。金善动，无考。

幼子金启，生二子：金善逊、金如显。金如显生三子，长子金伯夷，生一子：金隆山；次子金伯淑，生三子：金福、金积、金凤；幼子金伯齐，生二子：金济、金恩。金如显，无考。

此后，不断有迁徙流散，分为十几支(房)：本良公房、本奇公房、本宽公房、本初公房、本谦公房、本兴公房、本祯公房、昕公房、隆山公房、福公房、积公房、凤公房、济公房、恩公房等。

金润泉一脉属本奇公房。

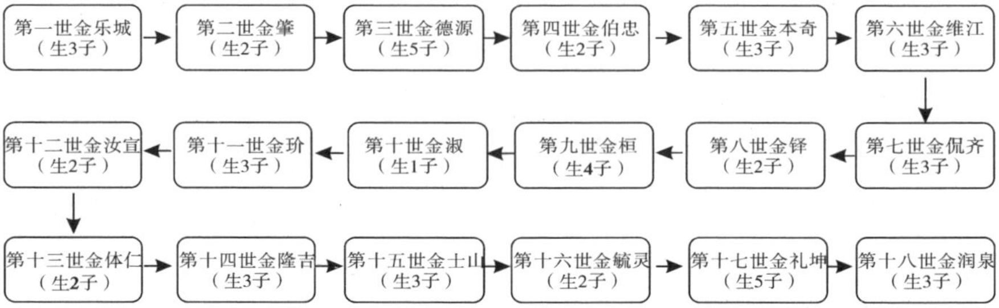

第一世至第十八世金润泉的男性直系图

（二）太祖金玠

绍兴渔临关金氏本奇公房第十一世。字启承。从绍兴渔临关迁居萧山金西桥。金西桥距离渔临关6公里，距离萧山县（今杭州市萧山区）政府8公里。渔临关距离萧山县政府9公里，距离绍兴县（旧山阴县，今绍兴市柯桥区）政府20公里。

生卒无考。配氏无考。生三子：金汝宣、金汝亮、金汝尧。

（三）高祖金隆吉

渔临关金氏本奇公房第十四世。生卒无考。葬萧山金西桥头山。

配丁氏，继丁氏，续缪氏。

生三子：金士山、金云占、金连成。

（四）曾祖金士山（1760—1814）

绍兴渔临关金氏本奇公房第十五世。生于

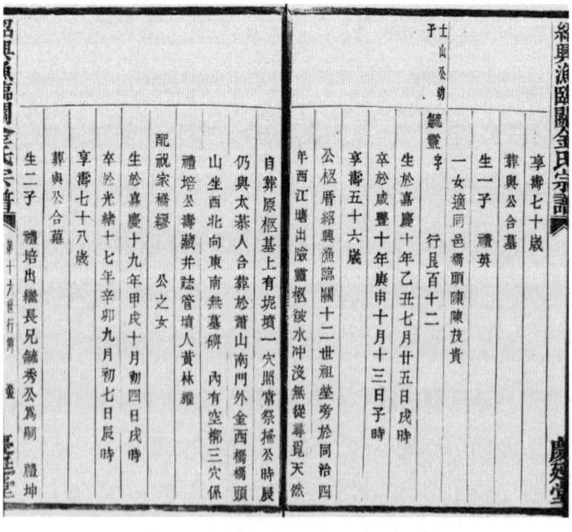
紹興漁臨關金氏宗譜
享壽七十歲
葬與公合墓
生一子 禮英
一女適同邑橋頭陳陳茂貴
士山公勷子 毓靈字 行艮百十二
生於嘉慶十年乙丑七月廿五日戌時
卒於咸豐十年庚申十月十三日子時
享壽五十六歲
公柩厝紹興漁臨關十二世祖塋旁於同治四
年西江塘出險靈柩被水冲沒無從尋覓天然
自葬原柩基上有坭墳一穴照常祭掃公時辰
仍與太恭人合葬於蕭山南門外金西橋橋頭
山坐西北向東南無墓碑 內有空槨三穴係
禮培公壽藏并誌管墳人黃林耀
配祝家橋繆 公之女
生於嘉慶十九年甲戌十月初四日戌時
卒於光緒十七年辛卯九月初七日辰時
享壽七十八歲
葬與公合墓
生二子 禮培出繼長兄毓秀公為嗣 禮坤

《绍兴渔临关金氏宗谱》中的金毓灵简况

清乾隆二十五年庚辰二月初八亥时，卒清嘉庆十九年甲戌十月二十五日申时，终年55岁。葬渔临关山穴，坐南向北，无墓碑。

配萧山南门外石岩头王氏，生于乾隆三十四年己丑十二月初二日戌时，卒清咸丰九年己未九月初二日未时，享年91岁。

生三子：金毓秀、金毓美、金毓灵。

（五）祖父金毓灵（1805—1860）

绍兴渔临关金氏本奇公房第十六世。生于清嘉庆十年乙丑七月二十五日戌时，卒咸丰十年庚申十月十三日子时，终年56岁。因经商在外，死于战乱，先葬于绍兴渔临关，清同治四年被大水冲没，后与缪氏合葬于萧山金西桥桥头山，坐西北向东，无墓碑。

配祝家桥缪氏。生嘉庆十九年甲戌十月初四戌时，卒光绪十七年辛卯九月初七日辰时，享年78岁。

生二子：金礼培、金礼坤。礼培出继长兄金毓秀为嗣，金礼坤是金润泉的父亲。金毓灵去世时，金礼坤才10岁，金润泉从未见过祖父金毓灵的容貌。

金润泉的父辈

（一）亲伯金礼培（1848—?）

绍兴渔临关金氏本奇公房第十七世。字宾康。生于清道光二十年戊申正月二十二日子时，卒无考。民国20年（1931）修宗谱时，他还健在，担任监谱一职。因此，他的年龄应该在84岁以上。

据《绍兴渔临关金氏宗谱·礼培公生述》记载，金礼培少年老成。他过继给大伯金毓秀为嗣，生父金毓灵逝时，他仅13岁，弟金礼坤10岁，他居丧持家如成人。时逢洪杨之乱，太平军兵火所到之处，村舍变为废墟，家计荡然。金礼培两兄弟同时被俘，母亲缪氏悲痛欲绝。好在兄弟俩虽年幼，但灵敏有智，设计脱险，终于母子相聚。生父在杭州设有涤肆（店铺），经营惨淡，经洪杨之乱后，轰然倒闭了。母亲居住在金西桥，勤于农事，金礼培、金礼坤到杭州兴忠巷，开设洽顺染坊，以继先业。兄弟俩齐心协力，克俭克勤，家境日益充裕。光绪十七年(1891)，母亲缪氏逝世，金礼培哀毁骨立，丧葬尽礼，怆然思慕，至老未减。

发家致富后，金礼培十分慷慨，热心公益事业，出钱出力，乐此不彼。常年修筑西山大路、湘湖塘、岭头田大路、横筑塘、石岩头、各坝河埠，以利行人。又修葺马头山关庙，以崇正义。又创立金西小学校，以育人材。又修西天目山、天竺北高峰等名胜古迹，以保存历史以纪念。对行旅之人，白天施茶施汤，夜晚送灯送烛。对贫民百姓，尤其饥寒交迫者，给衣给食。对病患者，给药。对死者，给棺。对急难者，则解难。乡里邻里无不佩服他。

清宣统三年(1911)、民国3年(1914)，办理湘东乡自治，被推举为议长。民国十五六年间，乡里遭水灾虫灾，地方欠收米贵，饥不果腹者众。金礼培举办平粜，出资救济，得以安谧。时浙江省夏省长高度评价金礼培的义举，并奖给他匾额，文曰“耋年硕德”。民国18年(1929)，又由民众推荐为村长。先后主持乡村事务20多年，一向以公正和平为宗旨，乡里受益匪浅。

聘裴氏，因洪杨之乱，未娶而卒，循例立主。

配萧山塘下施氏，生于清咸丰三年癸丑八月初二日申时。生三子：金百青(早殇)、金百荣(早殇)、金百年。

副室西兴徐氏，生于清咸丰九年己未七月初七日辰时，卒民国7年(1918)戊午五月二十六日申时，享年60岁。生一女，嫁同邑塘里陈学稼次子受卿。

(二)生父金礼培(1851—1923)

绍兴渔临关金氏本奇公房第十七世。讳铭。生于清咸丰元年辛亥闰八月二十二日丑时，卒民国12年(1923)癸亥十一月初六日申时，享年73岁。葬杭州西湖玉泉寺青龙山，管坟人陆耀堂。

据金润泉《先府君礼坤公行述》记载，金礼坤生而厚重，体貌丰伟。10岁时，父亲去世，母亲由舅舅照顾，他随兄长金礼培到杭州开设洽顺染坊，以继先业。金礼坤觉得务农虽可自足,但发展空间不大,乃弃农为工,以工商图发展。经过努力经营,积资渐裕。

金礼坤(1851—1923)

金礼坤认为财之聚也,贵得其用。故对邻里乡亲,如有急难需要钱者,则倾囊慨助,毫不吝色。对地方公益,尤乐襄厥成。曾兴修萧山南门外西山大道、省城官巷大街、兴忠巷道路、清季路。此类工程,政府官厅素不过问,皆赖地方人士,各自为谋。金礼坤斥巨资并亲自监工,不辛劳苦,务使款项落到实在,坦荡示人。又素敬关帝,马头山有庙,即将毁圮,金礼坤捐款重修,涣然一新。又助田亩以供香火,此是他的信仰,出之真诚,而非迷信,得其福佑,无可比拟。

特别是壬戌年(1922),浙江大水,金礼坤捐巨资振灾。大总统题词并颁发匾额,绰楔褒荣,当之无愧。时金礼坤72岁,中风瘫痪在床,应该是金润泉以父亲的名义捐资的,金润泉时任中国银行杭州分行行长、杭州造币厂会办(厂长)。

与兄长金礼培一样,金礼坤对无钱治病者施药,对无钱入殓者施棺,对旅途辛苦者施茶,夜则施灯烛。数十年如一日,好施之天性使然。

生活勤俭,布衣粗食,始终不变。人到晚年,尤其乐居店铺,即使丰盈也不乱花销。每当儿孙来访,总是抚视不离。不喜欢坐车,总是以步当车。常告诫金润泉等,毋贪财,毋恃势,公益善举,要量力相助,毋落后于人。常以"知足"二字谆谆教导儿辈,儿辈们也不敢忘怀。奈何民国7年(1918),长子金百峰病逝,次年长孙金世高之媳又病故,不久,幼子金百禄又夭折,年仅23岁。一连串的打击,他悲痛不能释怀,尽管金润泉等多方劝解,终因郁郁寡欢,中风而瘫痪。金润泉等请医诊治,精心护理,终未得痊愈。卒后2年,第四子金百寿又去世,年仅35岁。

配同邑南门外新屋黄汝瑞长女黄氏,生于清咸丰四年甲寅十一月初二日戌时，卒于民国33年(1944)，享年88岁。黄氏80寿辰时，将全部礼金作为金西完小的办学专款。生五子：金百峰、金百顺、金百春、金百寿、金百禄。一女，嫁同邑城内贺成甫次子复康。

金润泉之父母、祖母、曾祖母、天祖及天祖母都是长寿之人，分别是73岁、88岁、78岁、91岁、70岁、71岁。金润泉以及二位夫人也是长寿之人，分别是77岁、84岁、94岁。

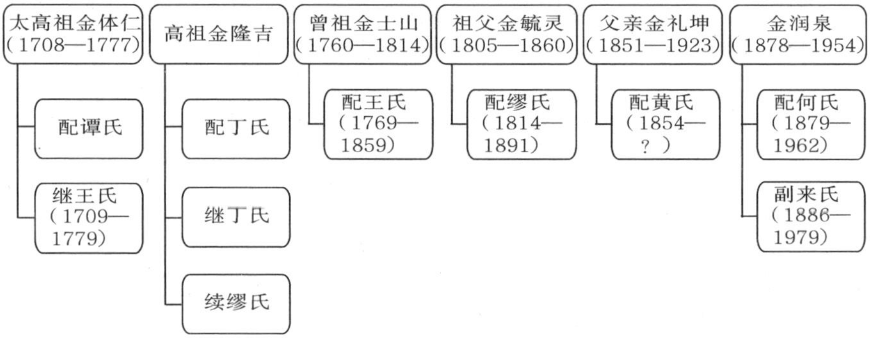

第十三世金体仁至第十八世金润泉的配氏图

金润泉的兄弟

(一)亲兄金百峰(1876—1918)

绍兴渔临关金氏本奇公房第十八世。字筠泉。生于清光绪二年丙子正月初三日子时，卒民国7年(1918)戊午十二月二十九日子时，终年43岁，葬萧山南门外梁坞头看鹅兜山上山穴，媳孔氏、贺氏附墓，管坟人何寿福。

清五品衔。历任铜元局办事员、浙江钱路总局收发、浙江都督府收发主任、财政厅总务科科员、浙洋渔业委员。民国5年(1916)，以办理公债得力，获省长奖给的一等荣誉状。

配萧山塘下史潘汉章长女，生于清同治十三年甲戌三月十二日辰时，卒民国13年(1924)甲子九月初三日丑时，终年51岁。

生三子：金世高、金世德、金世明，二女：长女嫁萧山西兴盛渭塘次子尔珍，幼女嫁长河头来葆园之子肇湘。

长子金世高，字品三，浙江省立甲种商业学校毕业，历任中国银行宁波、杭州、长春、南京分行行员，浙江地方银行储蓄科主任，兼杭州造币厂会计。因宗谱截止时间是民国20年(1931)，时金世高36岁，故金世高以后更多的信息和卒年未入谱。入谱的妻妾有：配孔氏，未娶而卒，循例迎柩立主；继配贺氏，卒时仅28岁，生一女(早殇)，贺氏与孔氏合墓，附金百峰墓旁；续配虞氏，副室冯氏、徐氏。即金世高先后有5个妻妾。

(二)大弟金百春(1887—?)

绍兴渔临关金氏本奇公房第十八世。字春泉。生于清光绪十三年丁亥十二月二十九日寅时，宗谱修成时，他45岁，此后卒于何年无考。

先后为清候选同知，浙江内国公债总经理处会计，兼驻沪监印公债委员，钱塘证券交易所常务理事，纸箔交易所理事，浙江财政厅总务科科员，兼官产服调查，烟酒事务总局咨议，证券抵押所所长，浙江沙灶垦放总局咨议，实业厅顾问，财政部苏浙麦粉特税总局调查，两浙盐务绍兴查验处处长。

民国4年(1915)，因办理公债得力，获得浙江巡按使奖给的一等荣誉状。民国6年(1917)，又获浙江省长奖给的一等荣誉章。

配萧山西门外井亭徐徐梅村公次女，生于清光绪十三年丁亥正月初四日未时。生一子(幼殇)三女。

副室杜氏，生于清光绪三十四年戊申六月十二日寅时。宗谱修成时，她24岁，尚未生子育女。

(三)二弟金百寿(1892—1925)、**三弟金百禄**(1897—1919)

绍兴渔临关金氏本奇公房第十八世。金百寿，字寿泉。生于清光绪十八年壬辰二月初三日辰时，卒民国14年乙丑三月初三日未时，终年34岁。交通地方储丰储蓄银行出纳课课长。配萧山塘下史施兰生次女，生于清光绪十六年庚寅正月二十二日丑时。生一女，嫁塘里陈陈实仕次子仲芬。继长兄金百峰幼子金世明为嗣。

金百禄，字六泉。生于清光绪二十三年丁酉六月初七日酉时，卒民国8年(1919)己未七月十九日寅时，终年23岁，葬萧山南门外梁坞头人字山。外国语学校肄业。配大庄桥王华山之女，生于清光绪二十二年丙申六月二十二日酉时，卒民国15年（1926）丙寅七月十八日未时，终年31岁。继二兄金百顺次子金世孝为嗣。

（四）堂弟金百年

绍兴渔临关金氏本奇公房第十八世。金润泉的亲伯金礼培之幼子。字浩泉。清附贡生。清候选同知，直隶州同，五品蓝翎。民国时期，历任江苏吴县烟酒牌照税主任、杭州造币厂顾问兼总稽核、浙江省长公署咨议、两浙盐使委任萧山引盐经商。配陈氏，副室王氏，侧室黄氏。生一子：金世钰。

金润泉的妻与子女

（一）妻何氏（1879—1962）**、妾来氏**（1886—1979）

金润泉的原配何氏，萧山南门外梁坞头（今萧山蜀山街道黄家河村）何锦佩长女，生于清光绪五年己卯正月初七日亥时。

何莲（1879—1962）

副室萧山来氏，生于清光绪十二年丙戌八月十一日寅时。生三子：金世恩、次殇、金世孝。世孝出继幼弟金百禄为嗣。一女：金癸辛。

据仲向平、申俭《银行家金润泉传》记载：金润泉18岁时与何莲成亲，后来何莲生了一场大病，丧失了生育能力，金润泉在母亲的劝说下又娶了来福照。何夫人比金润泉小1岁，来夫人比金润泉小8岁。两位夫人亲如姐妹，相夫教子，都是难得的贤内助，金家事业蒸蒸日上，离不开两位夫人的功劳。

1962年6月7日，何夫人逝世于杭州居仁里家中，享年84岁。

1979年2月18日，来夫人逝世于上海延安中路935号家里，享年94岁。

子女们遵照两位老人的遗愿，把她们和金润泉合葬于杭州西湖之畔龙井山下的里鸡笼山麓。

来福照（1886—1979）

金润泉墓，原在杭州龙井山下的外鸡笼山麓。面朝西湖，背倚青山，风水甚佳。是他在60大寿时，预先择地建坟留用的。1954年逝后，灵柩从上海由船运回杭州，下葬于外鸡笼山墓地。墓碑上的大字由湖州名士陈其采撰。1964年，金墓由外鸡笼山迁至里鸡笼山，墓址较原先缩小了许多，原墓碑也已散佚。金墓的附近是浙江辛亥革命烈士陵园。

（二）长子金世恩（1905—1979）

绍兴渔临关金氏本奇公房第十九世。字观贤。生于清光绪三十一年乙巳七月初九，卒于1979年，享年75岁。

金世恩（1905—1979）

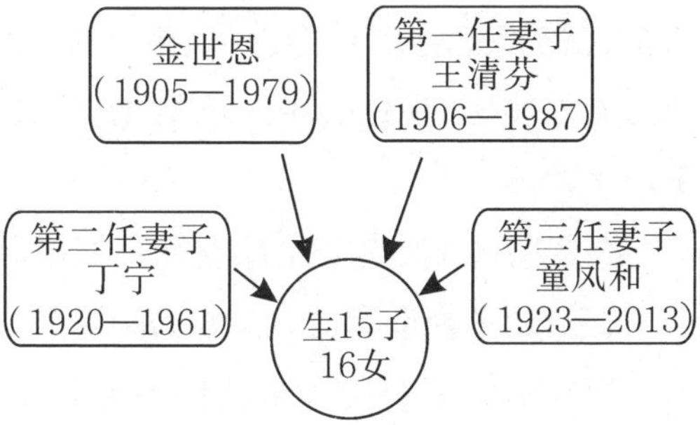

金观贤没读什么书，当过中国银行名义上的练习生。1923年前后，金润泉独资开设了杭州顺昌钱庄，由金观贤担任经理，时金观贤才19岁，

根本上不了手，实际上另聘亦是钱兑出身的副经理孙月楼主持业务活动。1934年，金润泉父子联合浙江一些著名人士，在杭州的闹市区官巷口开设浙江建业商业储蓄银行，由陈其采担任董事长，金观贤担任总经理，时金观贤30岁。抗战期间，顺庄钱庄一度歇业，抗日战争胜利后又恢复营业，又令年龄不到20岁的金观贤之子金望潮任副经理，可谓父子兵。1948年，金观贤与父亲金润泉均被选为"国大"代表。1949年12月，金观贤只身前往香港。1953年从香港回到上海。"文化大革命"时受到冲击，被叛劳改，后刑满释放回家，子金望潮，改学针灸业医。

配杭州王似山之女，生于光绪三十二年丙午二月初六日亥时，卒1987年丁卯十一月初五。宗谱上记载，生有四子：其东（幼殇）、其钊（望潮）、其霖（望霖）、其鉴（望和）。

据宗谱以外的资料得知，金观贤第一任妻子王清芬（1906—1987），生有6子10女：金望潮、金望霖、金望和、金望龙、金望松、金望亮、金渊如、金林英、金森莺、金杏莺、金淼如、金银如、金七、金静如、金恂如、金盈如。

金观贤第二任妻子丁宁（1920—1961），生有5子2女：金望成、金望桐、金望庸、金望尧、金望焕、金九如、金乐如。

金观贤第三任妻子童凤和（1923—2013），生有4子4女：金望英、金望全、金望天、金望祥、金玉如、金月如、金申如、金葆如。金望英，改革开放后旅居美国，现任美中经济文化交流促进会副会长、美国爱伦集团董事局主席等。

金观贤的3位妻子总计生有15子16女，大多居住在上海、美国。

（三）幼子金世孝（1913—1970）

绍兴渔临关金氏本奇公房第十九世。字维贤。出继亲叔金百禄为嗣。生于民国2年（1913）癸丑九月二十七日，卒于1970年，终年58岁。

据程居源《金润泉生平概述》记载，金维贤怠于学业，在沪江大学读不下去转到大夏大学毕业。按照金润泉同史久鳌的女儿结婚时提出的条件，双方父母同意出资送金维贤夫妇去美国镀金，在美国混了几年，获得一个硕士学位。

抗日战争胜利后，金润泉创办鑫大贸易公司，由金维贤任总经理。鑫大贸易公司以进出口贸易为主，“鑫”字，代表金家父子三人，总机构在纽约，在上海、香港都有分公司。中华人民共和国成立后，移居美国。

金世孝(1913—1970)

据宗谱以外的资料得知，金维贤的妻子史姚英(1913—2013)，生有三子一女：金联祯、金联照、金乐琦、金美如，大多居住在美国、香港。金乐绮，是世界著名船王董浩云的女婿，香港特别行政区第一任行政长官董建华的妹夫，分别在全球第二大电子元器件分销商的美国艾睿电子组件有限公司、全球第四大速递公司TNT公司担任董事，兼任香港科技大学教授。金联祯，曾是董浩云和董建华的特别私人助理，后任东方海外主席董建成的特别助理。金联照，系美国华尔街著名投资经营家，亦是世界杰出华人百人会成员之一，著名诗人徐志摩孙女婿。

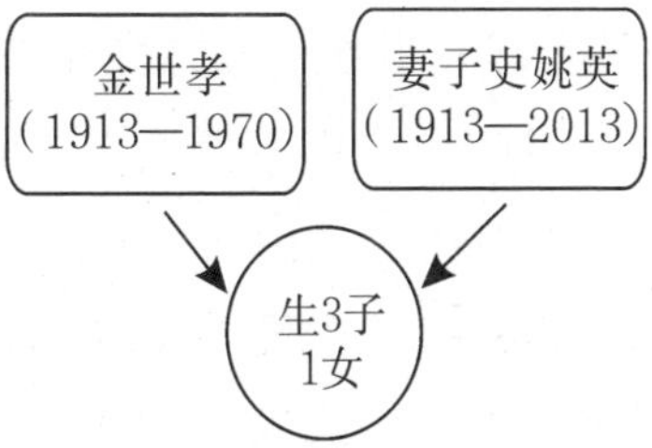

(四)女金癸辛(1918—　)

金癸辛与大哥金世恩一样，没读多少书。因此，当二哥金维贤介绍好友蒋彦士与她相识时，她自认为与这位美国名牌大学的博士生、青年才俊、名门之后不太般配，婉然拒绝了。1945年，28岁的金癸辛与浙江督军吕公望次子吕子韬(1916—2011)相识，确立了恋情。1947年，两人在杭州隆重订婚，1948年结婚。金癸辛嫁入豪门后，移居上海。生有二子三女：吕尧、吕赏、吕瑱、吕燕、吕圆。

金癸辛是金润泉儿女中至今唯一健在的近百岁老人。她曾多次召开晚辈座谈会，为《银行家金润泉传》的作者提供资料。还根据回忆绘制

金癸辛(1918—　　)

了在杭州金家大院的平面图。金家大院,当年是清河坊一带最漂亮的房子,占地7亩多,堂号“德润堂”。大院南至居仁里,东至后市街、由义弄,西至十三湾巷、东太平巷,北至惠民弄附近,可见院子之大。有房数十间,有中式庭院、西式洋房,有曲径回廊、小桥流水,也有喷水鱼池、大片草坪。水井多达7口,其中一口六角老井,井圈上刻有“德润堂私有食井,民国8年”的字样,至今仍清晰可辨。“居仁里”、“由义弄”,都是金润泉在建房时命名的。“居仁”、“由义”出自《孟子》,起居立脚的地方,在仁;日常行事应循的道路,是义。居仁、由义,体现了金润泉对人生的理解和行事的信条。

1939年金润泉(中排坐者右二)与全家人合影

据金癸辛回忆，金润泉住在中式老院子内，一般坐黄包车上下班，很少坐轿车。金癸辛与哥哥们则住在时髦的西式洋房内，喜欢使用一辆牌号为“浙222”的私家汽车。如今，金家大院，已难觅痕迹，昔日的风光与奢华，成为了老人的记忆。

金润泉的家世特征

（一）祖上显赫人物少

《绍兴渔临关金氏宗谱》载有《金氏历代仕宦录》，实际上把小学文化水平以上的金氏都录入了仕宦之列，共录入历代仕学36人：第一世1人，第九世1人，第十三世1人，第十五世1人，第十六世6人，第十七世5人，第十八世12人，第十九世9人。其中高小毕业1人，杭州行素中学肄业3人，恩科举人1人，无进士。官级最高的是金润泉，三品官，其次是金乙麒，四品官。

金润泉的祖上，自始祖金乐诚隐居渔临关，第十一世金玠迁居金西桥，至祖父金毓灵这一脉，宗谱中没有记载除始祖以外的直系男性的仕学情况。可以说，既无进士官，也无举人秀才。

一般情况下，家族中有科举高中、做官为将者，宗谱是有记载的。如金润泉，宗谱在第十八世行传中记载：“礼坤公次子，百顺，字润泉。幼习商，至二十九岁充任大清银行经理，授户部郎中花翎三品衔。辛亥改革，蒙南京政府财政部长熊公希龄，调回财政部办事。政府改迁北平，派为中国银行总行营业课长。次年，派充浙江中国银行副行长。民国10年(1921)，升充浙江中国银行行长。历充杭州造币厂会办，升充杭州造币厂厂长、杭州商会副会长、正会长、全国商会联合会执行委员、杭州市商会常务委员、浙江省政府财政委员会委员、杭州市消防联合会主席委员。行祖百七十一。”

因此，金润泉的祖上，或农或商，家境一般。到了第十八世孙金润泉一代，十分显赫，光宗耀祖。

(二)父辈开始勤劳致富

金润泉的父辈非常勤奋,有经营头脑,弃农为工兼商后,生活日益富裕。他们致富不忘回报社会,积极做公益事业,深受乡民拥戴,这为金润泉树立了很好的榜样。

金润泉非常认同父辈的观点,认为务农虽本业,但难以有大发展,财之聚也,贵得其用,节俭勤家的同时,又不忘公益善举。如金润泉出资修建钱江义渡、抗战赈灾、捐助教育,在家乡修路筑桥、施茶施粥、施药施棺等,泽惠后代。

(三)金润泉辈兴旺起来

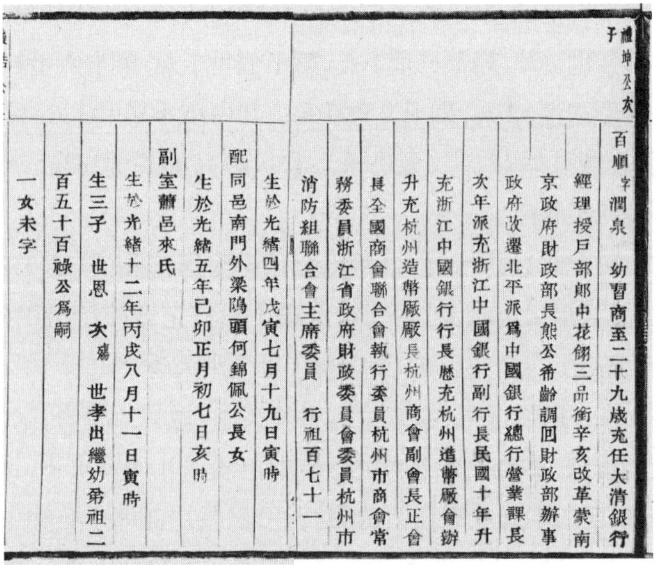
禮坤公次子
百順字潤泉　幼習商至二十九歲充任大清銀行
經理授戶部郎中花翎三品銜辛亥改革蒙南
京政府財政部長熊公希齡調回財政部辦事
政府改遷北平派爲中國銀行總行營業課長
次年派充浙江中國銀行副行長民國十年升
充浙江中國銀行行長歷充杭州造幣廠會辦
升充杭州造幣廠廠長杭州商會副會長正會
長全國商會聯合會執行委員杭州市商會常
務委員浙江省政府財政委員會委員杭州市
消防組聯合會主席委員　行祖百七十一
生於光緒四年戊寅七月十九日寅時
配同邑南門外梁隝頭何錦佩公長女
生於光緒五年己卯正月初七日亥時
副室蕭邑來氏
生於光緒十二年丙戌八月十一日寅時
生三子　世恩　次殤　世孝出繼幼弟祖二
百五十百祿公爲嗣
一女未字

民国《绍兴渔临关金氏宗谱》中的金润泉简况

金润泉一代,是金氏兴旺的一代。金润泉兄弟5人及侄子金世高,均录入《绍兴渔临关金氏宗谱·金氏历代仕宦录》。金润泉长期任中国银行浙江杭州行长,社会兼职多,在浙江金融界、商界影响大。长兄金百峰、大弟金百春、二弟金百寿、侄子金世高,又分别在浙江省财税、金融部门工作,形成相互照应、相互帮扶的格局。堂弟金百年是附贡生、浙江省长公署谘议,三弟金百禄就读于外国语学校,次子金世孝出国留学,侄子金世高毕业于浙江省立甲种商业学校,金氏仕学商兼顾,发展前景大好。

可惜,金润泉次子、长孙夭折,长兄金百峰43岁逝,侄媳28岁逝,大弟金百春独子早殇，二弟金百寿34岁逝，三弟金百禄23岁逝，三弟媳31岁逝。金润泉在《先府君礼坤公行述》云：“弱弟百禄更以盛年陡伤短折。”

兄弟英年早逝，大弟二弟三弟无后而终，分别继百峰的次子金世德、幼子金世明、百顺的幼子金世孝（金维贤）为嗣。整个家族，可以说是有得有失，喜忧参半。

萧山金润泉纪念馆

金润泉是我国早期银行家、浙商先驱，生前创造了巨大的财富，最终留给了子孙们。他自己奉行节俭，吃穿用简朴，子孙们却十分挥霍，吃穿用十分讲究。长子金观贤先后有3个妻妾31个子女，侄子金世高先后有5个妻妾，这些既是财富的象征，也是社会地位的摆现。巨额的生活开支，加上儿孙不善经营，手面阔绰，后来不得不出售在杭州新民地产公司的主要产业（官巷口新式店屋十几幢）。1949年，次子金维贤携带分到的卖房的巨款，旅居美国，长子金观贤前往香港（后从香港回到上海），金润泉留居大陆，时金润泉72岁，5年后病逝于上海，享年77 岁。后人不忘先人。2014年8月，金润泉逝世60周年，金癸辛、金联祯、金乐琦等回到浙江萧山参加金润泉先生陈列室启用仪式，代表家族向蜀山街道捐赠200万元的留本冠名助学奖学基金，一时传为佳话。

附录：

先府君礼坤公行述

府君讳铭，字礼坤。生而厚重，体貌丰伟。十岁，先大父毓灵公见背，即与世父礼培公居丧持家如成人。会洪杨军入浙，兵火所及，村舍为墟。吾金氏先世，自绍迁萧，居金西桥，虽地非孔道，同遭匪劫。府君与世父，幸俱以智自免。嫛后家计荡然。弟兄耕读，奉先大母缪太夫人仍居故乡，力田孝弟为乐，固融融也。旋吾母黄太夫人来归府君，倡随相得，勤俭持身，力穑有秋，亦足以自给然。

府君以农，虽本业而图发展，则戛戛其难，乃弃而为工，设肆湅帛，窃自比于慌氏。盖以工而实，兼商矣。自是努力经营，积资渐裕。

府君以为财之聚也，贵得其用，故对于邻里戚鄙之，以急难告贷者，倾囊慨助无吝色焉。而于地方公益，尤乐襄厥成。尝兴修萧山南门外西山大道、省城官巷大街、兴忠巷道路。清季，路政官厅素不过问，咸赖地方人士各自为谋。府君既斥巨资，并亲监工程，无惮劳苦，务使款勿虚，耗工归实。在康衢坦荡，人争称之。又素敬关帝。马头山有庙，将就圮矣。府君捐款重修，丹雘焕然。并助田亩，以供香火。此其信仰出之真诚，初非迷信，福佑者所得比儗也。壬戌之岁，浙省大水。府君更捐巨款，以振灾黎。蒙大总统题颁胞与为怀，匾额绰楔褒荣，当之无愧。府君对于有疾病者，必予药饵；或殁无以殓者，必予棺衾；悯行旅之苦，日则予以茶汤，夜则予以灯烛；即野有露柩，亦必施以茅茨。行之数十年如一日。盖好施之，性然也然。

府君自奉则又甚俭。布衣粝食，始终不移。晚年百顺等稍能自立，家累释然。府君犹乐居湅肆，履丰若啬。每来子舍，抚视诸孙，恒安步以当车，喜康疆之。犹昔常诫百顺等，毋贪毋恃，势公益善举，量力相助，毋后于人。又时以“知足”二字，谆谆切嘱百顺等，谨受教无敢或忘。方自以为椿树千龄，常承庭训，何图民七残冬，先兄百峰遽以病殁。次年秋，